赵海涛
陈　广
著

华为的企业文化

第3版

解密华为成功基因丛书

深圳出版发行集团
海天出版社

图书在版编目 (CIP) 数据

华为的企业文化 / 陈广, 赵海涛著. — 第3版. — 深圳 : 海天出版社, 2012.9
（解密华为成功基因丛书）
ISBN 978-7-5507-0467-1

Ⅰ. ①华… Ⅱ. ①赵… Ⅲ. ①通信—邮电企业—企业文化—深圳市 Ⅳ. ①F632.765.3

中国版本图书馆CIP数据核字(2012)第154596号

华为的企业文化
HUAWEIDEQIYEWENHUA

出 品 人　聂雄前
责任编辑　张绪华
责任技编　梁立新
封面设计　北京品创设计

出版发行　海天出版社
地　　址　深圳市彩田南路海天大厦　(518033)
网　　址　www.htph.com.cn
订购电话　0755-83460202(批发)　83460239(邮购)
设计制作　蒙丹广告0755-82027867
印　　刷　深圳市希望印务有限公司
开　　本　787mm×1092mm　1/16
印　　张　16.5
字　　数　210千
版　　次　2012年9月第3版
印　　次　2017年2月第7次
定　　价　39.00元

编者序

本套丛书在出版之后，虽然未大量宣传，但很快便受到读者的热捧和持续好评，一再重版和重印，至今仍然畅销如故，有些品种甚至一度出现断货的情况。不少企业负责人纷纷打电话来要求团购，同时也对图书的再版内容提出了很多非常有价值的建议。

华为经历了2009年金融危机的洗礼之后，在2011年国际经济形势异常严峻的情况下，销售收入依然持续增长，达到了2039亿元人民币，而且实现了116亿元人民币的净利润。这种持续增长的内因是值得我们深入研究和探讨的。鉴于此，我们对本套丛书进行了再修订。

本套再版的丛书对华为进行了最权威也是最全面、最细致的解读。除了将华为近年在管理模式、人力资源管理、企业文化和研发与创新等的变化进行最新深度分析之外，我们还根据一些企业高层管理者的建议，在结合华为的案例分析时，增加了华为在管理模式、人力资源管理、企业文化和研发与创新方面，对于大多数企业都有启示和借鉴的内容，对读者有更加专业的建议及启示。同时，我们对每章后面的专题、案例链接、附录等进行了精编，使内容更具有针对性和指导性的同时，也更加精练。

前言

向华为学习什么

企业犹如明星，其命运随着潮流的变化而跌宕起伏，但华为似乎可以算是一个例外。在每一个浪尖谷底，它总是坦然以对，走着自己的路，并最终开辟出一条通往世界的扩张之路。

作为中国最成功的民营企业，华为的营业额已经步入世界500强的门槛，成为真正意义上的世界级企业。截至2011年12月31日，华为营收达到2039亿元，持有可用现金流为572亿元，稳居全球第二大电信设备商的地位，且与爱立信的收入差距进一步缩小。

“10年之后，世界通信行业三分天下，华为将占‘一分’。”华为总裁任正非当年的豪言犹在人耳。如今，华为这一梦想已然实现。华为总裁任正非凭借着自己出色的经营思想和远见卓识的管理才能，创建了华为，并带领着华为在发展中不断地壮大，从中国走向世界，使华为在世界上产生了巨大的影响并最终改写了全球电信业的“生存规则”。

《时代周刊》曾这样评价任正非：年过60岁的任正非显示出惊人的企业家才能。他在1987年创办了华为公司，这家公司已重复当年思科、爱立信卓著的全球化大公司的历程，如今这些电信巨头已把华为视为“最危险”的竞争对手。英国《经济学人》对华为也给予了极高的评价：“它（华为）的崛起，是外国跨国公司的灾难。”

华为是中国企业实现国际化的一面标志性的旗帜，它所走过的路正在成为众多中国企业学习的经典教材。

华为的逆势增长有其偶然性，也有其必然性。必然性在于，它在管理方法、营销策略、战略谋定、人力资源管理、国际化、企业文化和研发策略上都有特别的成功基因，拥有了这些基因与武器，华为自然能够披荆斩棘，成为中国企业中的佼佼者。

成功基因一：管理模式

华为之所以成为中国民营企业的标杆，不仅因为它用10年左右的时间将资产扩张了1000倍，不仅因为它在技术上从模仿到跟进又到领先，更因为华为与国际接轨的管理模式。

西方人崇尚法治，而东方人则倾向于人治。华为的管理，始终是中西方管理理念的碰撞和结合。从流程和财务制度这些最标准化甚至不需质疑的“硬件”开始，华为从制度管理到运营管理逐步“西化”，潜移默化地推动“软件”的国际化。

诞生于1995年的《华为之歌》唱道：“学习美国的先进技术，吸取日本的优良管理，像德国人那样一丝不苟，踏踏实实，兢兢业业。”华为最终决定向美国学习管理。

华为同IBM、Hay Group、PwC和FhG等世界一流管理咨询公司合作，在集成产品开发（IPD）、集成供应链（ISC）、人力资源管理、财务管理和质量控制等方面进行深刻变革，引进业界最佳的实践方式，建立了基于IT的管理体系。任正非表示：

“在管理上，我不是一个激进主义者，而是一个改良主义者，主张不断地进步”。“我们要的是变革而不是革命，我们的变革是退一步进两步”。

“先僵化，后优化，再固化”，这是任正非提出的一个著名的管理改革理论。

华为的管理优化进行得如火如荼的关键是其领袖任正非对管理的重视，尽管许多人更愿意为他贴上毛式风格的标签。但在任正非心里，只要有利于实现“成为世界级领先企业”的光荣与梦想，一切的改变和改革都是必要和必需的。任正非强势地推动了这一切。

“上述这些管理的方法论是看似无生命实则有生命的东西。它的无生命体现在管理者会离开，会死亡，而管理体系会代代相传；它的有生命则在于随着我们一代一代奋斗者生命的终结，管理体系会一代一代越来越成熟，因为每一代管理者都在给我们的体系添砖加瓦。”

在国际化管理方面，任正非判断国际化是华为度过“冬天”的唯一出路。20世纪90年代中期，在与中国人民大学的教授一起规划《华为公司基本法》时，任正非就明确提出，要把华为做成一个国际化的公司。与此同时，华为的国际化行动也就跌跌撞撞地开始了。

1998年，英国《经济学家》杂志就说过：华为这样的中国公司的崛起将是外国跨国公司的灾难。这话也许并不是危言耸听。在思科与华为的知识产权纠纷案之后，思科总裁钱伯斯表示：“华为是一家值得尊重的企业。”美国花旗集团公司执行董事罗伯特·劳伦斯·库恩博士曾称，华为已经具备“世界级企业”的资质，它的崛起“震惊了原来的大佬们——如北电、诺基亚、阿尔卡特—朗讯”。

在任正非的领导下，华为成功地迈出了由“活下去”到“走出去”，再到“走上去”的惊险一跳，依靠独特的国际化战略，改变行业竞争格局，让竞争对手由“忽视”华为到“平视”华为，再到“重视”华为。

在和跨国公司产生不可避免的对抗性竞争的时候，华为屡屡获胜，为中国赢得骄傲。然而，这份骄傲来得并不是那么容易。在最初的国际化过程中，华为是屡战屡败，屡败屡战。最终华为是采用了巧妙的“农村包围城市”的办法取得了国际化的初步胜利。即使在今天，亚非拉等一些不发达的国家和地区，依然为华为创造着很大的利润。但在华为总裁任正非看来，美国才是他认定的真正意义上的全球主流市场。因为全球电信设备的最大买主大部分集中在北美，这个市场每年的电信设备采购的花费是全球电信开支的一半。而为了北美市场的破局，华为足足抗战了8年。以华为为首的中国制造业典范，正在用自主创新的技术，引领着中国制造业的复苏。

中国企业与跨国公司的距离有多远，企业“走出去”的道路有多长？华为公司的实践说明：只要不等不靠，坚定地走出去，看似遥不可及的目标可能就在眼前。

在营销管理方面，华为总裁任正非如是说：“华为的产品也许不是最好的，但那又怎么样？什么是核心竞争力？选择我而没有选择你就是核心竞争力。”华为有很多成功的理由，但如果没有华为市场的成功，绝对成就不了今天的华为的。在华为，营销就是核心竞争力，华为用三流的技术卖出了一流的市场。

在创业初期，华为的跨国营销策略是“跟着我国外交路线走”。华为依照外交路线设计营销路线也是明智的选择：可以在国家外交的背景下，长期稳定海外发展方向，可以优先获得政府的支持。正如任正非所说的：正因为华为的产品在某些方面不如别人，华为才更要参加各种活动特别是国际大型会展，这样就能让更多的人知道华为，了解华为。与在国内的过分低调相比，华为在国际市场上明显要活跃得多。任正非表示：

“我们在国际市场上需要发出适当的声音，需要让别人了解华为。”

华为的客户关系在华为内部被总结为“一五一工程”，即：一支队伍、五个手段（参观公司、参观样板点、现场会、技术交流、管理和经营研究）、一个资料库。通过这个“一五一工程”，为经营好客户关系，华为人对其无微不至。华为员工常常能把省电信管理局上下领导的爱人请去深圳看海，并将家里换煤气罐等所有家务事都包了；能够从机场把对手的客户接到自己的展厅里；能够比一个新任处长更早得知其新办公地址，在他上任第一天将《华为人》报改投到新单位。这些并不稀奇的“常规武器”，已经固化到华为企业制度和文化中了。

华为接待客户的能力更是让一家国际知名的日本电子企业领袖在参观华为后震惊，认为华为的接待水平是“世界一流”的。

在战略管理方面，任正非表示：“凡是战略，都是专注。”《华为基本法》第一条规定：“为了使华为成为世界一流的设备供应商，我们将永不进入信息服务业。通过无依赖的市场压力传递，使内部机制永远处于激活状态。”

军人出身的华为总裁任正非很喜欢读《毛泽东选集》，一有闲工夫，他就琢磨怎样使毛泽东的兵法转化成华为的战略。仔细研究华为的发展，我们不难发现其市场攻略、客户政策、竞争策略以及内部管理与运作，无不深深打上传统权谋智慧和“毛式”哲学的烙印。其内部讲话和宣传资料，字里行间跳动着战争术语，极富煽动性。

在敌强我弱、敌众我寡的形势下，任正非受毛泽东启发创造了华为著名的“压强原则”。

“我们坚持‘压强原则’，在成功关键因素和选定的战略生长点上，以超过主要竞争对手的强度配置资源。我们要么不做，要做，就极大地集中人力、物力和财力，实现重点突破。”

任正非信奉“将所有的鸡蛋都放在同一个篮子里”的原则，无论是在业务选择、研发投入还是在国际化的道路上，这种专业化战略的坚持，至今折服着诸多企业家。正是华为的远大目标和不断地坚持，使得华为走到了今天。

对于管理，任正非有着这样的体悟：

“管理就像长江一样，我们修好堤坝，让水在里面自由流，管它晚上流，白天流。晚上我睡觉，但水还自动流。水流到海里面，蒸发进入空气，雪落在喜马拉雅山，又化成水，流到长江，长江又流到海，海水又蒸发。这样循环搞多了以后，它就忘了一个 还在岸上喊‘逝者如斯夫’的人，一个‘圣者’。它忘了这个‘圣者’，只管自己流。这个‘圣者’是谁？就是企业家。”

“企业家在这个企业没有太大作用的时候，就是这个企业最有生命的时候。所以当企业家还具有很高威望、大家都很崇敬他的时候，就是企业最没有希望、最危险的时候。所以我们认为华为的宏观商业模式，就是以客户需求作为产品发展的路标，企业管理的目标是流程化组织建设。同时，牢记客户永远是企业之魂。”

成功基因二：人力资源管理

任正非说：

“华为唯一可以依存的是人，认真负责和管理有效的员工是华为最大的财富，员工在企业成长圈中处于重要的主动位置。”

在华为，任正非崇尚“权力智慧化，知识资本化”。在任正非看来，企业就是要发展一群狼，因为狼有三大特性：一是敏锐的嗅觉，二是奋不顾身、不屈不挠的进攻精神，三是群体奋斗。为此华为已形成了独特的狼性企业文化，并将其上升为核心竞争力，保持了企业持续快速增长。因此，任正非在华为人力资源管理中坚持“人力资本的增值一定要大于财务资本的增值”。

任正非认为：

“对人的能力进行管理的能力才是企业的核心竞争力。”

深谙兵法的任正非把西点军校的校训“责任、荣誉、国家”(Duty，Honor，Country）贯彻进华为的每一位员工心中。通过“薪酬制度、员工培训”使员工有了责任感和荣誉感，而且把自己的事业与国家的兴盛这种崇高理想相结合，在工作中释放出巨大的能量。

华为的大规模人力资源体系建设，开始于1996年的市场部集体辞职。当时，华为市场部所有正职干部，从市场部总裁到各个区域办事处主任，所有办事处主任以上的干部都要提交两份报告，一份是述职报告，一份为辞职报告。2000年1月，任正非在“集体辞职”4周年纪念讲话中如此评价道：

“市场部集体大辞职，对构建公司今天和未来的影响是极其深刻和远大的。任何一个民族，任何一个组织只要没有新陈代谢，生命就会停止。如果我们顾全每位功臣的历史，那么就会葬送公司的前途。如果没有市场部集体大辞职所带来的对华为公司文化的影响，任何先进的管理、先进的体系在华为都无法生根。”

华为在人力资源上的每次调整都会引起业界的轩然大波，其真实目的在于：

“不断地向员工的太平意识宣战”。“人力资源改革，受益最大的是那些有奋斗精神、勇于承担责任、冲锋在前并作出贡献的员工；受鞭策的是那些安于现状、不思进取、躺在功劳簿上睡大觉的员工”。

华为最大的特点就是干部能上又能下，下了还能上。华为员工犯了错误下来之后，还有机会再上去。

华为不仅建立了在自由雇佣制基础上的人力资源管理体制，而且引入人才竞争和选择机制，在内部建立劳动力市场，促进内部人才的合理流动。在人才流动上，华为强调高中级干部强制轮换，以培养和提高他们能担当重任的综合素质；对低级职员则提供自然流动，爱一行干一行，在岗位上做实，成为某一方面的管理或技术专家。

成功基因三：企业文化

美国著名管理专家托马斯·彼得斯和小罗伯特·沃特曼研究美国43家优秀公司的成功因素，发现成功的背后总有各自的管理风格，而决定这些管理风格的恰恰是各自的企业文化。

任正非在《致新员工书》中写道：

“华为的企业文化是建立在国家优良传统文化基础上的企业文化，这个企业文化黏合全体员工团结合作，走群体奋斗的道路。有了这个平台，你的聪明才智方能很好地发挥，并有所成就。没有责任心，不善于合作，不能群体奋斗的人，等于丧失了在华为进步的机会。”华为非常厌恶的是个人英雄主义，主张的是团队作战，胜则举杯相庆，败则拼死相救。

任正非主导的华为特色的企业文化和任氏风格的管理思想，如“小胜在智，大胜在德”“满足客户需求是华为存在的唯一理由”“群体接班”“静水潜流的企业文化”“棉袄就是现金流”等等，深刻地影响着中国企业界，已成为中国企业家学习的样本。华为十分重视企业文化，任正非对此有着精辟的论述：

“资源是会枯竭的，唯有文化才会生生不息。”

然而在很多人的眼里，华为的企业文化被称为狼性企业文化，其中浸透着一股“狼性”。狼性精神使得华为常常用集体战斗过了强大若干倍的对手，找到了生存之法。

华为的企业文化中另一个具有辨识度的东西是《华为公司基本法》。这个基本法的意义在于将高层的思维真正转化为大家能够看得见、摸得着的东西，使彼此之间能够达成共识，这是一个权力智慧化的过程。任正非表示：“避免陷入经验主义，这是我们制定《华为公司基本法》的基本立场”。“成为世界级领先企业”被写入《华为公司基本法》第一章第一条，它是华为的终极目标与最后理想。

作为一个具有改革精神的企业，华为也不断地在企业文化上进行修补。与多数陷入困境中才决定要进行改革的企业所不同的是：华为总是选择在公司风调雨顺的时候开始改革，这也是因为任正非广为人知的忧患意识。

“冬天总会过去，春天一定会来到。我们要趁着冬天，养精蓄锐，加强内部的改造，度过这个严冬”，“十年来我天天思考的都是失败，对成功视而不见，也没有什么荣誉感、自豪感，而是危机感”，“艰苦奋斗必然带来繁荣，繁荣以后不再艰苦奋斗，必然丢失繁荣”。

成功基因四：研发与创新

华为推崇创新。20 多年来，在任正非的领导下，华为对技术创新孜孜追求。华为对创新也形成了自己的观点：不创新是华为最大的风险。

2001 年，联想集团 CEO 杨元庆来华为参观时表示联想要加大研发投入，做高科技的联想。任正非以一位长者的口吻对他说：“开发可不是一件容易的事，你要做好投入几十个亿，几年不冒泡的准备。”

华为如今在国际上的地位，来源于其多年来在研发上的巨额投入。别人觉得搞技术是赔钱的买卖的时候，任正非却每年将华为收入的10%以上投入到研发中。华为始终相信客户需求导向优先于技术导向。任正非认为正是在这样一种创新精神和对技术的追求之下，使得华为成就了一系列的第一。

从一家早期以低价格竞争取胜的企业，几年之间迅速转变成技术型企业，所用时间之短，发展速度之快，让人为之咋舌。

美国著名国际投资银行家和公司战略家、现任花旗集团公司执行董事的罗伯特·劳伦斯·库恩博士表示，华为已经具备“世界级企业”的资质。他表示，虽然许多人曾经认为华为抄袭外国技术而批评它是“二流公司”，但现在，“华为已经成为世界革新领袖”，它的崛起“震惊了原来的大佬们——如北电、诺基亚、阿尔卡特—朗讯”。

HUAWEI: 目录

第1章

华为文化生生不息

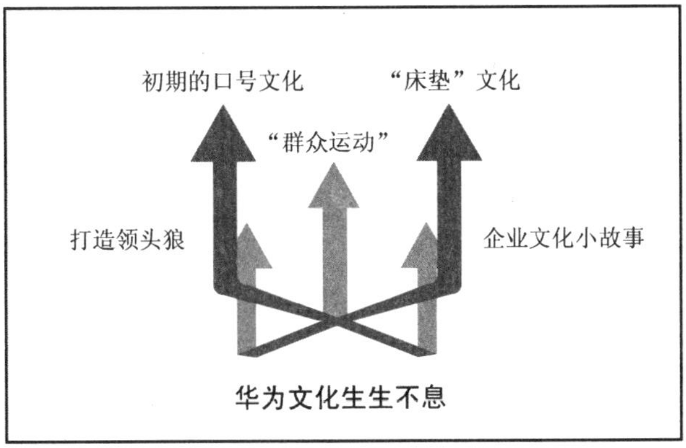

资源是会枯竭的，唯有文化才会生生不息。一切工业产品都是人类智慧创造的，华为没有可以依存的自然资源，唯有在人的头脑中挖掘出大油田、大森林、大煤矿……精神是可以转化成物质的，物质文明有利于巩固精神文明，我们坚持以精神文明促进物质文明的方针。这里的文化，不仅仅包含知识、技术、管理、情操……也包含了一切促进生产力发展的无形因素。

——华为总裁　任正非

第一节　打造领头狼

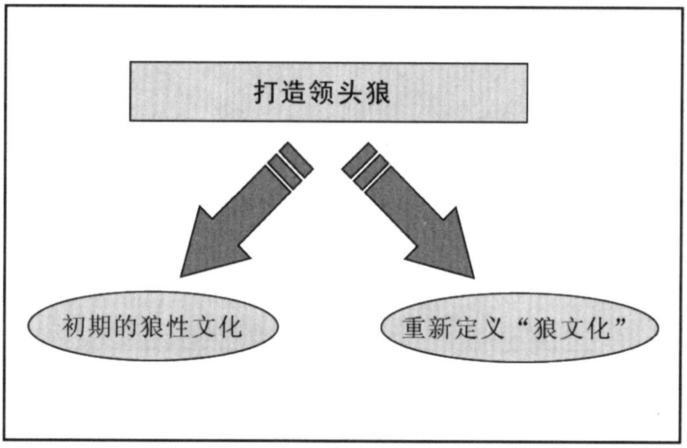

狼性文化无疑淋漓尽致地彰显了中国企业对竞争力的渴望，但其本身所带有的局限性和负面作用也逐渐扩展开来。一位工商管理学教授在 MBA 课堂上授课，讲到企业的管理与文化时，向学生们提出一个问题：在市场经济中，我们应该选择做“狼”还是做“羊”呢？大部分学生选择做“狼”，其余学生选择做“羊”。教授最后说：我们既不该选择做“狼”，也不该选择做“羊”，我们应该选择做“人”。

初期的狼性文化

狼是一种让人畏惧、讨厌的动物，极少有人愿意与狼相提并论。同时，人对狼又是不公平的，总让狼扮演故事中不光彩的角色，人渐渐从心中排斥狼，而狼的优点却被抹杀了。然而，华为却自诩为狼。华为能够透过世人的眼光看到狼的闪光个性，已不容易，其还把这种个性炉火纯青地运用到企业的经营管理中，更让人佩服。

华为总裁任正非带领着华为狼群，与市场中的豹子、狮子拼杀，将企业的狼性表现得淋漓尽致，屡建奇功。在业界，华为遐迩闻名。在跨国公司占尽优势的情况下，华为依然不断成长，因为它更有成功的欲望，更执着地追求发展，采用市场中尽可能有效的战术，常常以集体战的发展，斗过了强大若干倍的对手，找到了生存之法。

任正非是军人出身，其带有浓厚军事色彩并且强调斗争性的个人色彩深深地影响着华为。他曾经对土狼时代的华为精神作了经典概括，他说：

发展中的企业犹如一只狼。狼有三大特性，一是敏锐的嗅觉，二是不屈不挠、奋不顾身的进攻精神，三是群体奋斗的意识。企业要扩张，必须要具备狼的这三个特性。

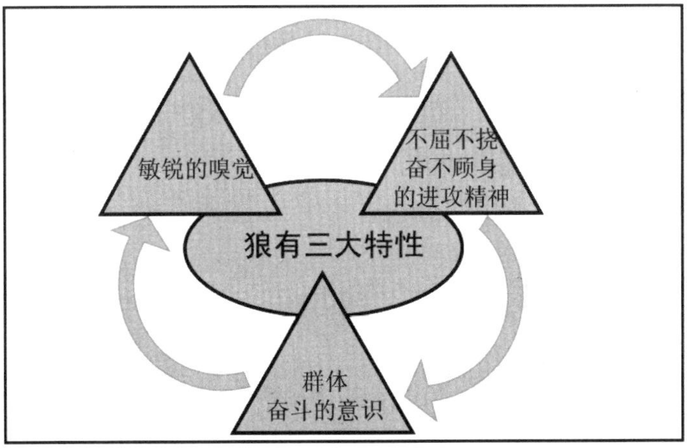

狼文化一直存在于华为早期创业阶段，只是没有被提炼出来。在华为内部，任正非对狼文化第一次，也是唯一一次的系统阐述，是在20世纪90年代初期任正非与美国某著名咨询公司女高管的一次会谈中。

“那天整个是谈动物。任总说跨国公司是大象，华为是老鼠。华为打不过大象，但是要有狼的精神，要有敏锐的嗅觉、强烈的竞争意识、团队合作和牺牲精神。”《华为公司基本法》的起草者之一吴春波，在接受《商务周刊》采访时回忆说。

作为上述会谈的会议记录者，吴春波将会议纪要的题目整理成《建立一个适合狼生存的机制》，后来改成了《建立一个适合企业发展的机制》。他解释道：“任总对狼文化讲得不多，华为还是比较反感狼文化的提法。”

但后来狼文化还是贯穿到华为内部了。据称，在1997年一个会议上，任正非特别称道“狼”和“狈”的攻击组合。在任正非讲完之后，华为市场部就提出一个“狼狈计划”——狼狈一片，一线的是狼，其他职工是狈，提供相应的资源，一线和二线紧密配合。如今，虽然那项计划已消散，但“狼性”却被作为华为精神延续下来。

1996年，华为公司与美国著名的HAY咨询公司合作实施人力资源管理变革。当HAY公司的专家问及任正非之前是如何发现企业优秀员工的时，任正非说道：

我永远都不知道谁是优秀员工，就像我不知道在茫茫荒原上到底谁是领头狼一样。

虽然不知道谁会是领头狼，但是任正非的用人观很明确，就是要选拔具有“狼性”的人才。而为了培养具有“狼性”特质的人才，任正非提议华为要构筑一个宽松的环境，让大家去努力奋斗。这样，当新机会出现时，自然会有一批领袖站出来去争夺市场先机。

那时，任正非宏大的理想与煽动性的语录口号、运动式的内部交流方式，成为艰难环境中华为这个土狼群体拓展生存空间最有效的方式。华为市场部人员具有可怕的进攻性，由于任正非一直提倡的拼搏精神和以身作则，华为市场人员为了合同可以不回家过年，老婆孩子都顾及不上，研发人员一有任务立即顶上去通宵不眠。这种在后来者看来属于非良性竞争的市场手段，却是华为得以快速成长起来的法宝。

任正非曾用“英雄”这个词来形容这些华为人：

华为是由无数无名英雄组成的，而且无数的无名英雄还要继续拥入，他们已在创造历史，华为的光辉历史，我们永远不要忘记他们。当我们产品覆盖全球时，我们要来纪念这些为华为的发展贡献了青春与热血的萤火虫。

为了不辜负“英雄”这个称谓，为了华为的生存，为了华为能达到业界最佳，包括任正非在内的华为高层领导牺牲了自己的健康，后来者也不断在损耗自己的生命。

如果就华为文化的特征询问 10 个人，也许有 9 个人都会说是“狼性文化”。可见华为文化 = 狼性文化的认知已经深入人心。但事实上，狼性文化是任正非在 1998 年之前提及的定义，而在 2000 年之后他已经很少正面强调这个概念了。

重新定义“狼文化”

随着国内通信市场的饱和以及华为的不断壮大和国际化，华为实施“狼性文化”的环境已经改变。尤其是华为要以更加开放的心态走向国际市场的时候，过度的凝聚力反而会阻碍国际化的实施。当年的“狼性”文化对华为业绩的迅速提升，对当年那些身无分文的年轻创业者来说，都起到了强力的驱动作用。但是华为走到今天，其“狼性”文化体现出越来越不合时宜的倾向。

在 1997 年、1998 年，华为出现了“增产不增收”的效益递减现象。任正非早就觉察到了这一问题，但一直没有找到恰当的解决办法。在考察了美国 IBM 公司之后，他发现，IBM 等高科技企业的研发模式不单纯只是为了提高产品开发的速度，而是在保证产品质量的前提下缩短产品的上市时间。在本着向“先进”看齐的原则下，1998 年，华为引进和实施 IBM 的 IPD（Integrated Product Development），即集成产品开发系统。IPD 强调以市场和客户需求作为产品开发的驱动力，在产品设计中着重强调构建产品质量、成本、可制造性及可服务性等方面的优势。

有了 IBM 这个老师，华为人逐渐认识到了自身业务流程中存在的问题，并为此大吃一惊。譬如，IBM 顾问非常强调流程标准和规范运作，华为人却感觉到了明显的不适应；IBM 顾问注重追求效率和控制成本，而华为在做市场投入的时候依然是不计成本，如集成产品开发实施之后产品线还一再改动，一线办事处该怎么干还怎么干。

集成产品开发将产品开发流程分为从概念、计划、开发、验证、发布到生命周期 6 个基本阶段，尤其强调产品开发之前的路标计划的制订，很多产品开发计划制订的时间长达 3 个月以上，从而有效减少后续开发和产生问题所带来的巨大浪费。而华为人多年的习惯是忽视计划，强调拼命精神，总是喜欢边干边改。

1999 年～2000 年期间，华为的流程变革陷入了进退两难的境地。任正非意识到，华为引进的虽然是 IBM 的 IPD 管理方法，其本质却是西方的现代管理理念和思维方式。而华为赖以成功的文化中的某些因素（如狼性）已经成为管理变革的阻碍。因此，要想变革，华为必须重新定义自身的企业文化。

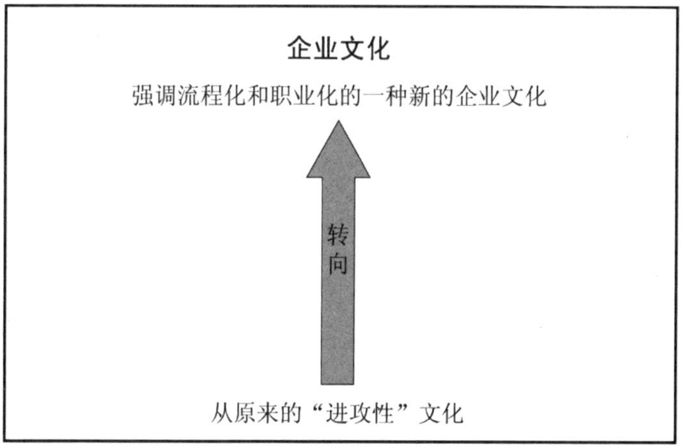

但是，要改变一套历经十几年形成的文化体系并非易事。任正非也很清楚这一点，于是在 1999 年，华为内部创办了一个新刊物——《管理优化报》，报上刊登的就是华为正在进行的以集成产品开发、集成供应链为重点的管理变革以及其

重要意义的宣传和具体内容、方法的学习辅导。而1998年刚出台的《华为公司基本法》在外界引起了极大的轰动，并因此在华为内部引发了一阵学习狂潮。从此，华为内部进入一个文化调整期，一切都在以一种潜移默化的方式进行着，从原来的“进攻性”文化转向了强调流程化和职业化的一种新的企业文化。

第二节　初期的口号文化

在企业文化建设过程中，标语口号的作用非常大，它使人们产生一致的目标，诞生一致的梦想，产生一致的激情。标语口号如果不能使企业上下精神特别振作，特别一致，将无法产生任何价值，当它没有力量时，企业中人的思想是涣散的。标语口号本身是一种情绪化的东西，它必须随着不同的时期进行分解，演变成每一个时期的行动指令。这是宣传的口号、鼓动的口号、行动的口号，而行动的口号实质上就变成了给人们心中所下达的指令，在企业外部，口号也往往能够在市场上产生巨大推动力。①

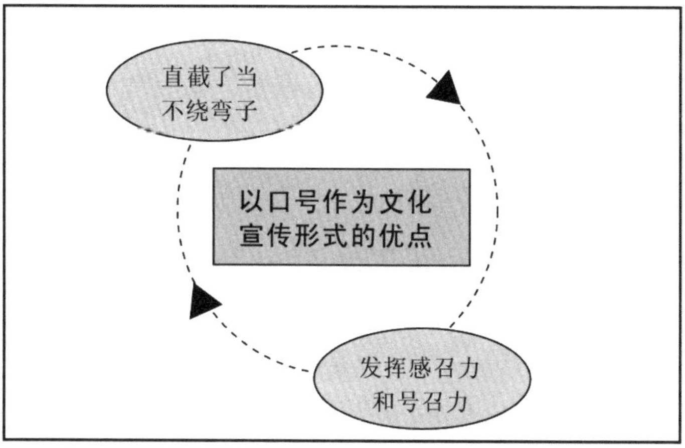

《华为公司基本法》中可见大量以“我们要”为开头的条款。华为后来在市场竞争中创造了“100 ： 1的人海战术”“不计成本——不敢花钱的干部不是好干

① 朱则荣．企业的口号．中国管理传播网，2008.7

部”“把客户震撼，把合同给我”“价格进攻——击杀对手”和“狭路相逢勇者胜”等市场口号。华为总裁任正非曾在题为《华为的红旗到底能打多久》的演讲中提到了华为的口号，他是这样说的：

> 华为公司内部的口号很实际，不空洞，因此常有人说是灰色的。但员工听了很亲切，能实现，慢慢地就做起来了。但把这些灰色的口号叠加在一起，就会发现它与国家的精神目标是完全一致的。比如，各尽所能，按劳分配。

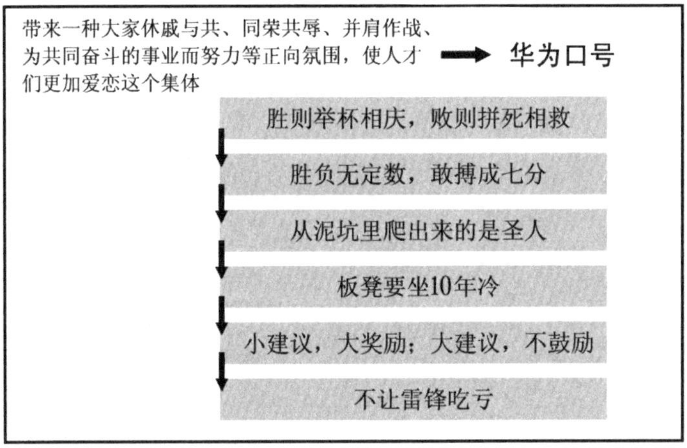

曾在华为担任产品行销部副总裁，国际营销部副总裁等职务的胡勇在其文章中总结了华为的口号文化并做出了说明：

“‘胜则举杯相庆，败则拼死相救’——这句话来源于曾国藩的湘军，曾国藩带领的湖湘子弟，有乡土关系，也有血缘相连，战场上同呼吸、共命运，喊出了这句口号。而太平军相互倾轧，兄弟相残。华为市场部门在20世纪90年代初喊出这个口号，提倡团队合作，华为人出去是打群架的。”

“‘胜负无定数，敢搏成七分’——华为在家门口遇到了国际竞争，市场人员无知无畏，敢于拿还不是很成熟的产品去和西方公司竞争，很多看起来不可能成功的项目，在这种精神的号召下，不屈不挠，感动了客户。我们有‘四千四万’：走遍千山万水，历经千辛万苦，想尽千方万计，历经千难万险。”

“‘烧不死的鸟是凤凰’——1996年市场部集体大辞职，其实是其从农村市场走向城市市场的一个标志。当时的办事处主任也面临转型，也就是从重关系型转变为综合素质型。这开创了华为干部能上能下的先河，任总曾夸张地说，这次活动惊天地、泣鬼神。提出‘烧不死的鸟是凤凰’，也就是干部能上能下，同时也有很多干部几上几下。”

“‘从泥坑里爬出来的是圣人’——1998 年，研发系统在深圳的一个万人体育馆开了一个大会，给研发人员发因产品设计缺陷造成的呆死料和维修花的机票，就像一场批判大会。会上喊出了这个口号，可能含义是提倡自我批评。会议可能搞过了头，伤了一些研发人员的心。2000 年李一男等创业时，振臂一呼，研发系统应之云集。”

“‘板凳要坐 10 年冷’——我在《围炉夜话》一书里见过这句话。华为研发有一个交换机用户板的开发团队，几年如一日，持续改进用户板的性能和降低用户板的成本，为公司创造了数亿元的效益。坐得了冷板凳，才能成就大事。也是提倡一种持之以恒、兢兢业业的职业精神。”

“‘小建议，大奖励；大建议，不鼓励’——有些刚毕业的学生，常常提一些很大的建议，如公司的战略、商业模式等等，命题很大，来自书本，却又文不对题。所以，公司鼓励员工提一些改进工作的小建议，从手上的工作出发，从接触的事情开始，鼓励每位员工先脚踏实地干事。”

“‘不让雷锋吃亏’——奉献者定当得到合理的回报，你只管在前面冲锋陷阵，你的股票、薪酬常常超出你的预期。”

华为企业文化中这些口号也给华为的集体带来一种大家休戚与共、同荣共辱、并肩作战、为共同奋斗的事业而努力等正向氛围，使人才们更加爱恋这个集体。

第三节　“群众运动”

在华为发展的早期，任正非多次采取“运动”的模式来强化灌输华为的价值观。对于“运动”这种形式，在一次华为公司总裁办公会上，任正非曾这样说道：

毛泽东会打枪吗？谁见过毛泽东打枪？他要打枪恐怕要打到自己的脚指头上。但是毛泽东会运动群众，会运动干部。

1995 年 12 月 26 日是毛泽东诞辰 102 周年的纪念日，华为总裁任正非以一篇题为《目前形势与我们的任务》的万言报告，拉开了市场部整训工作会议的序幕。会议期间，所有市场部的正职干部都要向公司提交两份报告，一份是 1995 年的工作述职，另一份就是辞职报告。任正非表示，自己只会在一份报告上签字。当时，包括市场部代总裁毛生江在内的 30% 的干部被调整下来。集体辞职开了华为“干部能上能下”的先河，也被业内视为企业在转型时期顺利实现“新老接替”的经典案例。

此后几年中，伴随着华为翻番式的高速增长，内部运动也如火如荼。1996 年 12 月，《华为公司基本法》启动大讨论，参与人员从高层到中层，从中层又扩大到普通员工，又由企业内部扩大到员工的家庭、合作单位及社会各界。之后，华为的内部活动不断。从“产品开发反幼稚”的大讨论，到“无为而治”的命题作文，高层发起、自上而下、层层推进式的群众运动，成了华为变革的招牌模式。

华为的“群众运动”还表现在一些日常细节中。例如华为召开员工大会之前，经常会号召大家大唱《团结就是力量》《解放军进行曲》等革命歌曲，以此来激发员工产生饱满的情绪。这种事情，在军队管理上和在过去大搞群众运动时是很一般的事，但在现代公司管理的角度看来就是比较奇怪的事了。在华为许多次类似这样的场面中有一次比较特殊，那是 1998 年，在一次年终会议上，市场部在华为的大食堂里合唱《解放军进行曲》。由于时间紧张，市场部事先没有排练，舞台上又没有扩音设备，市场部的人只好扯着嗓子唱。当时在台下观看的任正非听着听着就激动起来，站起身也跟着唱开了，接着是所有到场观看的员工也都跟着高歌起来。一时间，饭堂里歌声飞扬，声震四方，场面颇为壮观。

群众运动确实起到了神奇的功效。首先，它练就了员工的政治头脑。“运动”一般以任正非的一篇讲话为中心点，接着就是全员的学习和讨论，以及正面人物的宣传、反面人物的警示等等。这种群众运动确实起到了神奇的功效。员工明白，声势浩大的运动背后，领导讲话的字里行间，都可能预示着某种变化。那些以前不爱学习公司文件的年轻人，现在都会抢在第一时间阅读任正非的讲话稿或文章。

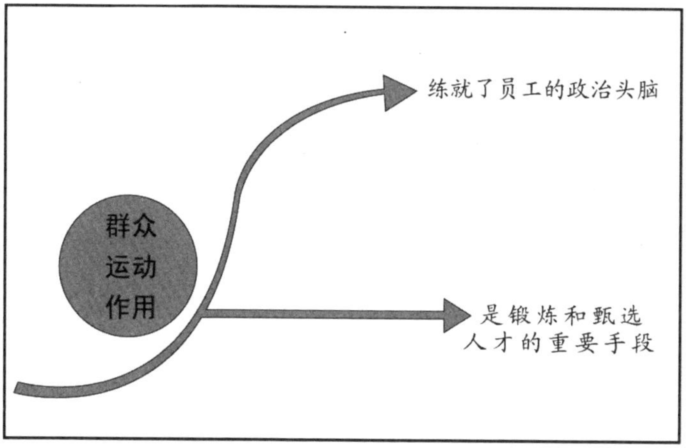

运动也成了锻炼和甄选人才的重要手段。但运动一多，效果就会大打折扣。

2000 年之后，华为开始有意识地减小表面“运动量”，任正非也从台前退到了幕后。以前轰轰烈烈的群众运动形式转变成了和风细雨的形式。2000 年以后的华为更像一道静静向前流淌的河流，低调但坚决地赶着自己的路。任正非这样解释促成这种变化的根本目的：

有人说华为公司运行得平平静静，没什么新闻，是不是没戏了。我们说这叫“静水潜流”。表面很平静的水流，下面的水可能很深很急。倒是那些很浅的水在石头上流过去的时候才会泛起浪花。

……

我们现在一步一步地改革，就是为了让你们的心情也平静下来，随着潮流慢慢走。华为现在的平静，说明公司已经逐渐规范化了。

任正非还曾导演了几次“集体辞职再上岗”群众运动，充满了关爱、充满了仁慈，完全符合华为《基本法》的价值分配原则。从华为员工自愿离职的补偿方案，就可以看到华为没有让雷锋吃亏。任正非导演的“先辞职再上岗”群众运动最主要的目的就是激活“淤泥沉淀层”，让最有责任心、最有才华的人才进入公司中坚层。

第四节 “床垫”文化

全球领先的电信解决方案供应商，在美国、德国、瑞典、俄罗斯等地设立了多个研究所，产品和解决方案已经应用于全球100多个国家，服务全球运营商50强中的36家。拥有如此大规模的公司是谁？华为。而华为又是怎样走过创业初期的呢？

华为的初创期，在没有资源与条件的情况下，华为人秉承20世纪60年代“两弹一星”的艰苦奋斗精神，以勤补拙，刻苦攻关，夜以继日地钻研技术方案。1991年9月，50多名华为人在宝安县蚝业村工业大厦三楼开始了创业之路。“一层楼既是生产车间、库房，又是厨房和卧室。十几张床挨着墙边排开，床不够，用泡沫板上加床垫代替。无论是领导还是普通员工，累了睡一会，醒来接着干。”一位老华为人这样回忆起当初的情况。

华为几乎每个研发人员都有一张床垫，卷放在铁柜的底层或办公桌的下面。午休时，席地而卧；晚上加班，整月不回宿舍，就这一张床垫，累了睡，醒了爬起来再干。一张床垫半个家，华为人携着这张床垫走过了创业的艰辛。这形成了华为独有的“床垫文化”。

“床垫文化”意味着华为人努力把智力发挥到最大值，它是华为精神的一个重要象征。“床垫文化”要求华为人发扬艰苦奋斗的工作作风，激发出自身高昂的工作热情，坚持锲而不舍的工作态度，最终做到兢兢业业的工作奉献。

在这样的“床垫文化”鼓励下，华为人创造了许多的辉煌。从1988年成立至今，华为已经成为中国电信市场的主要供应商之一，并成功进入全球电信市场。华为是全球少数实现3GWCDMA商用的厂商，它已经全面掌握WCDMA核心技术，并率先在阿联酋和毛里求斯等国家和地区获得成功商用，跻身WCDMA第一阵营，成为全球少数提供全套商用系统的厂商之一。“床垫文化”促进了华为的超常发展，而华为凭借这种超常发展，成为中国企业创业、创新和国际化的标杆。

曾经有位华为员工这样描述自己第一次去见一个电信局长：我在华为第一次见电信局长，是因为有个资料要递给他。早上 8 点钟我就去他办公室了，他说要开会，你等等吧，我就站在能看到他会议室的位置等着。他出来两次，我都迎上去，他说还要继续开。一直等到中午，他出来了，我连忙再上去，他告诉我，他要去吃饭，你改天再来吧。他走了，我还站在那里，一个小时后，电梯门打开，从里面出来的局长抬头看到我，一愣：“你怎么还没回去啊，到我办公室来吧。”[①]

任正非在其题为《华为的红旗到底能打多久》的演讲稿中谈道：

当我们走上这条路，没有退路可走时，我们付出了高昂的代价，我们的高层领导为此牺牲了健康。后来的人也仍不断在消磨自己的生命，目的是为了达到业界最佳。沙特阿拉伯商务大臣来参观时，发现我们办公室柜子上都是床垫，然后把他的所有随员都带进去听我们解释这床垫是干什么用的，他认为一个国家要富裕起来就要有奋斗精神。奋斗需一代一代坚持不懈。

可以看出，任正非对华为人的奋斗精神是非常自豪的。但对于一直激励着华为人的“床垫文化”，外界颇多责难，也让华为一度饱受诟病。外界认为华为的快速发展是建立在对员工的压榨之下的不近人情。

华为新闻负责人在接受《商务周刊》采访时表示，早在 2000 年之后，华为员工就基本抛弃了垫子的加班功能，“垫子的功能已经变成午休了”。由于深圳四季都比较热，按照华为中午 12 点吃饭 14 点上班的规定，华为员工基本是利用垫子来进行午休。因此，华为最安静的时候除了晚上就是中午。胡新宇事件后，华为加大了对加班加点的约束，员工需要加班，必须得到批准。而且员工如果晚上进入公司加班，必须登记。

客观地看，华为在坚持艰苦奋斗的情况下，同时把员工的健康提到了相当的

---

① 孙亚芳：华为的智色女舵手．今日财富，2010.10

高度，这相对过去生硬的“狼性”文化，无疑显露出一丝“温情”，将人文关怀上升到公司的战略层面。

实际上，现在的华为文化已经很难简单被一种文化所囊括。在华为自己看来，华为的核心是艰苦奋斗，而比如床垫文化、狼文化等词语都是外界强加的概念。

第五节　企业文化小故事

故事一：我热爱我的事业

我承认我是一个技术狂热分子，十分痴迷于软件开发工作，希望我开发的软件成为业界翘楚，这是进公司时我的理想。2005 年刚入职，参加一个新项目，因为做的事情比较新，项目组积累不多，公司那时无法上网查资料，我就买了一堆 201 上网卡，晚上加班回来就拨号，然后将资料搜集了发回公司。那个时候全身心投入工作，生产效率非常高，两三个月开发了 ×× 行代码，且测试发现的问题非常少，那时候加班是喜欢的，因为“兴奋”得舍不得走。由于我的努力项目很快取得重大进展，我也在连续两个月考评为 A 之后提前以 A 的成绩转正。虽然过去 6 年了，但我始终觉得那是我最难忘的项目，项目组的同事虽已分开各处，但是每次我去深圳的时候都会去看他们，大家偶尔也会重复地怀念那段岁月，那种感觉非常好。我想我们在追求理想的时候，其中最重要的就是“热爱”，只有真正“热爱”你所从事的工作你才能坚持，才能在任何时候想出方法，才能真正不辞辛劳，也在最后才能真正感受到酣畅淋漓的成功。

2008 年遇到了虚拟机几个严重的网上问题，当时专家会诊的结果可能虚拟机选型有误建议更换虚拟机。这是个大事情，那么多局点，还有虚拟机的兼容性测试。那时对虚拟机的指令支持情况了解不多，所以我也没能立即提出反对意见，不过我还是坚持给我一个晚上的时间再决定是否更换。结果那天我一个人忙了一夜，查阅了大量的资料，终于让我证明了虚拟机是没有问题的。在早晨上班前，当我把详细的分析报告发给专家组成员的时候，我能体会到那种“快意恩仇”的感觉。这个事情让我明白一点，不迷信权威，敢于质疑，并努力给出证据证明自己的想法是多么重要。

“用代码说话”是我一直以来的做事风格，我喜欢原型设计，喜欢编写演示性代码。作为一线设计和开发人员，其实代码是最真实的。记得一次参加一个新系统设计，去的时候设计已经进行了几个月了，连规格都整理完了，可是很多关键的地方还是“疑点重重”，秉承我一贯的作风，从熟悉的地方开始用代码验证、求索，经过一月的编码、演示和验证，终于在众多关键技术上取得实质突破。我也凭此项目的重大贡献，获得了当年软件公司技术类个人金牌奖，再次实践了我用代码说话的做事方法。[①]

故事二：为转型，市场部集体辞职

文化案例：任何时候都要有一股危机意识，要能够在太平时期居安思危，时刻保持忧患意识

1996 年 1 月，华为发生了一件被内部人称为“惊天地、泣鬼神”的大事——市场部集体辞职。当时，华为市场部所有正职干部，从市场部总裁到各个区域办事处主任，所有办事处主任以上的干部都要提交两份报告，一份述职报告，一份辞职报告，并采取答辩方式重新进行竞聘上岗，公司根据其表现、发展潜力和企业发展需要，批准其中的一份报告。在竞聘考核中，包括市场部代总裁毛生江在内的大约 30% 的干部被替换下来。表面看来，这是华为市场部的一次重大人事变动，而任正非的真实用意，却极为深远。

创业时期的华为，依靠的是一群“土狼”的拼命精神。那时的华为，员工基本上没有休息日，晚上加班更是非常平常事。由于长期过度疲劳，许多高层领导都患上了各种慢性疾病。“华为的成功，使我失去了孝敬父母的机会与责任，也销蚀了自己的健康。”任正非在《我的父亲母亲》一文中所讲的这番话，是对华为艰苦创业历史的真实写照。

① 穆鸿．一帘幽梦•半城烟雨．华为人，2012.3

1995年，随着自主开发的C&C08交换机市场地位的提升，华为的年度销售额达到了15亿元，标志着华为结束了以代理销售为主要赢利模式的创业期，进入了高速发展阶段。创业期涌现的一批个人英雄，随着公司业务的转型，许多已经无法跟上企业快速发展的步伐。企业管理水平低下的问题，也逐渐暴露出来，成了制约公司继续发展的瓶颈。正如任正非所说："华为初期的发展，是靠企业家行为，抓住机会，奋力牵引，而进入发展阶段，就必须依靠规范的管理和懂得管理的人才。"

华为当时所面临的，是整个中国社会的一个普遍问题：官只能越做越大，工资只能越升越高，免掉或降低职位，都意味着彻底的失败。因此，选择什么样的变革模式，尽量减少对人们心理所造成的冲击，是解决问题的关键。集体辞职，让大家先全部"归零"，体现了起跑位置的均等；而竞聘上岗，则体现了竞争机会的均等，这种看似"激烈"的方式的背后，实际隐含着的是一种"公平"。毛生江慷慨激昂的去职宣言，更让其他下岗干部平静许多，它充分体现了任正非高超的领导艺术：在顺利实现人员更替的同时，最大程度地保留了落选员工的面子，也为华为"干部能上能下"制度的推行打下了良好的思想基础。

2000年1月，任正非在"集体辞职"4周年纪念讲话中，对那次历史事件给予了高度的评价："市场部集体大辞职，对构建公司今天和未来的影响是极其深刻和远大的。任何一个民族，任何一个组织只要没有新陈代谢，生命就会停止。如果我们顾全每位功臣的历史，那么就会葬送公司的前途。如果没有市场部集体大辞职所带来的对华为公司文化的影响，任何先进的管理、先进的体系在华为都无法生根。"

案例链接

中兴通讯高压线

中兴文化到底是什么？既我们反对什么？提倡什么？

中兴通讯核心价值观：

互相尊重，忠于中兴事业；

精诚服务，凝聚顾客身上；

拼搏创新，集成中兴名牌；

科学管理，提高企业效益；

中兴通讯高压线：

高压线是中兴企业文化和价值观不能容忍的行为底线，是与中兴企业文化和价值观完全背道而驰的行为，一旦触及，一律开除——

1. 故意虚假报账；

2. 收受回扣；

3. 泄露公司商业机密；

4. 从事与公司有商业竞争的行为；

5. 包庇违法乱纪行为。

（摘编自《中兴通讯的企业文化理念》，来源：经理人网，2009 年 10 月）

第2章

华为“基本法”

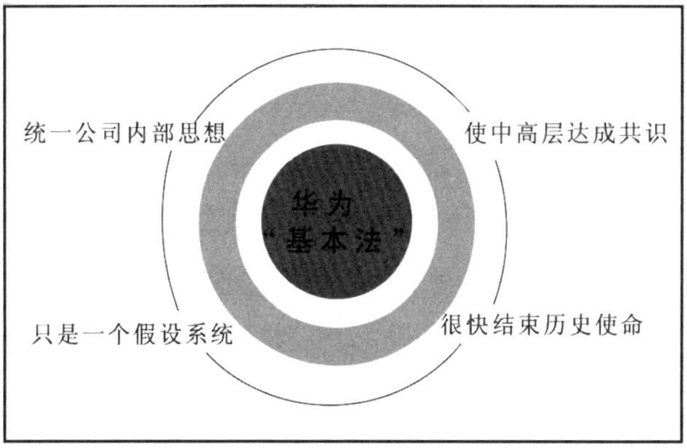

华为走过的10年是曲折崎岖的10年，教训多于经验，在失败中探寻到前进的微光，不屈不挠地、艰难困苦地走过了第一次创业的历史阶段。这些宝贵的失败教训，与不可以完全放大的经验，都是第二次创业的宝贵的精神食粮。当我们第二次创业，走向规模化经营的时候，面对的是国际强手，他们又有许多十分宝贵的经营思想与理论，可以供我们参考。如何将我们10年的宝贵而痛苦的积累与探索，在吸收业界最佳的思想与方法后，再提升一步，成为指导我们前进的理论，以避免陷入经验主义，这是我们制定《华为公司基本法》的基本立场。

——华为总裁　任正非

第一节　统一公司内部思想

新中国的开创者、缔造者毛泽东主席就是深得“统一思想”妙谛的伟大领导人。治国与治企根本上没有差别，大小国之别而已。毛主席一辈子掌控运动的能力非常强，他很明白如何抓住人心，调动人心，引导人心，知道用什么思想把群众统一起来。为什么要统一思想呢？原因很简单，世间所有的事情都需要参与的人去做，不论你学了多少所谓的西方各类先进理念、工具、方法，所有要做的事最终都必须落在一个人之言之行的过程上。古圣先贤早就明了其核心，所以孔子在易经《系辞》中专门说“言行,君子之枢机,枢机之发,荣辱之主也”。怎么言怎么行，由什么指导呢？人之思想或意识指导。统一思想即是统一意识。思想统一了，步调就会一致。①

华为成立于1987年，当时创业资产只有2万元，成员7人。而到了1998年，华为已经拥有9000多名员工、年销售收入近百亿元。

华为当时虽然取得了辉煌的成绩，但是也面临着各种新问题和矛盾，其中最大的一个问题就是华为经营管理仍然带着“土味儿”，不够规范。单纯靠一个个

① 刘硕斌．企业治理的首要关键——统一思想．中国营销网，2011.10

会议或是一个个偶然事件，是不可能提升团队思维方式和行为方式的，反而增加了团队的迷惘、迟疑和不安全感。

2011 年 12 月，任正非在其内部演讲《一江春水向东流》中这样回顾了“基本法”的产生背景：

> 到 1997 年后，公司内部的思想混乱，主义林立，各路诸侯都显示出他们的实力，公司往何处去，不得要领。我请人民大学的教授们，一起讨论一个“基本法”，用于集合一下大家发散的思维，几上几下的讨论，不知不觉中“春秋战国”就无声无息了，人大的教授厉害，怎么就统一了大家的认识了呢？从此，开始形成了所谓的华为企业文化，说这个文化有多好，多厉害，不是我创造的，而是全体员工悟出来的。
>
> 我那时最多是从一个甩手掌柜，变成了一个文化教员。业界老说我神秘、伟大，其实我知道自己，名实不符。我不是为了抬高自己，而隐起来，而是因害怕而低调的。真正聪明的是十三万员工，以及客户的宽容与牵引，我只不过用利益分享的方式，将他们的才智黏合起来。

据《军人总裁任正非》一书作者的介绍，“1995 年 1 月，彭剑锋等 5 名人民大学教授被华为请去讲授课程，为华为的二次创业与企业的战略转型作辅助。任正非在听了彭剑锋教授讲授的企业二次创业与人力资源课程之后，认为教授们在授课中所揭示的二次创业问题正是华为公司在高速成长和发展的过程中所需要思考的问题。”

“1995 年 9 月，华为公司发起了‘华为兴亡，我的责任’的企业文化大讨论。最初设想是用来总结企业文化，可是任正非逐渐发现，原来自己赞同的观点往往与多数人不同，无法达成共识。这件事对他的触动巨大，于是其决定邀请彭剑锋等教授为华为起草《华为公司基本法》，尝试在华为建立更加统一规范的价值观和企业文化。”

1996 年 3 月，由彭剑锋、黄卫伟、包政、吴春波、杨杜、孙建敏等人大的教授组成了华为管理大纲起草小组。首稿由包政执笔，后来包政去了日本进修，改由黄卫伟教授主笔。起草小组一成立就驻扎在华为公司，与华为人一起研究起草管理大纲。

据《21世纪经济报道》记者丘慧慧的记载："在令任正非坚定以3年之功理顺《华为公司基本法》决心的诸多微小事件中，其中一件则是1997年发生的中国'头号证券大王'管金生及其创办的当时号称'中国最大证券公司'万国证券轰然倒下的新闻。他转发该则新闻给《华为公司基本法》专家组成员，并批注：'转发这篇文章给你们，是让你们知道为什么要搞《华为公司基本法》'，'一个多么可爱的人，一个多么有能力的人，八分钟葬送了一个世界级的证券公司。难道我在迫于内部与外部压力的情况下，不会出现疯狂的一瞬？历史是一面镜子'。"

当时有人送给任正非一本19世纪的美国宪法，手持此书的任正非当时感叹："今天看来（美国宪法）并不高明，但它指导了美国200多年的发展，奠定了美国今天的繁荣。"他据此为构想中的《华为公司基本法》使命做出如下规划——"我们的《华为公司基本法》再过20年后，也许不会有多大价值，但现在必须有一个规范来指导我们的工作。"

根据和君咨询的陈振辉和白慧妍的记载，《华为公司基本法》是这样产生的："《华为公司基本法》正是在华为已经初步具有企业精神之后，试图固化为一个系统的企业纲领的情况下出现的。在华为基本法的出台之前，包括任正非本人都没有一个对华为企业文化、治企理念和企业精神的系统化的思维。对于《华为公司基本法》应该是一部什么文件，一开始任正非自己也没有想明白，只是觉得华为这时已经需要一个类似于香港"基本法"的东西。

"这个模糊的想法一开始是交给总裁办去做，总裁办把华为的主要文件，比如薪酬制度等放在一个夹子里再加一个封面，贴上一个条，上面写着《华为公司基本法》，交到任正非面前。但任正非说：'这不是我要的基本法。'总裁办主任问道：'那你要什么基本法？'任正非回答说：'我要知道还用你来做吗？我自己就干了。'"

"当时吴春波等人正在给华为市场部做考核项目，于是任正非决定'让几个人大的教授试试'。为此，任正非第一次敞开心扉，从个人经历等方面与起草者谈了整整三天，基本法总算破题了。"

任正非提出，《华为公司基本法》要提出企业处理内外矛盾关系的基本法则，要确立明确的企业共同的语言系统，即核心价值观以及指导华为未来成长与发展的基本经营政策与管理规则。

之所以任正非提出"要确立明确的企业共同的语言系统"源自这样的故事。华夏基石管理顾问公司董事长、《华为公司基本法》起草者之一彭剑锋回忆说，1996年的华为，也出现了很多民营企业都遇到的难题。随着企业扩张，人员增多，企业高层和中层、基层的距离越来越远，员工无法领悟老板的想法，觉得老板像鸟一样越飞越高，越来越宏观。而老板看员工，心里想或者嘴上骂："笨得像头猪。"鸟和猪的语言体系不通，企业的内部交易成本加大，是高速增长的华为遇到的问题。

《华为公司基本法》起草团队的办公室就设在任正非的隔壁，任正非只要有时间，就走过来和他们一起讨论，逐字逐句推敲每一个词语。每个月，华为的高层都会牺牲两个周末的上午休息时间来参与讨论。"有时候甚至停工停产，全公司员工开会讨论。"《华为公司基本法》起草人之一吴春波回忆说。

1996年6月30日，任正非在华为市场庆功及科研成果表彰大会上讲道：

我们在进行第二次创业活动，从企业家管理向职业化管理过渡。我们正在进行

《华为公司基本法》的起草工作,《华为公司基本法》是华为公司在宏观上引导企业中长期发展的纲领性文件,是华为公司全体员工的心理契约。要提升每一位华为人的胸怀和境界,提升对大事业和目标上的追求。每个员工都要投入《华为公司基本法》的起草与研讨中来,群策群力,达成共识,为华为的成长作出共同的承诺,达成公约,以指导未来的行动,使每一个有智慧、有热情的员工,能朝着共同的宏伟目标努力奋斗。使基本法融入每一个华为人的行为与习惯中。

从 1995 年开始筹备"基本法"到成稿经历了 3 年,而这 3 年,华为经历了从 1995 年的 800 多人到 1998 年近 2 万人的高速发展过程。这部总计 6 章、103 条的企业内部规章,是迄今为止中国现代企业中最完备、最规范的一部"企业基本法"。

在《华为公司基本法》出台的同时,起草者们同时还拿出了 28 个"子基本法",包括委员会管理法、虚拟利润法、安全退休金法以及人力资源制度等,这些"子基本法"仍然不是具体的操作制度规定,而是对企业各个组织单位的设计原则进行细分定位。它们没有惩罚和纠错的内容,关于企业运行底线的规定则由各种各样的制度和规章来实现。

《华为公司基本法》分为宗旨(核心价值观、目标、成长、价值分配)、基本经营政策(经营模式、研发、营销、生产、财务)、基本组织政策(组织方针、组织结构、高层组织)、基本人力资源政策(基本原则、员工权利与义务、考核、管理规范)、基本控制政策(管控方针、质管体系、全面预算、成本控制、流程重整、项目管理、审计、事业部、危机管理)、接班人与基本法修改等六个主要方面,采用法律条文的书写方式编写。

事实上,从 1995 年开始,华为从两个方向对管理做了探索。对内,华为开始对历史经验作出总结,这些智慧集中表述为《华为公司基本法》;对外,华为开始以 IBM 为标杆来学习。从这一年开始,华为和它的历史同伴们走上了两条完全不同的道路。

第二节 使中高层达成共识

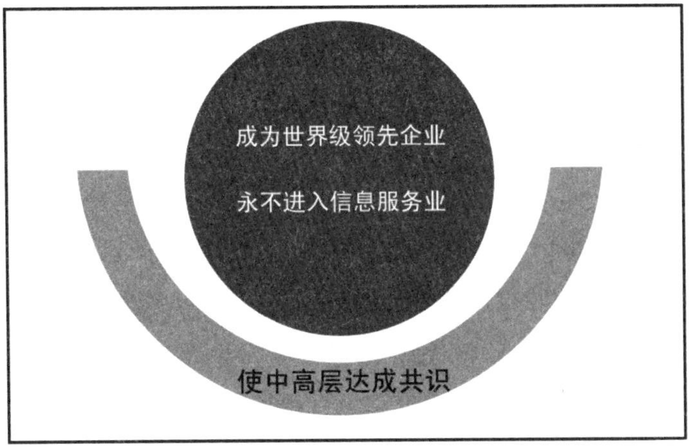

它，仅是一个企业的“宪法”而已，但它的意义及影响不仅限于此。它是《华为公司基本法》，是许多企业和分析人士剖析华为成功因素的一个重要来源，也是企业纷纷效仿的对象。《华为公司基本法》初稿完成时，任正非就搞了一次“群众运动”，动员干部员工参与讨论，并明确提出新的意图，“通过参与‘基本法’讨论，培养一批干部。”

1998 年，对 10 年后顺利实践自己“成为世界级领先企业”诺言的华为而言，注定是不平凡的一年。这一年，历时 3 年、八易其稿的中国首部企业宪章《华为公司基本法》正式推出，于其发布之时，任正非表示：

中国洋务运动开始的工业化历程，历经多年，至今还没有成长出一个世界级的领先企业，这个历史重任已经落在我们这一代人的身上。

彼时，刚满 10 岁的华为高瞻远瞩地将自己的使命定义为：探索一条在中国成长为世界级高科技企业的道路，这条道路将因为华为的出现而由混沌走向清晰。

“华为从制定《华为公司基本法》的过程中学到的，甚至比《华为公司基本法》本身更多，因为它实际上是一个任正非与华为中高层充分沟通并达成共识的过程，而这个共识确保了它的现实性和可执行性。”《华为公司基本法》起草者之一彭剑锋如是评价。

就像《华为公司基本法》起草者之一吴春波所说，直到《华为公司基本法》成稿，华为才“从懵懂和亢奋中清醒过来”。吴春波同样认为，《华为公司基本法》的起草过程比结果更重要。“重要的事情不着急。3年起草，是一个灌输、认同和信仰的过程。通过这3年的不断折腾，每条大家都已经烂熟了，如果3个月拿出来，恐怕就是另外一个结果。”在他看来，《华为公司基本法》可以与1787年长达160多天的美国宪法的起草过程相媲美——是一次伟大的妥协。

《华为公司基本法》的另外一位起草人，中国人民大学教授杨杜认为，《华为公司基本法》的阶段性的意义很大，是“飞速成长的中国企业对自身的生存和发展的一次系统思考”。

《华为公司基本法》的意义在于将高层的思维真正转化为大家能够看得见、摸得着的东西，使彼此之间能够达成共识，这是一个权力智慧化的过程。

1998年3月，任正非在其题为《要从必然王国，走向自由王国》的演讲中道出了他起草《华为公司基本法》的核心目的：

华为经历了10年的发展，有什么东西可以继续保留，有什么东西必须扬弃，我们又能从业界最佳吸收什么。如何批判地继承传统，又如何在创新的同时，承前启后，继往开来。继承与发展，是我们第二次创业的主要问题。

华为走过的10年是曲折崎岖的10年，教训多于经验，在失败中探寻到前进的微光，不屈不挠地、艰难困苦地走过了第一次创业的历史阶段。这些宝贵的失败教训，与不可以完全放大的经验，都是第二次创业的宝贵的精神食粮。当我们第二次创业，走向规模化经营的时候，面对的是国际强手，他们又有许多十分宝贵的经营思想与理论，可以供我们参考。如何将我们10年的宝贵而痛苦的积累与探索，在吸收业界最佳的思想与方法后，再提升一步，成为指导我们前进的理论，以避免陷入经验主义，这是我们制定《华为公司基本法》的基本立场。几千员工与各界朋友两年来作了许多努力，在人大专家的帮助下，《华为公司基本法》八易其稿，最终在1998年3月23日获得通过，并开始实行。当然它还会在实行中不断地优化，以引导华为正确地发展。

华为第一次创业的特点，是靠企业家行为，为了抓住机会，不顾手中资源，奋力牵引，凭着第一、第二代创业者的艰苦奋斗、远见卓识、超人的胆略，使公司从小发展到粗具规模。第二次创业的目标就是可持续发展，要用10年时间使各项工作与国际接轨。它的特点是要淡化企业家的个人色彩，强化职业化管理。把人格魅力、牵引精神、个人推动力变成一种氛围，使它形成一个场，以推动和导向企业的正确发展。氛围也是一种宝贵的管理资源，只有氛围才会普及大多数人，才会形成宏大的具有相同价值观与驾驭能力的管理者队伍。才能在大规模的范围内，共同推动企业进步，而不是相互抵消。这个导向性的氛围就是共同制定并认同的《华为公司基本法》。形成切实推动的就是将在10年内陆续产生的近百个子基本法。它将规范我们的行为与管理。

成为世界级领先企业

"成为世界级领先企业"，被写入《华为公司基本法》第一章第一条，它是华为的终极目标与最后理想。同时，任正非在一次员工大会上说道："如果华为每年保持翻番增长的话，8年之后华为就可以赶上IBM。"这样一个目标的提出让与会者无不群情振奋，但是也觉得这是几乎不可能实现的。1998年，IBM的收入大约为800亿美元，员工近30万人。而华为的员工人数则只有6000，年收入大约3.5亿美元。然而对于任正非来说，目标遥远，但并不等于不能实现，需要的只是时间和耐力而已。因此在起草《华为公司基本法》时任正非提议将这一点——"成为世界级领先企业"写进去，并且作为开篇的第一条。那时，华为人似乎才真正明白了任正非的抱负和理想。

"成为世界级领先企业"目标的提出为华为指出了未来发展的目标，大大地激励着每个华为人的荣誉心。

永不进入信息服务业

如果说“世界领先企业”的口号让大家陷入了震惊进而陷入了沉默，那么《华为公司基本法》中的一段文字——“为了使华为成为世界一流的设备供应商，我们将永不进入信息服务业。通过无依赖的市场压力传递，使内部机制永远处于激活状态”则彻底引发了人们长时间激烈的争论。

信息服务不仅可以促进企业有形产品的销售，而且本身也具有很大的市场空间，甚至可以超过所谓传统的硬件设备收入。当时像 IBM 等国际领先的 IT 企业都是同时提供信息咨询服务，所以许多公司高层认为，华为没有必要限制自己潜在的发展机会。

任正非当然自有他的考虑，由于当时华为业务发展顺利，公司内部已经开始滋生出高速成长带来的盲目乐观情绪。任正非在一片大好形势中尖锐地看到了“保持强烈的竞争和危机意识，企业才能不断进步”的道理。所以，他希望从这一限制传递出这样的意愿：华为只有无比专注地通过来自竞争的压力来不断提升自己，才能最终成长为世界级的企业，而这是唯一的道路，没有捷径。或许，这可以被看做任正非对于如何成为“世界级领先企业”的最原始、最根源性的思考。

在《华为公司基本法》中，类似的这种内容还有很多，它们不仅蕴涵了管理层对企业的希望，更重要的是它真实反映了华为员工的性情一面。任正非期待通过确定《华为公司基本法》，把一个与时俱进的价值罗盘置于每一个人的心里，从而使老板与员工的思维方式和行为方式有一个共同的始发点，达成一定的心理契约。

任正非多次在会议上强调干部学习《华为公司基本法》的重要性：

我非常担心华为公司的《华为公司基本法》会出现“墙内开花墙外香”的情况，《华为公司基本法》的定位就是培养中高级干部，干部必须认真学习《华为公司基本法》，领会其精神实质，掌握其思想方法。

第三节　很快结束历史使命

《华为公司基本法》的阶段性的意义很大，是“飞速成长的中国企业对自身的生存和发展的一次系统思考”。对华为而言，《华为公司基本法》不仅仅是6章103条16400字，它是华为成年仪式的见证。《华为公司基本法》最大的作用，就是将高层的思维真正转化为大家能够看得见、摸得着的东西，使彼此之间能够达成共识，这是一个权力智慧化的过程。不能静态地看待《华为公司基本法》。把《华为公司基本法》理解成103个条文，就会错过它的精髓，《华为公司基本法》起草的借鉴意义大于最后形成的文本。

《华为公司基本法》的出台对中国企业界产生了不小的震动，很多国内企业对《华为公司基本法》特别推崇，一些人希望能在自己的公司里弄出一套类似的“法律”，以此来建设自己的企业文化。

在外界对《华为公司基本法》的赞扬之声不绝于口时，任正非却已经清醒地意识到它的不足之处。这个认知，其实与华为1996年开始的全球化征程有关。1996年任正非便开始把目光指向国际公司管理体系，美国HAY咨询公司香港分公司任职资格评价体系就第一个进驻华为。1997年底，任正非先后访问了美国休斯公司、IBM公司、贝尔实验室和惠普公司。在与国际一流跨国公司接触的过程中，任正非意识到，基本法那种独特的语言模式，并不能跟全球化的大公司形成很好的对话。

任正非由此意识到《华为公司基本法》没法在流程中体现的、没作出评价和进行奖励的价值尺度，注定是短命的和软弱的。其起草者之一吴春波教授后来说了这样一句话：“‘基本法’当时的局限性很明显，关于企业的核心价值观、流程和客户方面的问题提得都很少。”而另一位起草者彭剑锋则说过：“《华为公司基本法》对华为成长和发展的实际效果可能远没有它给华为创造的品牌效应和对中国其他企业带来的启迪价值大。”

虽然《华为公司基本法》从一开始就规定10年“修宪”，但在2002年，任正非就提出要“修宪”了。“之所以要修改《华为公司基本法》，不是因为它坏了，而是因为现在需要补充新的东西。我们不能犯经验主义，教条主义”，《华为公司基本法》的起草人之一杨杜说。

在接受《商务周刊》采访时，《华为公司基本法》的起草者们：彭剑锋、杨杜和吴春波，并不回避企业宪法的阶段性问题。“企业不可能是设计出来的，谁要严格按照企业宪法做，谁就是傻瓜。因为它背离了企业真正的市场环境。”彭剑锋说，“但起码它可以保证在一个阶段内，大家可以达成共识，减少内部交易成本。”

“市场环境是不断变化的，我们当初想它能适应企业5年的发展就不错了。”杨杜说。吴春波则说：“有了基本法也不能保证华为基业长青。因为它是一个必要条件而不是充分条件。机制、制度和战略不是靠基本法能够解决的，基本法解决的只是文化问题。”

“如果有一天，我们制订的企业宪法被企业家抛弃的话，我不会感到奇怪，也不悲哀。抛弃才真正意味着中国企业真正走向了职业化，走出了创业型企业家的时代，真正脱胎换骨了。”彭剑锋说。

事实上，早在《华为公司基本法》临近诞生之时，觉悟了的任正非已经开始斥巨资引进ISC（集成供应链）等供应链和产品开发的相应软件，并聘请德国国家应用研究院（FHG）的质量管理顾问、普华永道（PWC）的财务顾问和KPMG的严格审计。1998年《华为基本法》正式诞生，任正非则正式聘请IBM为IPD（集成产品开发）提供咨询，打破了华为以部门为管理结构的模式，转向以业务流程为核心的管理模式。仅此一项华为付给IBM的咨询费达到了数千万美元。

华为曾聘请IBM专家给自己的各个部门做管理评分（TPM），以满分5分计。华为2003年的平均分只有1.8，2004年才达到2.3，而当年的目标是2.7。按照IBM专家的意见，一家真正管理高效规范的跨国公司，其TPM分值应达到3.5。根据IBM专家的评测，华为人均工作效率只有国际一流公司的1/2.5。华为在重整供应链之前，其管理水平与业内其他公司相比存在较大的差距。华为的订单及时交货率只有 50%，而国际上其他电信设备制造商的平均水平为 94%；华为的库存周转率只有 3.6 次 / 年，而国际平均水平为 9.4 次 / 年；华为的订单履行周期长达 20 ～ 25 天，国际电信设备制造商平均水平为 10 天左右。华为重整供应链的目的就是为了设计和建立以客户为中心、成本最低的集成供应链，为早日成为世界级企业打下良好的基础。

这些举动提示了华为对强化流程与制度建设的重视，从行动上对《华为公司基本法》进行了修订。

在 2006 年、2007 年华为将愿景重新规划为“丰富人们的沟通和生活”，其使命则是“聚焦客户关注的挑战和压力，提供有竞争力的通信解决方案和服务，持续为客户创造最大价值”。正如华为不断前进，不断否定自我一样，《华为公司基本法》也在脱胎换骨，在完成了将华为一步一步从“游击队”转变成为“正规军”后，还将努力完成促使华为向“无为而治”管理的至高境界转变。

今天的《华为公司基本法》已经不是当初那个“基本法”，而是进行了很多的更改，华为的业务已经超出了当时的规定。

“这就是企业家，事易时移，不会拘泥于一个固定的圈圈。”彭剑锋说。而从另一方面来说，在通信这样一个充满不确定性的领域，《华为公司基本法》作为一个代表“确定”的符号的作用已经远远超过实际内容，这大概是华为比其他公司高明的地方。任正非多次在内部强调这么一句话：

《华为公司基本法》真正诞生的那一天，也许是它完成了历史使命之时，因为《华为公司基本法》已经融入了华为人的血脉。

对于外界所说的，华为“已经抛弃了《华为公司基本法》”，《华为公司基本法》的起草人之一吴春波表示：“这种说法值得商榷。应该讲，《华为公司基本法》从制定到实践，就是一个不断扬弃的过程，任总将其定位于‘模糊、混沌中的一条光束’，并预言‘《华为公司基本法》真正诞生的那一天，也许是它完成了历史使命之时，因为《华为公司基本法》已经融入华为人的血脉’。因此，可以讲，《华为公司基本法》不是被抛弃了，而是被超越了，被华为企业经营管理的实践所超越。华为核心价值观：在变与不变中升华。”

自 2008 年 5 月 31 日起，到 2009 年 4 月份，任正非分别在五大体系的奋斗表彰大会上作了五次讲话。《华为公司基本法》的起草人之一彭剑锋在接受《中国经营报》记者段铸采访时说，把任正非 2008 年到现在所发表的这几篇文章连起来看，能发现他在重新思考《华为公司基本法》的问题，重新思考企业未来 20 年怎么走。“如果说《华为公司基本法》是华为过去的一种思想解放，那么这一系列的文章就是新一轮的思想解放，它们解决的是如何去承担产业的责任问题，如何能够保持企业的持续繁荣问题，持续竞争力和全球竞争力的问题。他思考的问题是，作为一个世界级企业，基于产业，基于全球化，华为如何持续发展。”

第四节　只是一个假设系统

核心价值观是支撑企业成功的潜在力量，是支撑人奋斗的内驱力，也有着巨大效用。制度和考核不可能把所有问题都细致入微地搞清楚，核心价值观却弥补了这些空白。这好比法律和道德的关系，法律再完美也需要道德的约束，这样社会才能良性互动。核心价值观是企业文化的精华。

《华为公司基本法》总结、提升了华为成功的管理经验，确定华为二次创业的观念、战略、方针和基本政策，构筑公司未来发展的宏伟架构。《华为公司基本法》以书面的形式表现，以制度的方式约束，将核心竞争力具体地体现出来。《华为公司基本法》描述了构建华为核心竞争力各因素，对基础层、载体层和转换层的因素都进行了概述，这些因素是打造核心能力的“着力点”，因而每个因素都具有不可缺少的重要作用。

2006 年 6 月，参与制定华为“基本法”的中国人民大学教授吴春波在接受《中国经营报》采访时说道：“华为基本法只涵盖了两方面的问题：一是总结华为成功的关键因素；二是抛出华为将来能够成功的关键因素。”

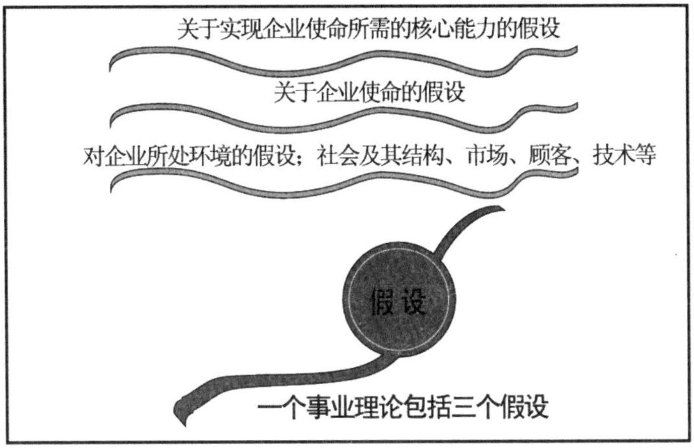

根据德鲁克的研究，一个事业理论包括三个假设：第一，对企业所处环境的假设；社会及其结构、市场、顾客、技术等；第二，关于企业使命的假设；第三，关于实现企业使命所需的核心能力的假设。华为基本法规定每10年修订一次，与德鲁克的说法毫无二致，这恰恰说明了基本法的生命力所在。

任正非曾说过：

当外部环境发生变化的时候，当新的机遇来临的时候，谁固守《华为公司基本法》的教条，谁就是傻瓜。

2005年4月，在广东省委组织举行的“广东学习论坛”第十六期报告会上，任正非作了题为《华为公司的核心价值观》的专题报告，虽没有正面说明华为基本法已修改，但讲话内容涉及公司愿景、使命以及战略的部分显然做了一些修正。

《华为公司基本法》起草者之一彭剑锋这样分析道：“其实，《华为公司基本法》是一个历史产物，它只是华为在10年以前，为了适应经营环境，为了解决高速成长过程中所面临的问题，做出的一个基于未来发展的经营假设系统。《华为公司基本法》对华为成长和发展的实际效果可能远没有它给华为创造的品牌效应和对中国其他企业带来的启迪价值大。

“即便如此，《华为公司基本法》的作用还是不可替代的。《华为公司基本法》

可以说引领了华为10年的高速成长，保证了华为在战略上的专注与执着。而更需要提及的是，《华为公司基本法》的起草过程比其本身更为重要。因为正是通过这个过程，任正非本人实现了自我超越，完成了对企业未来发展的系统思考，同时通过这一个过程使得高层管理团队达成了共识，形成了统一的意志。现在华为高层的经营管理团队（EMT）成员都是当年《华为公司基本法》形成过程的主要参与者。

"管理就是实践。《华为公司基本法》走到今天之所以要嬗变、要自我超越，也是一个必然的选择。实践已经走到了《华为公司基本法》的前面，华为的内外经营环境已经发生了巨变，正如德鲁克曾经提到的：'所有企业都有其对市场、顾客、竞争等的假设命题，那么在成功以后，组织的内外环境已经发生了变化，而组织如果不能够及时调整这些假设，就有可能陷入成功的陷阱。'"

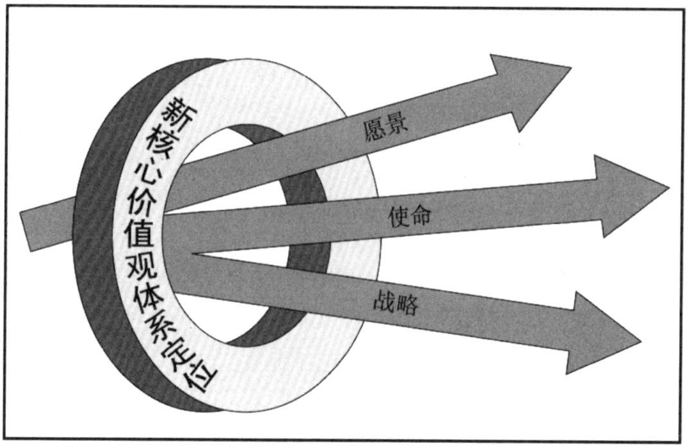

华为新的核心价值观体系有三部分组成：

愿景：丰富人们的沟通和生活。

愿景表述的是公司期望达到的一种状态或对于目前的一般看法，来自企业内心的真正的愿望、期盼，是企业未来的一种图像式和展望式的描述。

使命：聚焦客户关注的挑战和压力，提供有竞争力的通信解决方案和服务，持续为客户创造最大价值。

使命界定的是公司存在的理由和目的，反映的是公司的业务范围、生存和发展目标、主要顾客、经营原则、社会责任等定位生存的目的。

战略：

1. 为客户服务是华为存在的唯一理由；客户需求是华为发展的原动力。

2. 质量好、服务好、运作成本低，优先满足客户需求，提升客户竞争力和赢利能力。

3. 持续管理变革，实现高效的流程化运作，确保端到端的优质交付。

4. 与友商共同发展，既是竞争对手，也是合作伙伴，共同创造良好的生存空间，共享价值链的利益。

战略界定的是公司在实现自己的愿景，完成自己的使命过程中，对未来所作出的一种智慧的选择和持之以恒的承诺。正如管理大师德鲁克所说：“一个企业不是由它的名字、章程和条例来定义的。企业只有具备了明确的使命与愿景，才可能制定明确而现实的战略目标。”

把公司新核心价值观体系定位愿景、使命和战略三部分。愿景所表述的是华为为什么，即未来的追求与向往；使命确定的是华为是什么，即公司的生存理由与价值；战略界定的是华为如何做，即公司实现愿景和完成使命的途径和安排。

专题 1

对两个企业文化问题的思辨

1. 企业文化的变与不变

华为的企业文化给人的感觉是一直在变，从创业期的产业报国，科教兴国，到高速成长期的“基本法”，再到国际化时期的愿景、使命和战略，直到今天的管理哲学大纲，每一时期都有不同的内容和价值主张。

哈佛大学教授艾德加·沙因认为：企业文化的本质是一种假设。他认为：企业文化是“由一些被认为是理所当然的基本假设所构成的范式。这些假设是某个团体在探索解决对外部环境的适应和内部的结合问题这一过程中而发现、创造和形成的”。华为这20余年的发展实践，一直是基于经营管理假设，并在阶段性地验证自己提出的假设，当企业的经营管理实践在验证以后需要新的经营假设。企业的经营管理过程，从某种意义上讲，就是一个“假设—验证—再假设—再验证”的过程。过去提出的假设，有的被充分的验证，有的被部分的验证，有的可能被放弃了验证，但这些都更有利于提出新的假设。另一方面，面对整个经营环境的变化，企业发展节奏的变化，企业的经营假设也应该做相应的调整，因为面临新的竞争环境要有新的思维。

在不同的历史发展阶段，有不同的管理假设，因此在外在表象方面，华为的企业文化确实在发生着变化。但同时我们也可以看到，这些变化都有一条主旋律，都有一条主血脉。表述的文字有变，具体的表现方式有变，其本质内容没有变化。

在梳理公司管理纲要的过程中，会发现，许许多多的基本观点和主张，今天看来很新鲜，其实在几年前甚至十几年前的文献中早已存在，只是我们不曾关注和领悟。

所以，企业文化确实是在变——不同的企业发展阶段，企业文化有着不同的表述；但企业文化最核心的最本质的基本假设和管理哲学是没有变化的。

当一个企业的经营管理实践能够为企业文化和价值主张提供更多的思考空间和思考基础时，企业的一系列经营管理假设就会形成理论体系，就会形成经营管理假设的大颗粒，这就是一个企业的管理哲学。

管理哲学是企业人共同拥有的宝贵的精神财富，它不仅能指导企业当下的成长与发展，而且也为企业在未来不确定的环境里指明前进的道路，确定发展路标。所以，企业的管理哲学不仅需要痛苦的感悟，还需要各级干部的传承。

2．企业文化的特殊性与普适性

不可否认，企业文化具有特殊性，企业的成长历史、成长环境和成长追求不同，面临的问题不同，企业领导人的境界不同，自然会形成不同的价值主张。

从现实来看，古今中外的企业的企业文化表述各不相同，还很难找到相同企业文化的企业。

从不同国家的企业看，由于长期受所在国家历史文化的浸染，不同国家的企业的文化和价值主张表现出鲜明的国家特色。因此，对于国际化的企业来讲，跨文化冲突成为其面临的很难逾越的问题，跨文化管理成为跨国企业必须解决的管理问题。

但从另一个角度看，企业文化是企业的基本价值主张，企业文化的属性决定于企业的属性。作为功利性的企业组织，不会因国家、民族和历史的差异，而在本质上具有差异。也就是说，企业的本质的共同属性，决定了企业文化具有共同性。这就是企业文化的普适性或称普世性的根本原因。

从现实来看，尽管不同企业的文化表述和价值主张千差万别，但其实质都是对企业经营管理层面的思考，对企业成长发展规律的探索。企业文化的差异更多地表现出不同企业对企业内在规律探索程度的差异。

作为企业中的员工，每个人有自己的价值观或世界观，进入企业后，认同或信仰企业文化，其实质都是对企业内在规律的共同认识。这不会因民族和国别而有本质的差异，所以文化差异更多地表现在习惯和惯行方面，而在本质上是没有差异的。

以艰苦奋斗为例，不论在哪个国家，不论过去和现在，个人成就事业，得到认同，超越他人，除了艰苦奋斗，还有其他道路可选择吗？还有一条路可选，那就是继承上一代先辈艰苦奋斗的结果，但在发达国家通过遗产税制约了不劳而获的所得，所以还需要艰苦奋斗；在我国，上一代没有给我们可传承的财富，我们更需要艰苦奋斗。

再以客户为中心为例，试想，哪个企业不是以客户为中心的。企业存在的目的就是为自己的客户和潜在客户提供产品或服务，这是企业存在的唯一理由。不以客户为中心，企业就失去了存在的价值。

当参加运作交付体系管理大纲辩论会上，中方员工与外方员工的在辩论时，非常清晰地看到企业文化的普适性，并没有所谓的跨文化冲突，在某些方面感觉外籍员工理解得更深刻一些。

至于很多企业并没有提出艰苦奋斗和以客户为中心的企业文化，最重要的原因在于它过去没有相关的艰苦奋斗和以客户为中心的经营管理实践，在于它还没有深刻地领悟到这一普适的和普世的企业价值主张。悟道有先后，并非人人都可以悟到道。所以，现实的许多没有优秀经营管理实践又没有管理智慧的企业，或者把企业文化做成了企业文体活动，或者从古人那里寻找高雅的词句，或者追时髦地引用（如“以人为本”）。

当然企业也可以做出不同的价值观选择，但现实是，如果企业的选择有悖于商业本质，必将面临市场优胜劣汰，适者生存的选择。很多企业的技术、人才、市场和商业模式都没问题，为什么会出问题？其根源在于其经营哲学出现了问题。

所以，企业文化的特殊性仅仅是表象，而普适性和普世性是企业文化的本质。

“从南到北，从东到西，遍布在全世界各个角落的华为人，不论肤色，不论民族，不论语言，都有一个共同的声音，以客户为中心，成功基于奋斗。”（引自《天道酬勤》）

这就是华为经过20多年艰苦的探索，对自己管理哲学与核心价值观的深刻把握。

（本文摘自《对两个企业文化问题的思辨》，作者：吴春波，来源：华为人，2011年9月）

专题 2

企业文化的变革

鹰是世界上寿命最长的鸟，一般能活 70 岁。但鹰活到 40 岁时，它的爪子开始老化，喙变得又长又弯，翅膀越来越沉重。这时的鹰只有两种选择，等死或重生。重生是漫长而痛苦的蜕变，必须用喙击打岩石直至完全脱落，然后静等新喙长出。接着要用新喙把指甲一根一根拔出，新的指甲长出后，再把羽毛一根一根地拔掉。五个月以后，新的羽毛长出来了，鹰才能迎来属于它的新生命。在企业的发展过程中需要的也是自我改革的勇气与再生的决心。

对企业来说，当一种企业文化已经不适应企业经营发展时，就要变革企业文化，为企业注入新的活力，否则企业就只能坐等衰亡。当代英国著名经济学家 L· 克拉克在其撰写的《改革》一书中指出："许多企业正在自觉地把企业文化的改变作为改革赖以成功的一种有力武器。"事实上，不存在"最好"的企业文化，只有"适宜"的企业文化。企业文化需要结合时代特征，结合企业现实情况，结合员工思想状态，企业文化同样要与时俱进，不断创新、丰富和发展。企业文化是逐渐形成的。成型的文化也会变化和发展。从"六字方针"到"独孤九剑"到"六脉神剑"，阿里巴巴的文化一直在变化和发展。

《公司文化：公司生活的礼节和仪式》的作者特伦斯·迪乐和艾伦·肯尼迪认为，至少在五种情况下最高管理层就当考虑把重新塑造文化当做与自己最主要使命息息相关的工作。这五种情况是，当企业一贯依靠价值观为动力，而环境正在发生根本变化之际；当企业所处的行业竞争激烈而环境迅速变化之际；当企业业绩平平或每况愈下之际；当企业确实就要成为一家大型企业集团之际；当企业成长十分迅速之际。不同的企业要根据本企业所处的情境，针对某些没有得到正视的问题或挑战，确立企业文化变革的方向和目标。为了使企业更好地面对未来，就要适时地对企业文化进行变革。

这里来对福特汽车企业文化的改革进行分析。

谈起福特汽车，那真是一家充满光荣历史的企业，身为全球第二大的汽车厂，福特汽车确有独到的经营之处，但也有包袱存在。福特汽车以生产为导向的企业文化，在世界各地逐步建立起了生产据点，却逐步形成了全球各分公司各自为政的心态。在日本汽车公司"低价高质"的大举入侵后，福特汽车公司展开了第一波的改造，除了用裁员来降低成本外，还陆续引进了多项产品质量改革计划。

经过20世纪八九十年代的改革阵痛，福特公司开始面对"文化改革"的新挑战。1998年，董事会决定任命纳瑟担任首席执行官，在纳瑟的倡导下福特汽车描绘出了新的企业文化四要素：具有全球化想法、注重顾客需求、持续追求成长以及深信"领导者是老师"等4项概念，并逐步进行企业文化的改革。主要由4个部分组成：

第一部分：巅峰课程

这是一个为期半年的学习过程，对象是企业内较高层的管理人员。首先学员必须参加一个5天的密集训练。在这5天当中，由高层主管团队担任讲师，与这些学员经历团队建立的过程，讨论福特所面对的挑战，并且分配未来6个月所需进行的项目任务。

随后的6个月，学员必须花费1/3的时间，通过电子邮件、视频会议甚至面对面方式，讨论、分析与完成所指派的任务。在这过程中，学员会一起与讲师，也就是高层主管团队再见一次面，讨论项目的困难和进度。

最后，学员会再参加一个密集训练，提出改革的想法，并与高层主管团队再进行分享、讨论与学习。于是，在这次的密集训练中，会立刻决定改革计划，并且在一周之内执行。这项计划在1996年，纳瑟刚接手福特时就开展了，不仅让福特100多位高层主管成为企业内的种子讲师，也实际推动了福特的全球改革计划。

第二部分：领导者工作间

这类似于巅峰课程，但所教育的对象扩展到了中层与基层主管，执行时间大约是100天。进行的方式还是从3天的密集课程开始，而后分配专项任务，运用100天的时间进行学员间的讨论、分享与发展改革计划。最后，再通过密集训练，讨论与确定改革计划。

在整个领导工作间中，有2个地方相当特别：首先，所有的学员都必须在100天之内，参加半天的社区服务。这项做法的主要目的，除了可以让这些未来领导者了解福特所强调的“企业公民”精神，也让他们感受到生活中有这么多更需要帮助的人，进而不再有抱怨或不满的心态。另外，所有的学员要以拍摄影带的方式，呈现“新福特”与“旧福特”，以突出新旧文化的差异性。

第三部分：伙伴课程

伙伴课程（Executive Partnering）则是专为培养年轻却深具潜力的经理人成为真正的领导者而设立的。基本上，每次都是3位学员组成1个实习小组。这个实习小组必须花费8周的时间，与7位福特汽车的高层主管每天一起工作、开会、讨论或拜访客户。针对一些企业问题或挑战，高层主管甚至会请实习小组提出可行的解决方案。对于实习小组而言，这是一个绝佳的观察和学习的机会。通过8周实际的工作，这些年轻主管不仅可以学习高层主管的思考观点，更可以了解公司的资源分配，长短期目标以及策略挑战与问题。

第四部分：交谈时间

交谈时间（Let us Chat about the business）由纳瑟自己进行。每周五的傍晚，他会寄一封电子邮件给全世界大约10万名福特员工，分享自己经营事业的看法。同时，他也会鼓励所有的员工，回寄任何的想法、观点或是建议。

纳瑟认为，福特要转变为顾客导向的文化，必须要培养每一位员工了解如何经营一家企业。因此，在每周一次的电子邮件中，他会谈全球的发展趋势，谈克莱斯勒与奔驰的合并，谈福特的亚洲市场发展等主题，让员工了解高层主管的经营观点，进而让他们也能有类似的思考角度。

自从福特的改革教学计划实行以后，福特汽车公司的文化逐渐产生一些化学变化，不仅有更多的员工参与了公司的改革，还有更多的主管承诺了自己曾经传授的观念。虽然对福特这样一家大型公司而言，改革的确是漫长艰巨的历程。但是，运用上述模式，福特公司正逐步完成改革计划，为成为顾客导向的企业而努力。

（本文摘编自《重塑——企业文化培训手册》，作者：叶生，机械工业出版社）

案例链接 1

克服企业文化变革的阻力

企业文化要支持企业技术和观念意识的发展变革，与时俱进。但文化有很强的惯性力量，变革过程中会遇到各种障碍和阻力，因为现存的价值取向、行为模式、管理作风和基础结构都可能成为变革的目标。企业文化变革是人的变革，是人的观念和行为的改变。变革对员工意味着未来的不确定性，与生俱来的对变化的恐惧心理和反抗心理形成的文化惯性阻力；企业中的既得利益集团在利益受到损害时为维护自身的利益会反对变革。因此，企业文化的变革会遭遇来自各个层面和各个方向上的阻力。

企业文化的变革阻力是无法完全排除的，但在变革实践中人们探索出一套有效的策略，可以将变革的阻力减少到最小。首先，企业文化的变革只能是自上而下的，需要企业高层领导的支持，因为只有企业的高层领导者才有改变企业价值观和深层结构的权力，同时他们必须以身作则，积极通过言行举止传达新的文化。企业文化的变革领导者应具备一整套领导艺术才能，富有远见卓识，善于描述理想文化的前景，激励员工不仅希望得到新的文化，而且愿意投身于它的实现。随着文化变革的进程，他们不断地提供鼓励和支持。员工既是企业文化作用的客体，也是企业文化建设的主体。企业要进行广泛的沟通交流，让员工充分了解企业文化变革的目标、意义及其影响，取得员工的理解和支持并积极参与到变革中来，共同努力改变不合时宜的价值观和行为。将新的员工引入企业，有他们带来企业变革所需要的新价值观和行为，对变革的过程有很大的帮助；而将那些不愿意接受变革的人调离，也会加速变革的进程。奖励对于价值观和行为的塑造具有重要意义。将奖励和报酬与那些有助于实现公司的任务目标的行为挂钩，让员工了解如何才能受到奖励，从而引导他们实现行为方式的转变。总之，企业文化变革的阻力来源于人和与人相关的利益关系，只有理顺和摆平这些关系，变革的障碍才能最终克服。

（本文摘编自《企业文化的变革管理》，作者：郭志刚，新浪财经，2006年4月）

案例链接 2

企业文化变革的路径

在一个企业中进行结构改革并不需要高超的本领；而进行企业文化变革，想要改变人们的思维方式和行为方式却很艰难。企业文化如何变革？如何改变员工的行为？回答这些问题，就是企业文化变革的路径：

一、具体描述所追求的文化

要想创造一种新文化，首先必须说清楚它是什么样子。除了描绘企业文化是什么样子外，更重要的是清晰作为基础的核心因素——核心价值观。核心价值观在一开始只是些口号，是空洞的概念。如果让员工知道企业的企业文化是什么？为什么？怎么做？必须将这些概念具体化、使之有血有肉，易于领悟。

二、审慎地说明改革的必要性

认识不到必要性，员工就不会去改变行为。虽然这个时候，认识还起不到保证作用，却是一个必要的前提。在企业中必须向员工们与领导人员讲清楚，为什么非要进行文化改革不可。为此没有必要去贬低已经存续至今的文化，存续至今的文化在过去的条件下也是非常成功的。现在条件发生了变化，这一点必须要让所有的成员认识清楚。

文化变革本身不是目的。如同某一组织形式在特定的环境下可能很好，也可能很不好一样，某些价值观与行为准则可能在完成未来共同的任务中很适用，也可能很不适用。换言之，新树立的价值观与行为准则是战略性的成功因素，更是企业文化变革的方向。

具体的理由才具有说服力和可信性，也才能创造企业内部改革意识的前提。这正是企业领导做功课的地方，因为有些人从来没有思考过诸如“文化”“基本价值”或“行为准则”等问题。绝大多数人对企业的境遇采取听天由命的态度，对于他们来说，“文化”问题完全是新思想，不可能指望他们去塑造和改变文化。

三、通过榜样的作用建立准则

虽然，我们处在领导权威普遍不再神圣的时代，但是，企业中影响员工态度与行为的重要因素仍然是高层领导的某些行为准则和价值观。因此，榜样的力量是无穷的，尤其是高层榜样的力量！凡是领导身先士卒，带头践行企业核心价值观的企业，他的企业文化一定成效卓著。

四、共同致力于文化改革

企业文化的变革不是领导少数人的工作，而是所有员工全体参与的结果。

发展文化的第一步有两个方面。其一是提高敏感度，包括自己的和他人的，即有意识地去了解现行企业文化的优缺点；其二是开拓改革企业文化的新思路。作为上司不必事事都亲自去开发，更不必事事亲自去做，在绝大多数情形下只要推动员工们积极行动起来即可。但是一定要掌握下列几个方面：对“现状”共同作出状态分析；对希望达到的“目标状况”作出描述；提出达到目标的新思想和实施的具体步骤。

五、通过人事变动占领关键职位

在组织中，没有什么比领导岗位上合适的人选更能快速地推动工作的了，所以培养新生的领导力量具有重大意义。培养的内容包括选择标准、评选程序和提拔方式。领导岗位对企业的总体发展越来越重要。

六、在领导工作中运用奖惩制度

在人事上可以进行重点调整，但不可能将企业内所有的岗位都任意地进行调整，因为没有那么多合适的后备力量，可以而且必须充分利用领导工作中关于奖惩方面的一整套手段。此外还有两个最重要的调控手段：协调目标与评定员工。在这里重要的并不是运用这些手段本身，而是坚持将所追求的文化变成衡量每个人的行为的尺度。

要让每一个人都感受到：不仅需要言论，还需要行动；你的行为举止都有人在观察和评定；如果装出一副若无其事的样子必定后果严重。此时员工才会相信这是一件必须严肃对待的事。这与揭露人的反面形象无关，关键是机制，在此基础上人们在一生中终于有机会学会某些行为方式，同时摒弃一些旧的行为方式。

七、坚持项目管理

如果时间很宽裕，改变企业文化自然可以像对待一件没有条条框框的事情那样从容地进行，就像人们常说的那样：让事情“自由发展”。如果为使关系企业生存与发展的新的精简型组织形式发挥作用，需要以在较短的时间内创造一种完全不同的企业文化为前提，那么就要把文化改革纳入关键项目并坚决执行。这时出现的所有问题，都和在修建一所新的行政大楼，投入一条新的生产线或引入新的组织结构时出现的问题一样。

（本文摘编自《企业文化变革的路径》，作者：王谦修，中国管理传播网，2012年3月）

第3章

华为文化的思想基础

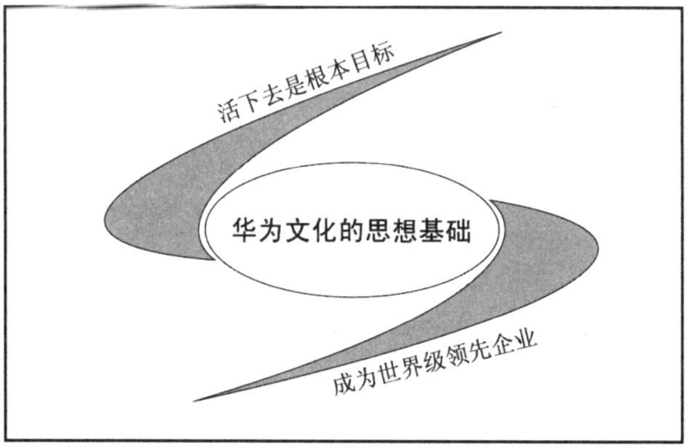

对华为公司来讲，长期要研究的是如何活下去，寻找我们活下去的理由和活下去的价值。活下去的基础是不断提高核心竞争力，而提高企业竞争力的必然结果是利润的获得以及企业的发展壮大。这是一个闭合循环。

——华为总裁　任正非

第一节　活下去是根本目标

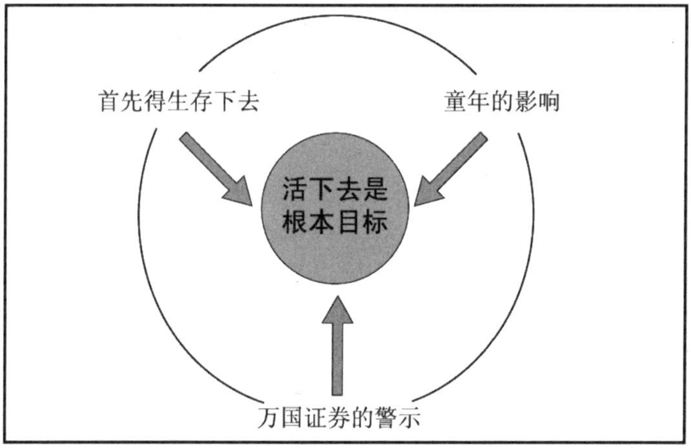

企业在每一个行业都有可能出现新技术而产生替代性，这种危机是毁灭性的。企业如果不能及时规避产品生命周期和行业技术的变革，企业将面临灭顶之灾。西门子最早是做电报机的，IBM 最早是做打孔机的，英特尔是做储存器的。这些企业现在做什么呢？他们经过了多少次战略转型。IBM 从制造到科技再到服务，他们不断规避着产业替代危机而始终走在产业的前列，因此他们活得神采奕奕。面对危机，创业企业没有预防，没有预见，就会被冻死。结果是，谁有棉衣谁就能活下来。[①]

① 创业企业要培育危机意识．价值中国，2011.3

首先得生存下去

华为总裁任正非用三个字描述了华为的根本目标——“活下去”。他说：

市场已没有时间等待我们的成长，它不是母亲，没有耐心也没有仁慈。

活下去，看起来是非常简单的要求，但在现实中这一简单的要求成为诸多企业“不可能完成的任务”。正是为了活下去，华为在长期的经营中始终不敢松懈，始终坚持核心竞争力是企业生存之本。

一位已经离开华为的高层人士说，其实任正非十几年来一直生活在“冬天”中，好强的性格使得他在华为这些年的飞速发展中，始终在压力和危机的旋涡里高速运转着，无论哪个方面稍有不慎，都有可能招来“杀身之祸”。

华为目前虽然没有生存之虞，但危机意识不可缺少。华为所处的高新科技的通信行业，其技术更新速度之快、竞争之激烈是其他行业无法比拟的。处于竞争如此激烈的市场中，一个永恒的话题萦绕在任正非心头：企业要一直活下去，不要死掉。只有生存才是最本质最重要的目标，才是永恒不变的自然法则。任正非表示：

我们首先得生存下去，生存下去的必要条件是是否拥有市场。没有市场就没有规模，没有规模就没有低成本。没有低成本、没有高质量，就难以参与竞争，必然衰落。

在2002年的《迎接挑战，苦练内功，迎接春天的到来》一文中，任正非说道：

当市场出现困难时，我们怎么在市场上保持我们非常好的形象，给人增强信心，是很重要的。好多人打电话跟我说合同少了，去年（2001年）一做就两个亿，今年一做两千万的合同都没有了，难做了。其实，难做以后才方显英雄本色呀。好做，人人都好做。难做的时候，你多做一个合同，别人就少一个。就像下围棋，我们多了一个气眼，别人就少了一个气眼。就是多一口气嘛！

……

新的一年里（2003 年），我们还会继续遇到困难，其实越困难时我们越有希望，也有光明的时候。因为我们自己内部的管理比较好，各种规章制度的建立也比较好。发生市场波折时，我们是最可能存活下来的公司，只要我们最有可能存活下来，别人就最有可能从这上面消亡。

2007 年 9 月，任正非再次警示华为人：

活下去，仍然是我们唯一的目标。有些人认为，华为已经那么大规模了，在很多领域都有了相当的实力，“活下去”不再是一个问题；还有些人认为，可以暂时歇口气，甚至认为不需要艰苦奋斗了。事实上，过去两年中通信业发生了企业之间的兼并，国内一些明星企业由于不适应“气候”的变化而苦苦挣扎或一夜之间轰然倒下……这些例子警示我们——活下去，仍然是华为唯一的追求，我们不能有片刻的放松。

任正非将企业生存放在了公司目标的第一位，并将其传递到了每一位华为人那里，成为全体华为人每天必须面对和思考的命题。

对华为公司来讲，长期要研究的是如何活下去，寻找我们活下去的理由和活下去的价值。活下去的基础是不断提高核心竞争力，而提高企业竞争力的必然结果是利润的获得以及企业的发展壮大。这是一个闭合循环。

……

胜利的曙光是什么？胜利的曙光就是活下来，哪怕瘦一点，只要不得肝硬化、不得癌症，只要我们能活下来，我们就是胜利者。冬天的寒冷，也是社会净化的过程，大家想要躲掉这场社会的净化，是没有可能的！因为资源只有经过重新的配置，才可能解决市场过剩的冲突问题。

童年的影响

任正非 1944 年出生，从小就经历了战争与贫困的折磨。任氏兄妹 7 个，加上父母共 9 人，生活全靠父母微薄的工资维持。任正非在成长过程中，完全体会到了活下去的含义。

父母的不自私，那时的处境可以明鉴。我那时 14 ～ 15 岁，是老大，其他一个比一个小，而且不懂事。他们完全可以偷偷地多吃一口，他们谁也没有这么做。爸爸有时还有机会参加会议，适当改善一下。而妈妈那么卑微，不仅要同别的人一样工作，而且还要负担七个孩子的培养、生活。煮饭、洗衣、修煤灶……什么都干，消耗这么大，自己却从不多吃一口。我们家当时是每餐实行严格分饭制，控制所有人的欲望的配给制，保证人人都能活下来。不是这样，总会有一两个弟妹活不到今天。我真正能理解活下去这句话的含义。

如果说，穷困是有大作为的人的第一桶金，那么饥饿感就是一个人不竭的动力源。饥饿感一旦消失，人的生理动力也就完结了。“忧劳兴国，逸豫亡身。”这是人的本性。

挫折、困苦成就了任正非，对生存权利的无限渴望，为了生存曾经付出的艰辛努力，在任正非的性格基因上深深烙上了悲观情结。

我没有远大的理想，思考的是这两三年要干什么，如何干，才能活下去。

他反复强调“活下去，永远是硬道理”。华为追求的不是显赫一时的名声，而是长久的生存发展。

活下来是多么的不容易，我们对著名跨国公司的能量与水平还没有真正的认识。现在国家还有海关保护，一旦实现贸易自由化、投资自由化，中国还会剩下几个产业？为了能生存下来，我们的研究与试验人员没日没夜地拼命干，拼命地追赶世界潮流。我们的生产队伍，努力进行国际接轨，不惜调换一些功臣，也决不迟疑地坚持进步；机关服务队伍，一听枪声，一见火光，就全力以赴支援前方，并不需要长官指令。为了点滴的进步，大家熬干了心血，为了积累一点生产的流动资金，至今98.5%的员工还住在农民房里，我们许多博士、硕士，甚至公司的高层领导还居无定所。一切是为了活下去，一切是为了国家与民族的振兴。世界留给我们的财富就是努力，不努力将一无所有。

任正非曾对华为的员工说：

我同你们在座的人一样，一旦华为破产，我们都一无所有。所有的增值都必须在持续生存中才能产生。

万国证券的警示

盲目地显示自己，忽略生存之本，在激烈的商场竞争中也是立不住脚跟的。曾经红极一时的万国证券就是一个鲜活的例子。

万国证券曾经是中国最大的证券公司，创办人管金生拥有法国文学、商业、法律三个硕士学位和金融学博士学位。在鼎盛时期，管金生是多家世界大银行和证券公司CEO们的座上宾。但是，好景不长，在1995年2月的"3·27"国债期货交易中，万国证券一次性亏损20亿元。短短的8分钟，曾经辉煌的证券帝国就瓦解了。此后，在地方财政的鼎力挽救之下，万国证券被并入上海另外一家地方性券商申银之中，这就是今天的申银万国证券公司。

任正非曾经对万国证券有过这样的评价：

万国证券公司，是非常艰苦奋斗的，他们艰苦奋斗的那段历史、那种经历应该是令世人都震惊的。他们不是一个坏公司垮掉的，而是一个好公司垮掉的。他们是很有业绩，很有成绩的，做得有声有色。但是，由于内外种种压力，他们的总裁违反证券市场的操作法规，突然孤注一掷，抛空国债。本来，判他不违法，他可以赢利40个亿；判他违法，他就亏损20个亿。大家想一想，不要说他们亏损20个亿，就是华为亏损20个亿，我看日子也是很不好过的。他们很难过关，他们就垮掉了。那么，华为公司会不会垮掉呢？比如说我也会不会去孤注一掷呢？完全可能的。

万国证券的悲剧可以说给任正非打了一针“清醒剂”。1997年3月，任正非给正在起草《华为公司基本法》的专家组成员送去了《头号证券大王是怎么垮台的》一文，同时进一步确定了《华为公司基本法》的中心思想。

我们必须要有一个《华为公司基本法》来确立华为公司的层层管理体系，确立层层动力和制约体系，这样，公司的发展才能有序有规则。然而，要实现这个有序有规则不是一天、两天就可以实现的，将是非常漫长，很艰难的。但实现了这种有序的动力与制约机制，我们就不会犯万国证券的错误，不管总裁有多大个人威望，不对的事，就会有牵制。

中国证券市场的极不规范以及一幕幕悲剧，显然极大地刺激了任正非，他曾经一度坚定地远离证券市场，甚至发誓华为永不进入股市。

在任正非看来，华为之所以能活下来，并发展到现在这样的规模，是因为它有一种以客户为主导、以市场为先导的危机意识。这就是企业和个人的区别：

作为一个自然人，受自然规律制约，有其自然生命终结的时间；作为一个法人，虽然不受自然规律的约束，但同样受到社会逻辑的约束。一个人再没本事也可以活60岁，但企业如果没能力，可能连6天也活不下去。如果一个企业的发展能够顺应自然法则和社会法则，其生命可以达到600岁，甚至更长时间。中国古人所讲的“道法自然”讲的就是这个道理。我们现在讲的实事求是也是这个道理。企业的经营管理必须“法”（遵循）自然法则和社会法则，必须不断地求“是”（规律）。

那么华为今后将如何得以生存呢？任正非认为：

我们是世界上活得较好的公司之一，我们活得好是我们有本事吗？我认为不是，是我们的每一个发展阶段、每一项策略都刚好和世界的潮流合拍了。对未来，我们认为信息经济不可能再回复到狂热的年代。因此，信息产业只能重新走到传统产业的道路上来了，它不会长期是一个新兴产业。信息产业由于技术越来越简单，技术领先产生市场优势不再存在，反过来是客户关系和客户需求。市场部、研发部、公司的各部门都要认识到这一点，大家要团结起来一起为公司的生存而奋斗。

为了生存，华为积极拓展发展之路，引进西方先进的管理模式，瞄准业界最佳。

在任正非的概念里，通信产业是一个竞争异常残酷的产业，能在这个产业中生存的只有第一，没有第二。

华为公司若不想消亡，就一定要有世界领先的概念。

……

我们只有瞄准业界最佳才有生存的余地。

第二节　成为世界级领先企业

在业界看来，华为在接入网领域已经成了当之无愧的王者。根据国际电信联盟标准组织（ITU-T）数据，华为 2011 年在固定接入领域共提交 57 份文稿，其中 39 篇被采纳，提交文稿和采纳率都位居第一。而累计 2012 年之前 4 年的标准贡献，华为亦是贡献最多的设备厂商。如今华为已成为除爱立信之外的最大的一家电信设备公司。华为 2011 年销售总收入迈入 2000 亿元大关，直逼设备行业榜首爱立信 2110 亿元销售额。

而早在创业之初，任正非就有着这样的抱负，将“成为世界级领先企业”放入了“华为公司核心价值观”。

任正非总结出的“华为公司核心价值观”的第一条是：

华为的追求是在电子信息领域实现顾客的梦想，并依靠点点滴滴、锲而不舍的艰苦追求，使我们成为世界级领先企业。

为了使华为成为世界一流的设备供应商，我们将永不进入信息服务业。通过无依赖的市场压力传递，使内部机制永远处于激活状态。

任正非认为，核心价值观的第一条是解决华为公司追求什么。现在社会上最流行的一句话是追求企业的最大利润率，而华为公司的追求是相反的，华为公司不需要利润最大化，只将利润保持一个较合理的尺度。任正非在其题为《华为的红旗到底能打多久》的演讲中谈道：

我们追求什么呢？我们依靠点点滴滴、锲而不舍的艰苦追求，成为世界级领先企业，来为我们的顾客提供服务。也许大家觉得可笑，小小的华为公司竟提出这样狂的口号，特别在前几年。但正因为这种目标导向，才使我们从昨天走到了今天。今年（1998 年）我们的产值在 100 亿元左右，年底员工人数将达 8000 人，我们和国际接轨的距离正逐渐减小。今年我们的研发经费是 8.8 亿元，相当于 IBM 的 1/60，产值是它的 1/65。和朗讯比，我们的研发经费是它的 3.5%，产值是它的 4%，这个差距还是很大的，但每年都在缩小。我们若不树立一个企业发展的目标和导向，就建立不起客户对我们的信赖，也建立不起员工的远大奋斗目标和脚踏实地的精神。因为电子网络产品大家担心的是将来能否升级，将来有无新技术的发展，本次投资会不会在技术进步中被淘汰。

华为公司若不想消亡，就一定要有世界领先的概念。我们最近制订了要在短期内将接入网产品达到世界级领先水平的计划，使我们成为第一流的接入网设备供应商。这是公司发展的一个战略转折点，就是经历了 10 年的卧薪尝胆，开始向高目标冲击。

关于华为的追求，任正非在《华为的红旗到底能打多久》中谈了以下几点：

华为的追求

以客户的价值观为导向

坚持按大于10%的销售收入拨付研究经费

在设计中构建技术、质量、成本和服务优势

贯彻小改进、大奖励，大建议、只鼓励的制度

把危机意识和压力传递到每一个员工

一、以客户的价值观为导向，以客户满意度作评价标准。瞄准业界最佳，以远大的目标规划产品的战略发展，立足现实，孜孜不倦地追求、一点一滴地实现。任正非如是说：

我们必须以客户的价值观为导向，以客户满意度为标准，公司的一切行为都是以客户的满意程度作为评价依据。客户的价值观是通过统计、归纳、分析得出的，并通过与客户交流，最后得出确认结果，成为公司努力的方向。沿着这个方向我们就不会有大的错误，不会栽大的跟头。所以现在公司在产品发展方向和管理目标上，我们是瞄准业界最佳，现在业界最佳是西门子、阿尔卡特、爱立信、诺基亚、朗讯、贝尔实验室……我们制订的产品和管理规划都要向他们靠拢，而且要跟随他们并超越他们。如在智能网业务和一些新业务、新功能问题上，我们的交换机已领先于西门子了，但在产品的稳定性、可靠性上我们和西门子还有差距。我们只有瞄准业界最佳才有生存的余地。

二、坚持按大于10%的销售收入拨付研究经费。追求在一定利润水平上的成长的最大化。达到和保持高于行业平均的增长速度和行业中主要竞争对手的增长速度，以增强公司的活力，吸引最优秀的人才，和实现公司各种经营资源的最佳配置。在电子信息产业中，要么成为领先者，要么被淘汰，没有第三条路可走。

任正非说：

我们始终坚持以大于10%的销售收入作为研发经费。公司发展这么多年，员工绝大多数没有房子住，我们发扬的是大庆精神，先生产、后生活。而在研发经费的投入上，多年来一直未动摇，所有员工也都能接受，有人问过我，“你们投这么多钱是从哪儿来的”，实际上是从牙缝中省出来的。我们的发展必须高于行业平均增长速度和行业主要竞争对手的增长速度。过去每年以100%的增长速度发展，以后基数大了，肯定速度会放慢，那么以怎样的速度保持在业界的较高水平，这对我们来说是个很大的挑战。我们通过保持增长速度，给员工提供了发展的机会，公司利润的增长，给员工提供了合理的报酬，这就吸引了众多的优秀人才加盟到我们公司来，然后才能实现资源的最佳配置。只有保持合理的增长速度，才能永葆活力。

在电子信息产业要么领先，要么就灭亡，没有第三条路可走。

三、在设计中构建技术、质量、成本和服务优势，是华为竞争力的基础。建立产品线管理制度，贯彻产品线经理对产品负责，而不是对研究成果负责的制度。任正非说：

我们的产品经理要对研发、中试、生产、售后服务、产品行销……负责任，贯彻了沿产品生命线的一体化管理方式。这就是要建立商品意识，从设计开始，就要构建技术、质量、成本和服务的优势，这也是一个价值管理问题。

四、贯彻小改进大奖励、大建议只鼓励的制度。追求管理不断的优化与改良，构筑与推动全面最佳化的有引导的自发的群众运动。任正非说道：

公司实行小改进大奖励、大建议只鼓励的制度。能提大建议的人已不是一般的员工了，也不用奖励，一般员工提大建议，我们不提倡，因为每个员工要做好本职工作。大的经营决策要有阶段的稳定性，不能每个阶段大家都不停地提意见。我们鼓励员工做小改进，将每个缺憾都弥补起来，公司也就有了进步。所以我们提出小改进、大奖励的制度，就是提倡大家做实。不断做实会不会使公司产生沉淀呢？

五、破釜沉舟，把危机意识和压力传递到每一个员工。通过无依赖的市场压力传递，使内部机制永远处于激活状态。任正非表示：

我们决心永不进入信息服务业，把自己的目标定位成一个设备供应商。这在讨论中争论很大的，最后被肯定下来，是因为只有这样一种方式，才能完成无依赖的压力传递，使队伍永远处在激活状态。进入信息服务业有什么坏处呢？自己的网络、卖自己产品时内部就没有压力，对优良服务是企业生命的理解也会淡化，有问题也会推诿，这样企业是必死无疑了。在国外我们经常碰到参与电信私营化这样的机会，我们均没有参加。当然我们不参加，以后卖设备会比现在还困难得多，这迫使企业必须把产品的性能做到最好，质量最高，成本最低，服务最优，否则就很难销售。任何一个环节做得不好，都会受到其他环节的批评，通过这种无依赖的市场压力传递，使我们内部机制永远处于激活状态。这是欲生先置于死地，也许会把我们逼成一流的设备供应商。

专题

企业文化的作用

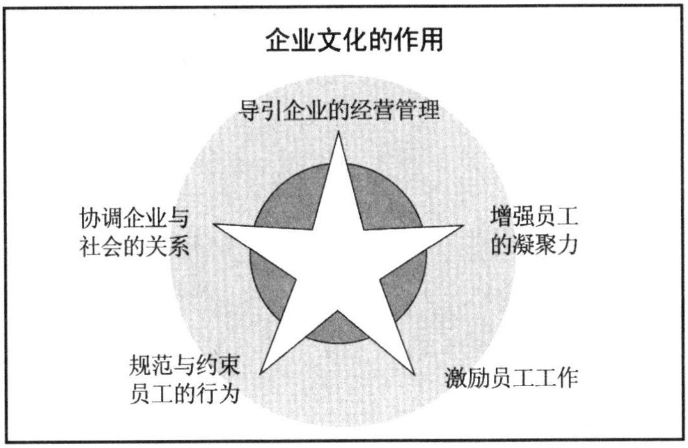

企业文化的作用一般表现在以下几个方面：

1. 导引企业的经营管理

企业文化包含的企业价值观和经营目标记录了企业在过去成功与失败的经验以及企业决策者为企业制定的发展前景。可以说，企业的经营管理离不开企业文化的导向。其具体功能体现在以下两方面：

(1) 超前引导

企业对人才的培养内容不仅包括科学技术知识，而且还包括企业文化精神的内容。通过这种企业精神的培训，使企业精神在员工心中达成共识，引导员工齐心协力，为实现企业的共同远景作出贡献。

(2) 对员工行为的跟踪引导

企业文化管理模式主张把代表企业精神的企业价值观变为具体的依据和准绳，使员工能够随时参照，并依次控制自我，使自己在企业的生产经营活动中不致脱离企业的大目标。

2. 增强员工的凝聚力

当个人价值观与企业价值观融为一体时，企业成员才会感到自己不仅是在为企业工作，也是在为自己工作。这种员工与企业的和谐一致，能够激发起员工强烈的归属感和自豪感，使员工感觉到企业目标的实现也意味着个人利益需求的实现。这样就能最大程度地激励员工为实现企业的崇高目标而勤奋工作、积极进取。

3. 激励员工工作

企业文化管理模式一方面采用个人激励的手段与方法，例如晋升可以赋予个人更多的责任与权力，在企业内部创造一种相互尊重、平等、民主的气氛等，激励员工追求出色工作的愿望和在出色的企业中工作的要求；另一方面又采取群体激励的方法，如为企业员工提供统一的价值观念，形成具有战斗力的团队精神等，满足员工在出色的企业中工作的愿望。通过企业英雄人物、典礼仪式及文化网络等因素的强化，为企业员工实践价值追求提供了机会，对个体行为的积极性产生了更持久、更广泛的影响。

4. 规范与约束员工的行为

在具有强烈文化气氛的企业中，企业价值观引导和约束人们的行为，使之符合企业整体的价值标准。在企业文化的引导与约束下，员工能自觉意识到应该做什么事、应该提倡什么，从而对产品和服务的质量精益求精，对顾客和消费者高度负责，为企业创造美誉度和知名度。

5. 协调企业与社会的关系

企业作为社会有机体中的细胞，它的生存与发展一方面依赖社会向它提供的必要的生存空间，另一方面企业也要承担起它对社会应负的责任。企业文化中崇高社会目标的规定、企业文化网络的建立等为企业如何协调与社会的关系，提供了有利的前提。

可想而知，人们在一种先进的企业文化氛围中工作，会充满自豪感和主人翁精神，会忘我地、创造性地工作，并井然有序、高效精确，人际关系融洽，减少内耗与效率损失，还能取得政府、社区和消费者的广泛支持，并减少工作中大量不必要的冲突与摩擦。企业的效益会因此大大提高。

附录

不在华为看华为

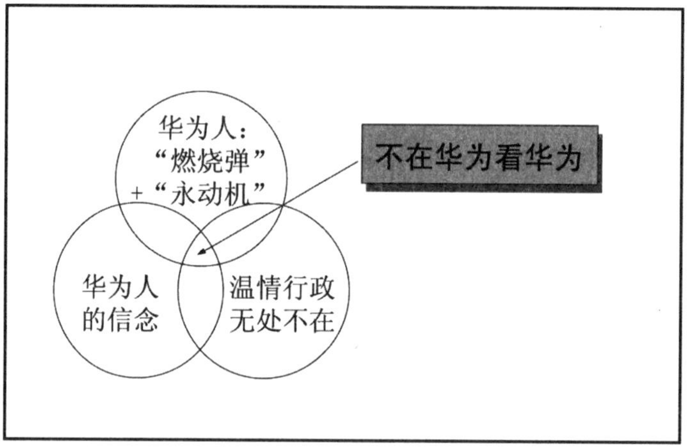

我不是华为人，但身处约旦这个中国人较少的国家，自然少不了与华为人的接触与交往。日子久了，就成了莫逆之交，对华为也产生了一种别样的情结，有了自己的印象和看法。

华为人：“燃烧弹”+“永动机”

在约旦认识的第一个华为人，是约旦代表处的代表汪浩杰。初见这个虎头虎脑的可爱老乡，是在使馆举行的活动上，当时我和一群人聊得正欢，转头瞥见一脸深沉的汪浩杰，便过去交换名片，然后职业性地问了问华为在约旦的发展情况。一提到华为在这片异乡土地上所留下的步步足印；提到华为将在更广阔的周边国家所构建的幅幅蓝图，刚刚还沉默严肃的汪浩杰立即“激情燃烧”起来，兴奋地向我介绍华为是如何在约旦站稳脚跟，并将触角伸向周边，在那里开创出一片新天地的。那种神情，不像一个员工在说起自己的工作，更像一个父亲提到自己的孩子。自此以后，见汪浩杰，我绝不担心找不到话题，因为只要谈及华为，便如同点着了一根导火索，将他的满腔激情燃烧起来。还有一次，他的腿因病痛肿得像馒头一样，只能靠另一条腿一蹦一蹦地给前去探病的我们开门，然后躺在沙发上疼得龇牙咧嘴，但我仍听到人说："汪总星期五还一瘸一拐地到公司开会""汪总今天居然还和我们一块儿去见客户了"。经过实践证明，这样的"燃烧弹定律"可以用在任何一个我认识的华为人身上，即使是平常看似木讷的人，只要问他和工作、专业相关的问题，他便会滔滔不绝起来。

然而，在相当多的情况下，和华为人做朋友都是让人颇有些"郁闷"的一件事。吃饭吃到一半，手机铃声大作，便不得不赶回公司，留下我独自一人收拾残局；约好晚上6点去逛街，但往往等到7点仍被告知"还在加班，再等我一会儿"。有一晚熬夜写稿，到凌晨两点才完成，心血来潮便给一个华为的朋友打电话，原以为会听到睡得迷迷糊糊的一通埋怨，却没料到电话那端还有一群人还在讨论什么"基站架设"的问题。习惯了他们这样不疲不休的工作方式后，我常常戏谑我的华为人朋友——你们就像一台台"永动机"。

温情行政无处不在

人当然不是"永动机"，需要放松，需要休息，需要娱乐。华为约旦代表处有一座三层的小楼，集餐饮、娱乐、健身、住宿等各种功能于一体，大家习惯称之为"villa"。"villa"的地下一楼是各大奖项的主要诞生场所，如在卡拉OK区诞生的歌唱比赛奖，在乒乓球桌旁诞生的男女组冠军，而各种各样的健身场地、器械更是为其他定期或不定期举办的足球赛、篮球赛等奠定了坚实的物质基础。地面一楼是食堂，我有幸在那里尝过掌勺华为约旦代表处食堂的国家三级厨师汪师傅的手艺，先撇开精美的色香味不提，单是能在远离祖国的异国他乡吃到地地道道的中国风味这一点，已经让我羡慕不已。更何况，据说很多诸如香肠、腊肉、辣酱一类的原材料是从深圳总部特意寄送过来的，这一份浓浓的关切之情，或许正是"永动机"工作的润滑剂。

时入严冬，约旦也一日冷似一日，周末，我便拽着在华为人力行政部工作的死党去买冬装。行至一半，她忽然自言自语道，“那天听某某说他盖的被子还是夏天的薄被，不知道现在会不会冷了”，说完便扭头进了一家卖被褥的商铺，细心挑选了一床冬被给该同事送去。再一日，她说因天气转凉，好几个从国内和海外其他代表处前来支援的人员都因气候转变，偶感风寒，咳嗽不止，而当地的药品又不太适合中国人用，便在代表处内部发起了一场小型的捐药活动，未几，便收到不少各类药品，解决了抱恙之人的燃眉之急。此类故事，无不让我这个非华为人唏嘘不已。

华为人的信念

有时自己也会觉得奇怪，我有不少朋友，在同一家单位共事的朋友我也有不少，但是能让我将数个性格鲜明的个体总括到一个单位中集合，并将其作为一个集体来研究的，却只有华为人。为什么在想到朋友甲乙丙丁时，一定会想到是“华为的朋友甲乙丙丁”？为什么当甲乙丙丁说到某些观点时，一定会归纳加演绎地得出结论“原来华为人是这样的”？我想，除了因为他们有着相同的工作精神，有着相似的生活态度以外，还因为他们有着相一致的文化理念。

“胜则举杯相庆，败则拼死相救”，当第一个朋友跟我提及华为著名的“狼性”文化时，我淡然一笑；“烧不死的鸟是凤凰”，当看到第二个朋友以此作为激励自己的信条，我逐渐体会到一种精神所能产生的凝聚力和向心力；而当第三个朋友边说着“冬天到了，春天还会远吗”，边来劝解遇到困难的我时，我愕然了，叹道，“你们为何对华为的文化如此坚信不疑？”

记得很清楚，当时我得到的回答是，“是因为华为的文化和我们本身的价值取向就不谋而合，无论是当初进华为时的一轮轮笔试、面试，还是之后长期的工作，都是一个相互选择的过程。我符合华为的企业文化，所以我被选择进入华为，被选择担任现在的岗位；华为的精神符合我的价值观，所以我选择继续留在华为，做一个华为人。”

（本文摘编自华为内刊《华为人》第184期，2007年2月）

第4章

华为的核心价值观

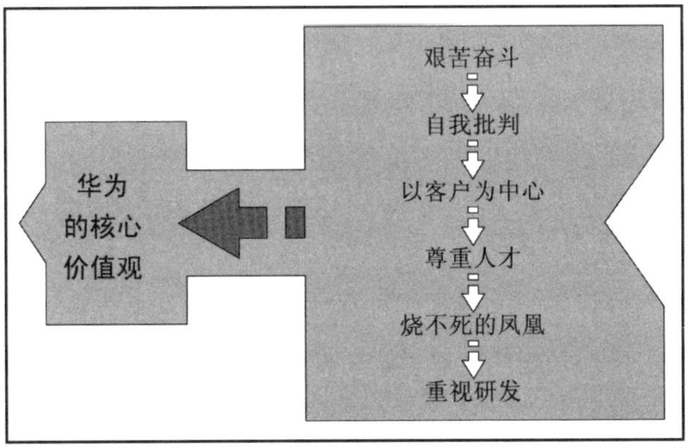

华为公司若不想消亡，就一定要有世界领先的概念。我们最近制订了要在短期内将接入网产品达到世界级领先水平的计划，使我们成为第一流的接入网设备供应商。这是公司发展的一个战略转折点，就是经历了10年的卧薪尝胆，开始向高目标冲击。

——华为总裁　任正非

第一节　艰苦奋斗

“艰苦奋斗”主要是指在艰难困苦的条件下奋发努力，昂扬斗志。新形势下，解析“艰苦奋斗”，它远远超出了外在的口号和形式。在思想开放、理念更新、生活多样化的时代，坚持艰苦奋斗的政治本色，意味着保持一种生活准则，一种工作作风，一种利益观念，一种精神状态。

任正非在其文章《天道酬勤》中这样描述艰苦奋斗：

艰苦奋斗是华为文化的魂，是华为文化的主旋律，我们任何时候都不能因为外界的误解或质疑动摇我们的奋斗文化，我们任何时候都不能因为华为的发展壮大而丢掉了我们的根本——艰苦奋斗。

1991年9月，50多名华为人在宝安县蚝业村工业大厦三楼开始了创业之路。“一层楼既是生产车间、库房，又是厨房和卧室。十几张床挨着墙边排开，床不够，用泡沫板上加床垫代替。无论是领导还是普通员工，累了睡一会，醒来接着干。”一位老华为人这样回忆起当初的情况。华为给外界“魔鬼”般的印象就是来自华为研发人员的工作方式。

对于不需要守在电脑边的市场人员来说，其实也一样需要加班，只是地点不同。虽然他们看上去西装革履，满面春风，每天陪客户吃喝玩乐，但是同样面临极大压力，工作辛苦，压力大，生活没有规律，影响家庭。

任正非对员工以办公室为家的情况也很了解，早在1996年他就曾在其题为《不要忘记英雄》的演讲中指出：

要逐步减少加班，使员工的身体健康得到保障。有健康的身体，才有利思想上艰苦奋斗。我们要对早期参加工作消磨了健康的员工，有卓越贡献而损害了健康的员工，对担子过重而健康不佳的高中级干部提供更好的疗养条件，使他们恢复健康。百年树人，不能因一时的干旱，毁坏了我们宝贵的中坚力量。

很多人认为华为的那种只顾进攻而不善于顾念到人性的文化已经不合时宜。但是，一个不为大众所知的事实是，任正非从2000年开始就不大提“狼性文化”了。但任正非认为艰苦奋斗精神是华为文化的重要组成部分，它是华为文化的魂，是华为之所以能走到今天的最重要的推力，是华为无论何时何地都必须坚持不懈地持有的重要文化。任正非表示：

我们会不断改善物质条件，但是艰苦奋斗的工作作风不可忘记，忘记过去意味着背叛。我们永远强调在思想上艰苦奋斗。思想上艰苦奋斗与身体上艰苦奋斗的不同点在于：思想上艰苦奋斗是勤于动脑，身体上的艰苦奋斗只是手脚勤快。

在华为创办20多年后，任正非重新强调“奋斗文化”这一主题，源于2006年的“胡新宇事件”。当胡新宇因加班而失去年轻生命的时候，人们不禁发出疑问，昔日曾笼罩在层层光环下的“狼性文化”过时了吗？因此任正非的这篇《天道酬勤》可谓是为时而作。他这样写道：

世间管理比较复杂困难的是工业，而工业中最难管理的是电子工业。电子工业有别于传统产业的发展规律，它技术更替、产业变化迅速，同时，没有太多可以制约它的自然因素。例如，汽车产业的发展，受钢铁、石油资源及道路建设的制约。

而用于电子工业的生产原料是取之不尽的河沙、软件代码、数学逻辑。正是这一规律，使得信息产业的竞争要比传统产业更激烈，淘汰更无情，后退就意味着消亡。要在这个产业中生存，只有不断创新和艰苦奋斗。而创新也需要奋斗，是思想上的艰苦奋斗。华为由于幼稚不幸地进入了信息产业，我们又不幸学习了电子工程，随着潮流的一次次更替，被逼上了不归路。创业者和继承者都在销蚀着自己，为企业生存与发展顽强奋斗，丝毫不敢懈怠！一天不进步，就可能出局；三天不学习，就赶不上业界巨头，这是严酷的事实。

任正非分析认为，华为之所以能在2000年～2003年的IT泡沫破灭的艰难时期活下来，是因为华为当时在技术和管理上太落后，而这种落后让公司没能力盲目地追赶技术驱动的潮流。但是，如今西方公司已经调整过来，不再盲目地追求技术创新，而是转变为基于客户需求的创新，华为再落后就会死无葬身之地。再者，信息产业正逐步转变为低毛利率、规模化的传统产业。2005年10月，爱立信收购马可尼；2006年3月，阿尔卡特与朗讯合并；2006年6月，诺基亚与西门子……这些兼并、整合为的就是应对这种挑战。而华为相对还很弱小，要生存和发展就必然面临更艰难的困境，只能用在别人看来很“傻”的办法，就是艰苦奋斗。

华为不战则亡，没有退路，只有奋斗才能改变自己的命运。

任正非指出，华为走到今天，在很多人眼里看来已经很了不起了，已经很成功了。有人认为创业时期形成的“床垫文化”、奋斗文化已经过时了，可以放松一些，可以按部就班，这是很危险的。任正非表示：

繁荣的背后，都充满危机，这个危机不是繁荣本身必然的特性，而是处在繁荣包围中的人的意识。艰苦奋斗必然带来繁荣，繁荣后不再艰苦奋斗，必然丢失繁荣。“千古兴亡多少事，不尽长江滚滚来”，历史是一面镜子，它给了我们多么深刻的启示。我们还必须长期坚持艰苦奋斗，否则就会走向消亡。当然，奋斗更重要的是思想上的艰苦奋斗，时刻保持危机感，面对成绩保持清醒头脑，不骄不躁。

而这个繁荣，事实上也是华为人通过艰苦奋斗获得的。为了将这种繁荣维持下去，华为还将必须继续奋斗下去。

我们在GSM上投入了十几亿研发经费，多少研发工程师、销售工程师为之付出了心血、努力、汗水和泪水。在1998年我们就获得了全套设备的入网许可证，但打拼了8年，在国内无线市场上仍没有多少份额，连成本都收不回来。2G的市场时机已经错过了，我们没有喘息，没有停下来，在3G上又展开了更大规模的研发和市场开拓，每年近10亿元的研发投入，已经坚持了七八年，因为收不回成本，华为不得不到海外寻找生存的空间……

自创立那一天起，我们历经千辛万苦，一点一点地争取到订单和农村市场；另一方面我们把收入都拿出来投入研究开发上。当时我们与世界电信巨头的规模相差200倍之多。通过一点一滴锲而不舍地艰苦努力，我们用了10余年时间，终于在2005年，销售收入首次突破了50亿美元，但与通信巨头的差距仍有好几倍。最近不到一年时间里，业界几次大兼并：爱立信兼并马可尼，阿尔卡特与朗讯合并，诺基亚与西门子合并，一下子使已经缩小的差距又陡然拉大了。我们刚指望获得一些喘息，直一直腰板，拍打拍打身上的泥土，没想到又要开始更加漫长的艰苦跋涉……

华为于茫然中选择了通信领域，是不幸的，这种不幸在于，所有行业中，实业是最难做的，而所有实业中，电子信息产业是最艰险的；这种不幸还在于，面对这样的挑战，华为既没有背景可以依靠，也不拥有任何资源，因此华为人尤其是其领导者将注定为此操劳终生，要比他人付出更多的汗水和泪水，经受更多的煎熬和折磨。唯一幸运的是，华为遇上了改革开放的大潮，遇上了中华民族千载难逢的发展机遇。公司高层领导虽然都经历过公司最初的岁月，意志上受到一定的锻炼，但都没有领导和管理大企业的经历，直至今天仍然是战战兢兢，诚惶诚恐的，因为10余年来他们每时每刻都切身感悟到做这样的大企业有多么难。多年来，唯有以更多身心的付出，以勤补拙，牺牲与家人团聚、自己的休息和正常的生活，牺牲了平常人都拥有的很多的亲情和友情，销蚀了自己的健康，经历了一次又一次失败的沮丧和受挫的痛苦，承受着常年身心的煎熬，以常人难以想象的艰苦卓绝的努力和毅力，才带领大家走到今天。

18年来，公司高层管理团队夜以继日地工作，有许多高级干部几乎没有什么节假日，24小时不能关手机，随时随地都在处理随时发生的问题。现在，更因为全球化后的时差问题，总是夜里开会。我们没有国际大公司积累了几十年的市场地位、人脉和品牌，没有什么可以依赖，只有比别人更多一点奋斗，只有在别人喝咖啡和休闲的时间努力工作，只有更虔诚地对待客户，否则我们怎么能拿到订单？

为了能团结广大员工一起奋斗，公司创业者和高层领导干部不断地主动稀释自己的股票，以激励更多的人才加入地这从来没有前人做过和我们的先辈从未经历过的艰难事业中来，我们一起追寻着先辈世代繁荣的梦想，背负着民族振兴的希望，一起艰苦跋涉。公司高层领导的这种奉献精神，正是用自己生命的微光，在茫茫黑暗中，带领并激励着大家艰难地前行，不论前进的道路上有多少困难和痛苦，有多少坎坷和艰辛。

华为开发国内市场已然充满了艰辛，可是在进行海外市场的开拓时，才发现那里的竞争更加激烈，生存更加艰难，如果没有艰苦奋斗的精神，华为的国际化步伐将是寸步难行。而华为如今获得的国际化成就正源自无数华为人舍身忘己的奉献精神。任正非表示：

中国是世界上最大的新兴市场，因此，世界巨头都云集中国，公司创立之初，就在自己家门口碰到了全球最激烈的竞争，我们不得不在市场的夹缝中求生存；当我们走出国门拓展国际市场时，放眼一望，所能看得到的良田沃土，早已被西方公司抢占一空，只有在那些偏远、动乱、自然环境恶劣的地区，他们动作稍慢，投入稍小，我们才有一线机会。为了抓住这最后的机会，无数优秀华为儿女离别故土，远离亲情，奔赴海外，无论是在疾病肆虐的非洲，还是在硝烟未散的伊拉克，或者是海啸灾后的印尼以及地震后的阿尔及利亚……到处都可以看到华为人奋斗的身影。我们有员工在高原缺氧地带开局，爬雪山，越丛林，徒步行走了8天，为服务客户无怨无悔；有员工在国外遭歹徒袭击头上缝了30多针，康复后又投入工作；

有员工在飞机失事中幸存，惊魂未定又救助他人，赢得当地政府和人民的尊敬；也有员工在恐怖爆炸中受伤，或几度患疟疾，康复后继续坚守岗位；我们还有3名年轻的非洲籍优秀员工在出差途中飞机失事不幸罹难，永远地离开了我们……

18年的历程，10年的国际化，伴随着汗水、泪水、艰辛、坎坷与牺牲，我们一步步艰难地走过来了，面对漫漫长征路，我们还要坚定地走下去。

这篇文章是任正非2006年7月21日刊发在华为公司内部刊物《华为人》报（第178期）头版头条的，任正非在不断强调危机意识时，再次重申华为企业文化的原点，“不奋斗，华为就没有出路”。这也是对网络热炒“过劳死”“床垫文化”等指责的非正式回应，同时，在内部员工层面实现了高度统一的认识。随着这篇文章很快流传开来，华为对“艰苦奋斗”精神的坚持很快赢得了社会公众的支持，而原先喧嚣于网络的指责之声也日渐沉寂下去。一场公关危机从万夫所指到后来的逐渐平息，显示了任正非在处理企业危机时的果敢与坚决。

第二节　自我批判

2001年，华为组建了预研工作组，同时启动3G核心网控制面和承载面设备预研，以实现华为软交换控制和承载分离的解决方案，正式开始了软交换的艰难探索。

移动软交换，架构的搭建是比较关键的。采用何种架构模型，决定了今后产品的发展。2001年底华为用iNET应对软交换的潮流，当华为专家拿着Musa平台的iNet架构和信产部电信专家交流软交换时，信产部专家直言：华为不懂软交换，同时被排除在国内运营商试验局的门外。当头棒喝，从1995年启动的移动核心网交换机，华为的市场份额总是长不大，7年后更是到了即将被业界淘汰的境地！

重创之下，深刻反思，2002年夏天，华为开发团队从核心网、平台部门和中研部挑出十几位不同背景的高级专家，在高培中心封闭研讨架构模型设计。一周后终于达成一致，开发团队决定推倒重来，重新设计的体系至少要能支持未来5年的发展需要。新的模型将承载和业务真正彻底分开，更具灵活性、更适应移动领域的业务特点。这次封闭研讨，参加的都是技术、业务的领军人物，在PK、争论中，大家深刻反思自身的不足和前期犯下的错误，团队的融合加速，真正走到一起。

当时移动软交换的“两杆枪”之一的张浩向项目组签了军令状，由他带领几位兄弟搞定编程。憋着一口气，他们最终按时完成，而且基本是零BUG，为今后产品的稳定性打下了坚实的基础。[①]

“工作已取得高绩效；思想品德符合要求并具有自我批判能力；具备领导素质。这三要素是华为公司干部选择的原则”。“人力资源部管理变革的目的是建立一支强有力的英勇善战，不畏艰难困苦，能创造成功的战斗队列。这队列中的领军人应该是有使命感与负责精神、敬业而有工作热情，并具有自我批判能力”。

华为出台的有关人力资源管理变革和干部管理的有关文件，都传递着一个强烈的信息：呼唤干部队伍的尽快成长，期待着干部的尽快成熟。

经过20多年的艰苦奋斗，华为已经确定愿景、使命和核心价值观，探索出公司的商业模式和内在运作模式，经过正确的战略布阵，面对着千载难逢的市场机会，华为面临着难得的发展机遇。在华为正要点将排兵的关键时期，华为领导对干部成长的紧迫感，溢于所有文件的字里行间。

华为总裁任正非在GSM鉴定会后说道：

华为开始从幼稚走向成熟。开始明白，一个企业长治久安的基础，是它的核心价值观被接班人确认，接班人具有自我批判能力。华为公司从现在开始一切不能自我批判的员工，将不能再被提拔。3年以后，一切不能自我批判的干部将全部免职，不能再担任管理工作。通过正确引导以及施加压力，再经过数十年的努力，将会在公司内形成层层级级的自我批判风气。组织的自我批判，将会使流程更加优化，管

① 从自我批判中崛起．华为人，2009.5

理更加优化；员工的自我批判，将会大大提高自我素质。成千上万的各级岗位上具有自我批判能力的接班人的形成，就会使企业的红旗永远飘扬下去，用户就不会再担心这个公司垮了，谁去替他维护。用户不是在选择产品，而是在选择公司，选择对公司文化的信任程度。

《狼性管理在华为》一书中记录了这样一件事情，2000年9月1日，华为召开了一场特殊的"颁奖大会"，参加者是研发系统的几千名员工，几百名研发骨干被一个个点名到主席台"领奖"，奖品是几年来华为研发、生产过程中，因工作不认真、测试不严格、盲目创新等人为因素导致的报废品以及因不必要的失误导致的维修所产生的各种费用单据等。当时每一个获奖者都面红耳赤，台下一片唏嘘，任正非要求每个获奖者把"奖品"带回家，放到客厅最显眼的地方，每天都看一看。

这场隆重的"颁奖大会"实际上是华为一场深刻的自我批判活动，任正非说：

只要勇于自我批判，敢于向自己开炮，不掩盖产品及管理上存在的问题，我们就有希望保持业界的先进地位，就有希望向世界提供服务。

"吾日三省吾身。"华为强调自我批判，一个企业长治久安的基础是接班人承认公司的核心价值观，并且有自我批判能力，要世世代代传承下去的就是自我批判的能力。

自我批判的能力，实质上也是一个人自我领导、自我管理的理智力、自律力和内在控制力。通过理智的引导进行自我剖析，重新审视自我的愿景、价值观和心智模式。自我批判的过程就是一个思想上、观念上去糟粕，纳精华，进而不断升华和成长的过程，是人生从"必然王国"到"自由王国"的过程，是到达随心所欲而不逾矩境界的必由之路。

第三节　以客户为中心

对于直接面对外部客户的岗位，客户说了算，但要对客户本身的价值进行评价；对于内部不直接服务外部客户的岗位，评价的基础是平台能力是否对外部客户产生价值。无论哪一种，我们的工作中心及评价机制要以客户为中心，对客户创造价值。过度内部满意度，会导致唯主管为中心的组织文化。

华为一直强调“以客户需求”为导向的核心价值观，为了强化这种观念，华为领导采用各种方式，可说费尽苦心。假如某位员工从小就立志当一个世界一流的原创性的科学家，20 多年的学生生涯养成两耳不闻窗外事，一心只读科学书的习惯，只对科学技术感兴趣，其他事很难引起他的注意。现在要其聚焦客户，除非他自觉地以理性时时提醒自己，否则是办不到的。

在 2005 年的一次讲话中，华为总裁任正非说道：

10 年以前，华为就提出：华为的追求是实现客户的梦想。历史证明，这已成为华为人共同的使命。以客户需求为导向，保护客户的投资，降低客户的 CAPEX 和 OPEX，提高了客户的竞争力和赢利能力。至今全球有超过 1.5 亿电话用户采用华为的设备。我们看到，正是由于华为的存在，丰富了人们的沟通和生活。今天，华为形成了无线、固定网络、业务软件、传输、数据、终端等完善的产品及解决方案，给客户提供端到端的解决方案及服务。全球有 700 多个运营商选择华为作为合作伙伴，华为和客户将共同面对未来的需求和挑战。

CAPEX 和 OPEX 是电信运营商在进行成本收益等内容分析的两个主要指标。

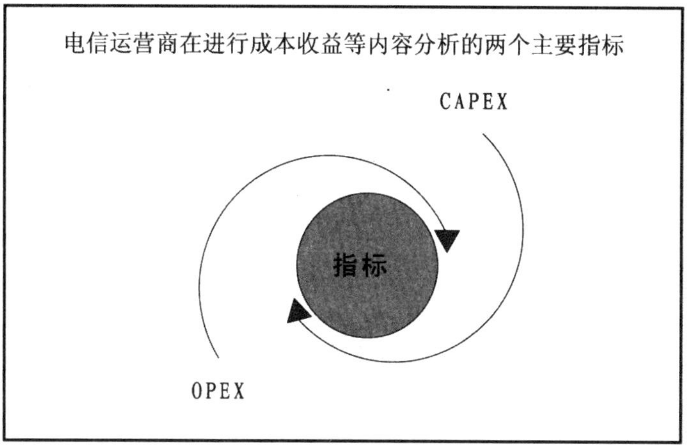

CAPEX（Capital Expenditure）即资本性支出，一般是指资金、固定资产的投入。对电信运营商来说，有关的网络设备、计算机、仪器等一次性支出的项目都属于 CAPEX，其中网络设备占最大的部分。

OPEX（Operating Expense）即运营成本，主要指当期的付现成本。

“为客户服务是华为存在的唯一理由。”为鼓励华为各部门员工积极收集高价值客户需求，从 2006 年开始，华为战略与 Marketing 体系专门设立了“最有价值需求奖”，并将定期开展评选活动。

“最有价值需求”是在“华为需求承诺电子流”中，根据战略与 Marketing 文件《“最有价值需求奖”评选管理规定》所设定的评选标准，筛选出对华为产品、解决方案、业务运营、服务、商业模式等有最高参考价值的需求，对其提交者进行表彰，从而在全公司形成关注客户需求的良好氛围，并促进公司相关部门把握市场机会点，实现双赢。

2006 年，任正非在其文章《天道酬勤》中写道：

由于华为人废寝忘食地工作，始终如一虔诚地对待客户，华为的市场开始起色了，友商看不到华为这种坚持不懈的艰苦和辛劳，产生了一些误会和曲解，不能理解华为怎么会有这样的进步。还是当时一位比较了解实情的官员出来说了句公道话：“华为的市场人员一年内跑了 500 个县，而这段时间你们在做什么呢？”当时定格在人们脑海里的华为销售和服务人员的形象是：背着我们的机器，扛着投影仪和行囊，在偏僻的路途上不断地跋涉……

在《愚公移山》中，愚公整天挖山不止，还带着他的儿子、孙子不停地挖下去，终于感动了上帝，把挡在愚公家前的两座山搬走了。在我们心里面一直觉得这个故事也非常形象地描述了华为18年来，尤其是20世纪90年代初中期和海外市场拓展最困难时期的情形：是我们始终如一对待客户的虔诚和忘我精神，终于感动了“上帝”，感动了我们的客户！无论国内还是海外，客户让我们有了今天的一些市场，我们永远不要忘本，永远要以宗教般的虔诚对待我们的客户，这正是我们奋斗文化中的重要组成部分。

可以说，做一个华为的客户是相当令人惬意的事情，因为华为的企业文化就是千方百计满足客户需求的文化。华为人自称，他们的使命就是：聚焦客户关注的挑战和压力，提供有竞争力的通信解决方案和服务，持续为客户创造最大价值。“为客户服务是华为存在的唯一理由；客户的需求是华为发展的原动力。”

电信运营商是华为的主要客户，因此任正非将“聚焦客户关注的挑战和压力，提供有竞争力的通信解决方案和服务，持续为客户创造最大价值”作为华为的使命，以获得客户的信赖和认可。而在此基础上，任正非希望通过华为的努力，为人们的沟通创造更多更便利的条件。将华为的企业使命提升到一个更高的高度，也就是华为的企业愿景。

233亿美元的销售额、46%的增速，面对全球金融危机、其他竞争对手的收入下滑，华为2008年仍交出了一张漂亮的成绩单，所有人就此产生了一个疑问：为什么？

华为的一位高管说：华为第一大原则就是以“客户需求为导向”，不会计较华为在短期内的得失，而其他企业更多以收入、利润等为导向。这种公司文化得到了客户的认可，也为华为赢得了更多的忠实客户和更长远的利益。

客户不是一个人，企业之间、企业内部员工之间，利益和立场并不完全一致。大多数客户适应产业生态，并做出贡献。企业的贡献，应该由这样的客户说了算。

客户的评价、企业主管的评价，应该一致。出现不一致的时候，应该甄别局部与全局、短期与长期，这方面，员工需要领导从更宽阔的视野提供支持和指导。

第四节　尊重人才

重视和挽留优秀员工，这不足为奇，因为这些员工的才华和干劲出众，效率卓越，人们愿意与这样的人共事，在困难时期，更是如此。对优秀员工的青睐是可以理解的，但这有可能会低估普通员工。优秀员工确实能作出重要的贡献，但是企业的生存和发展在很大程度上有赖于普通员工默默无闻的奉献和努力。

华为对人力的追求和尊重是业内有目共睹的。在华为的企业文化中，人力资源是很重要的组成部分，是华为持续发展的内在因素。在华为的基本法中明确指出，“认真负责和管理有效的员工是华为最大的财富。”华为强调人力资本增值优先于财务资本增值，尊重知识、个性与集体奋斗并重，不拘一格起用人才，培养科技带头人，形成了很强的凝聚力。良好的企业文化和成功的人才战略，为华为在光网络、3G、NGN、数据通信、交换接入、智能网等领域进入世界级水平立下了汗马功劳。任正非在其题为《华为的红旗到底能打多久》的演讲中说道：

认真负责和管理有效的员工是华为最大的财富。尊重知识、尊重个性、集体奋斗和不迁就有功的员工，是我们的事业可持续成长的内在要求。我们要求员工要认真负责，但认真负责不是财富，还必须管理有效。尊重知识、尊重个性、集体奋斗、不迁就有功的员工，是我们可持续发展的内在要素。市场部集体大辞职的壮举，开创了华为公司内部岗位流动制度化，使职务重整成为可能。因为创业期间他们功劳最大。

华为对自己的员工实行的就是全面的人本文化，其非常注重现有的工作是否能够满足员工物质、心理和社会等多方面的需要，对不同岗位的员工的关心和培养是同等的，让员工意识到自己是企业真正的主人。任正非在其文章《悼念杨琳》中写道：

华为的光辉是由数千微小的“萤火虫”点燃的。“萤火虫”拼命发光的时候，并不考虑别人是否看清了他的脸，光是否是他发出的。没有人的时候，他们仍在发光，保持了华为的光辉与品牌，他们默默无闻，毫不计较，他们在消耗自己的青春、健康和生命。

普通员工对公司而言，起到了基石作用：第一，像配角演员一样。普通员工给单位带来了稳定的秩序，稳定的客户群，逐渐提高了单位的绩效，他们永远不会获得最多的收入或争取到最大的客户，但也不大可能使单位陷入尴尬的境地或被淘汰出局。正是这种能力在日复一日地给单位带来真正的价值。在危机时刻，普通员工可能就是拯救单位的力量。第二，由于普通员工工作变换不像优秀员工那样频繁，他们才真正了解企业发展的全过程，在遇到问题和麻烦时，他们记得以前是怎样解决的。资深普通员工不仅能同其他同事一起分享重要信息而且能帮助大家树立信心，可以带领经验不足的员工应对工作变化带来的精神压力甚至恐慌情绪，普通员工的这种才能往往被低估。第三，普通员工还在管理层新老交接的过程中起到了重要的平衡作用，因为他们较少受到管理层调整的影响。普通员工一般不在考虑范围内，他们更能像平常一样工作有始有终。[①]

华为是由无数无名英雄组成的，而且无数的无名英雄还要继续拥入，他们已在创造历史，华为的光辉历史，我们永远不要忘记他们。当我们的产品覆盖全球时，我们要来纪念这些为华为的发展贡献了青春与热血的“萤火虫”。

任正非表示，不要说华为一无所有，华为有数万名可爱的员工，用文化黏结起来的血肉之情，它的源泉是无穷的。任正非说道：

我们今天是利益共同体，明天是命运共同体，当我们建成内耗小、活力大的群

① 请关注普通员工．中国金融界网，2011.5

体的时候，当我们跨过这个世纪时形成团结如一人的数万人的群体的时候，我们抗御风雨的能力就增强了，可以在国际市场的大风暴中去搏击。

……

我们要求员工要认真负责，但认真负责不是财富，还必须管理有效。尊重知识、尊重个性、集体奋斗、不迁就有功的员工，是我们可持续发展的内在要素。市场部集体大辞职的壮举，开创了华为公司内部岗位流动制度化，使职务重整成为可能。因为创业期间他们功劳最大。他们都能能上能下，别人还不能吗？

任正非指出，华为公司容许个人主义的存在，但必须融于集体主义之中。HAY公司曾问任正非是如何发现企业优秀员工的，他说我永远都不知道谁是优秀员工，就像他不知道在茫茫荒原上到底谁是领头狼一样。他认为，企业就是要发展一批狼，狼有三大特性，一是敏锐的嗅觉；二是不屈不挠、奋不顾身的进攻精神；三是群体奋斗。企业要扩张，必须有这三要素。所以要构筑一个宽松的环境，让大家去努力奋斗，在新机会点出现时，自然会有一批领袖站出来去争夺市场先机。市场部有一个“狼狈组织计划”，就是强调了组织的进攻性（狼）与管理性（狈）。

任正非对员工的价值与任用进行如下解释：

一、机会、人才、技术和产品是公司成长的主要牵引力。这四种力量之间存在着相互作用。机会牵引人才，人才牵引技术，技术牵引产品，产品牵引更多更大的机会。员工在企业成长圈中处于重要的主动位置。

二、我们坚持人力资本的增值大于财务资本的增值。我们尊重知识、尊重人才，但不迁就人才。不管你有多大功劳，决不会迁就。我们构筑的这种企业文化，推动着员工的思想教育。

三、我们不搞终身雇佣制，但这不等于不能终身在华为工作。我们主张自由雇佣制，但不脱离中国的实际。

四、招聘与录用。华为依靠自己的宗旨和文化，成就与机会以及政策和待遇，吸引和招揽天下一流人才。我们在招聘和录用中，注重人的素质、潜能、品格、学历和经验。按照双向选择的原则，在人才使用、培养与发展上，提供客观且对等的承诺。

五、报酬与待遇。我们在报酬与待遇上，坚定不移地向优秀员工倾斜。

六、自动降薪。公司在经济不景气时期以及事业成长暂时受挫阶段，或根据事业发展需要，启用自动降薪制度，避免过度裁员与人才流失，确保公司渡过难关。

七、晋升与降格。每个员工通过努力工作以及在工作中增长的才干，都可能获得职务或任职资格的晋升。与此相对应，保留职务上的公平竞争机制，坚决推行能上能下的干部制度。

八、职务轮换与专长培养。我们对中高级主管实行职务轮换政策。没有周边工作经验的人，不能担任部门主管。没有基层工作经验的人，不能担任科以上干部。我们对基层主管、专业人员和操作人员实行岗位相对固定的政策，提倡爱一行，干一行；干一行，专一行。爱一行的基础是要通得过录用考试，已上岗的员工继续一行的条件是要经受岗位考核的筛选。

员工的价值与任用

机会、人才、技术和产品是公司成长的主要牵引力
坚持人力资本的增值大于财务资本的增值
不搞终身雇佣制吸引和招揽天下一流人才
在报酬与待遇上，坚定不移向优秀员工倾斜
根据事业发展需要，启用自动降薪制度
推行能上能下的干部制度
对中高级主管实行职务轮换政策

第五节　烧不死的凤凰

“观看一场你在比赛中把对手打得一败涂地的影片，不会让你学到多少东西。”宝洁前首席执行官雷富礼说，“你或许很开心，但不会学到任何东西。只有观看

你在比赛中被打得惨败，或在比赛中自以为会赢，结果却失败的影片，你才会真正学到很多东西。在宝洁公司，我们真正深入了解自己做得不好的事情。开会时，讨论重点是描述自己怎么会搞砸，在哪个方面搞砸了以及为什么会搞砸，自己从中学到了什么，下次准备做出什么改变。当人们刚加入公司时，这样做让他们觉得不舒服，因为人的天性是希望谈论哪些事情做得好，但我们仍要坚持下去。”

华为鼓励员工向世界强敌发起冲锋，并允许失败，认为失败是华为人的宝贵财富，但主张在失败中进步。华为总裁任正非表示：

失败并不可怕，失败是一种光荣，一个经常失败的人一定会比一个从不失败的人强，因为他勇于创新，勇于突破。

任正非要求华为人勇于向竞争对手学习，最重要的是学习其失败的教训。任正非经常用IBM等知名企业的例子来警示自己和华为的员工。任正非在其题为《我们向美国人民学习什么》的文章中写道：

IBM作为巨无霸一直处在优越的产业地位，由于个人电脑及网络技术的发展，严重地打击了它赖以生存的大型机市场。20世纪80年代初期IBM处在盈利的顶峰，它的股票市值超过前西德股票之和。也成为世界上有史以来盈利最大的公司。经过13年后，它发现自己危机重重，才痛下决心，实行改革，在1992年开始大裁员，从41万人裁到现在的26万人。付出了80亿美元的行政改革费用。由于长期处于胜利状态，造成的冗员、官僚主义，使之困难重重。聪明人十分多，主意十分多，产品线又多又长，集中不了投资优势。又以年度作计划，反应速度不快。管理的混乱，几乎令IBM解体。华为会不会因为盲目乐观，也导致困难重重呢？

2004年1月14日，任正非在与接受培训的华为人的对话中讲道：

一生走得很顺利的人，你们要警惕一点，你们可能把华为公司拖进了陷阱……

人的一生太顺利也许是灾难，处于逆境中的员工注意看，就会发现受挫折是福而不是灾。

郭沫若先生曾于1921年写过《凤凰涅槃》，诗序云："天方国古有神鸟名'菲尼克司'，满五百岁后，集香木自焚，复从死灰中更生，鲜美异常，不再死。按此鸟殆中国凤凰，雄为凤，雌为凰。"任正非在其题为《不要忘记英雄》的讲话中表示：

"烧不死的鸟就是凤凰"，有些火烧得短一些，有些火要烧得长一些；有些是"文火"，有些是"旺火"。它是华为人面对困难和挫折的价值观，也是华为挑选干部的价值标准。

毛生江，1995年已经是市场部总裁，公司要求市场部全体辞职，重新排队。毛生江从一个公司级的领导被撤下来担任话机事业部的总经理，后又担任山东办事处的主任，业绩良好。1999年，任正非又重新任命毛生江为公司副总裁，并号召全公司员工向他学习。华为许多人私下称毛生江为"毛凤凰"或者"毛人凤"。

8年的时光，数易其岗，究竟是一种怎样的心态伴随着他走到了今天？我们透过那条起伏的职业轨迹的波浪线又看到了什么？

如果为毛生江在华为的职业生涯画一条运行轨迹，我们可惊叹地发现是呈"波浪形"的：

1992年参加开发部08A型机项目组，12月任项目组经理；

1993年5月任开发部副经理、副总工程师；

1993年11月任生产总部总经理；

1995年11月调任市场部代总裁；

1996年5月任终端事业部总经理；

1997年1月任"华为通信"副总裁；

1998年7月调任山东代表处代表、山东华为总经理；

2000 年 1 月 18 日，任命为公司执行副总裁。

书本可以启发我们思考问题、解决问题的方法，但就像“复盘”是棋手最好的学习与提高手段一样，每一次成功和失败（包括自己的也包括竞争对手的）都是我们最好的学习案例，因此必须学会在实战中进行总结与举一反三。

任正非认为，华为人最重要的学习技能是总结能力，这包括对成功经验的总结，也包括对失败教训的总结。华为人一定要学会在失败中总结，总结失败的原因，总结别人的优势和自己的差距，重新改进自己的不足后，再次向强敌们发起冲锋。

任正非在一次高层会议上提问：“我的水平为什么比你们高？”大家回答：“不知道。”任正非说：“因为我从每一件事情（成功或失败）中，都能比你们多体悟一点点东西，事情做多了，水平自然就提高了。”

第六节　重视研发

广泛吸收世界电子信息领域的最新研究成果，虚心向国内外优秀企业学习，在独立自主的基础上，开放合作地发展领先的核心技术体系，用我们卓越的产品自立于世界通信列强之林。

《华为公司基本法》第三条

对一个国家来说，如果它支柱产业的技术没有突破创新，那么这个国家很难说富强。对一个高新技术公司来讲，如果它没有核心技术和原创设计，那么它一定不会有未来。

纵观国内企业巨头，核心技术缺乏是普遍现象，原创性的技术革命就更是寥寥无几。近 100 年来，中华民族还没有在生产力、重要生产资料和生活资料方面有大的贡献于世界，而欧美国家的电灯、电话、汽车、飞机、电脑、软件则直接影响了人类文明的进程。这无疑成为中国企业进入国际社会、高调进军国际市场的一个心理障碍。

通信行业的一个本质规律性是，谁掌握了核心技术，谁就掌握了市场竞争的战略高地。唯有立于核心技术这个战略高地，才可以江河高下，势不可挡。

要想掌握核心技术，就必须加大在研发方面的投入。在国外，一般科技企业研发投入平均水平为 10% 左右。例如，2002 年，美国英特尔公司研发支出 40 亿美元，占其销售额的 12%；2003 年阿尔卡特的研发支出为 18 亿美元；西门子为 22 亿美元；IBM 每年约有 60 亿美元投入研发中。在研发投入上的领先也导致了这些国际企业能够在科研领域保持领先地位。相比之下，我国大多数企业的研发投入却少得可怜。2007 年在中国百家电子信息百强企业中研发投入也仅为 3.9%，只有 21 家企业的研发投入超过 5%，华为是其中之一。

1998 年，任正非还将“拿出销售收入的 10% 作为研发投入”这一原则写进了公司纲领性文件——《华为公司基本法》中，并作为华为七大核心价值观中很关键的一条。任正非在其题为《华为的红旗到底能打多久》的内部讲话中说道：

我们始终坚持以大于 10% 的销售收入作为研发经费。公司发展这么多年，员工绝大多数没有房子住，我们发扬的是大庆精神，先生产、后生活。而在研发经费的投入上，多年来一直未动摇，所有员工也都能接受，有人问过我，“你们投这么多钱是从哪儿来的”，实际上是从牙缝中省出来的。我们的发展必须高于行业平均增长速度和行业主要竞争对手的增长速度。公司过去每年以 100% 的增长速度发展，以后基数大了，肯定速度会放慢，那么以怎样的速度保持在业界的较高水平，这对我们来说是个很大的挑战。

任正非在上海电话信息技术和业务管理研讨会致谢词时说道：

“高投入才有高产出”，我们的成本比兄弟厂家高，因为科研投入高、技术层次高。科研经费每年 8 000 万元，每年还要花 2000 万元用于国内、国外培训和考察。重视从总体上提高公司的水平。这种基础建设给了我们很大的压力。但若我们只顾眼前的利益，忽略长远投资，将会在产品的继承性和扩充性上伤害用户。

二十几年如一日，在研发方面，华为保持了持续的高投入，华为坚持以不少于销售收入 10% 的费用和 43% 的员工投入研究开发，并将研发投入的 10% 用于前沿技术、核心技术及基础技术的研究。投入强度之高，当属中国公司之最。

华为在通信基础设备上的投入，最大的意义就是获得了对国外上游供应商的议价能力，也使中国的通信设备获得了议价能力，对中国自己的电信企业打破国际巨头们的行业垄断起到了推动性的作用。

一、紧紧围绕在电子信息技术领域发展，不受其他投资机会所诱惑。树立为客户提供一揽子解决问题的设想，全方位为客户服务。

任正非说：

我们广泛吸收世界电子信息技术最新研究成果，虚心向国内外优秀企业学习，在独立自主基础上，开放合作地发展领先核心技术体系。我们紧紧围绕电子信息领域来发展，不受其他投资机会所诱惑，树立为客户提供一揽子解决问题的设想，为客户服务。公司从创业到现在，紧紧围绕着通信，后来扩展到信息。大家知道，深圳经历了两个泡沫经济时代，一个是房地产，一个是股票。而华为公司在这两个领域中一点都没有卷进去，倒不是什么出污泥而不染，而是我们始终认认真真地搞技术。房地产和股票起来的时候，我们也有机会，但我们认为未来的世界是知识的世界，不可能是这种泡沫的世界，所以我们不为所动。

我们正在制订在通信产品上全面发展的计划，以能为客户提供全面的技术服务为目标，提升低成本的一揽子解决问题的能力。相信三年以后用户会更接纳我们。

二、高度重视核心技术的自主知识产权。

任正非认为，我国引进了很多工业，为什么没有形成自己的产业呢？关键核心技术不在自己手里。掌握核心，开放周边，使企业既能快速成长，又不受制于人。他说：

可以举个例子，华为将作为世界大传输厂商角逐于世界市场，为什么？传输的芯片是我们自己开发的，使用的是0.35μ 的技术，而且功能设计比较先进。可以肯定，在2.5G以下我们做得比国外的好。例如华为在新一代传输体制SDH中展现出强大的活力，2.5G以下级别交叉能力是全世界最强的，实现了低阶全交叉连接功能，十分适应中国电信网络复杂的需求。在自行设计的芯片中，完成的复杂数字运算功能，大大地提高了光同步传输设备的业务接口在抖动、漂移等方面的指标特性。支撑网中适应高精度定时要求的网同步技术，延伸了SDH设备在节点数和距离方面的应用。

只有拥有核心技术知识产权，才能进入世界竞争，我们的08机之所以能进入世界市场，是因为我们的核心知识产权没有一点是外国的。

三、遵循在自主开发基础上广泛开放合作的原则。重视广泛的对等合作和建立战略伙伴关系，使自己的优势得以提升。优势更优势。任正非说：

我们重视广泛的对等合作和建立战略伙伴关系，使自己的优势得以提升。在此我不便说出具体战略合作伙伴，但我们的合作确实是十分真诚的。我们已得到国际伙伴的重视和支持，不卑不亢，平等友好，也得到了国外著名公司的信任，包括一些竞争对手。在国外有人问我，你们是竞争对手，怎么会让你去看呢？我说和平与发展是国家之间的主旋律，开放与合作是企业之间的大趋势，大家都考虑到未来世界谁都不可能独霸一方，只有加强合作，你中有我，我中有你，才能获更大的共同利益。所以他们愿意给我们提供一些机会。所以这种广泛对等的合作，使我们的优势很快得到提升，可以迅速推出很多新的产品，使我们能在很短时间提供和外国公司一样的服务。

四、没有基础技术研究的深度，就没有系统集成的高水准；没有市场和系统集成的牵引，基础技术研究就会偏离正确的方向。任正非指出，华为一定要搞基础研究，不搞基础研究，就不可能创造机会、引导消费。他说：

我们的基础研究是与国内大学建立联合实验室来实施的。我们的预研部，只有在基础研究出现转化为商品的机会时，才大规模扑上去。

在科技创新在国际通信领域，技术创新能力＝品牌话语权。华为以“在技术的颠覆中创造新技术”的发展模式进行科技创新，全面涉足国际市场，与有着深厚历史积淀的国际品牌巨头展开激烈的竞争，不断向掌握品牌话语权靠近。在与国际品牌巨头思科的官司中，华为与思科能够平等对决，华为这一科技品牌的实力可见一斑。

附录

讲述华为人的故事：1991年我们在蚝业村

读《天道酬勤》，文中提到："没有假日和周末，更没有白天和夜晚，累了就在垫子上睡一觉，醒来接着干，这就是华为'床垫文化'的起源。虽然今天垫子已只是用来午休，但创业初期形成的'床垫文化'记载的老一代华为人的奋斗和拼搏，是我们需要传承的宝贵的精神财富。"作为一名老员工，对此我深有体会，没有艰苦奋斗就没有今天的华为。回顾我在华为经历过的艰苦岁月，许多场景令人终生难忘，在这里，我想讲讲15年前的故事。

15年前即1991年，华为组装的小型程控电话交换机BH01，已不能满足客户的需求。华为代理的进口的HAX系列程控交换机，也供不上货。公司决定，集中全部资金和人力，破釜沉舟，几个月内开发和生产出华为品牌的新型用户程控交换机。

华为于1991年9月租下了深圳宝安县蚝业村工业大厦三楼，50多名华为人开始了艰险的创业之路。一层楼分隔为单板、电源、总测、准备四个工段，库房、厨房也设在同层楼。十几间床挨着墙边一溜排开，床不够，用泡沫板上加床垫代替。在工段上班，包括开发人员，累了就趴在桌上，或在地上找张泡沫板、纸板，席地而卧，睡一下，醒来接着干，包括公司领导来也是这样。整层楼没有空调，只有吊扇，高温下作业，经常是汗流满面。每天加班到很晚，熄灯就睡。四周老化测试的机架，设备上一闪一闪的信号灯，高频电流的振荡声，伴随着枕戈待旦的华为人进入梦乡。

有时睡到半夜，突然来车到货，不论是很重的蓄电池，还是机柜，都立即起来，卸完再睡。大多数人以此为家，领料、焊接、组装、调试、质检、包装、吃饭、上厕所，一直到睡觉都在这一层楼上。除了到外协厂及公司总部，不少人一连几天都没下过楼，有时候连外面天晴天阴，有没有下雨都不知道。

没有包装工段，也没有搬运及包装临时工，设备测好后，临时叫上在场的几个人，不分工人、工段长或是经理，也不分大专、本科还是硕士、博士，一起包纸箱，装入木箱再钉上边角铁，然后四五个人一起抬起机柜箱，装车发货。大家开玩笑都自称为“乡民”,经理就叫“乡长”。市场部招的新员工,一般都要先到总测工段实习，即先当“乡民”，经过培训后，才派出去。美国有著名的“西点军校”，我们自豪地称这是进华为的“西乡军校”。

当“乡民”，就要参加包装发货。记得一名新来的硕士生，第一天上班就打包，不会干，一上来就被铁皮将手指划破，血竟喷到了旁边的墙上，幸好早准备有止血胶布，包上再接着干。

当时华为工资并不高，不论文凭高低，月工资仅几百元。也没有什么补贴，更不计加班费。即使这样，1991 年的华为依然现金流非常紧张，到处借贷困难，到账的订货合同预付款，都全部投入生产和开发。产品出不来，全国各地已经预订华为交换机的催货电话、电报、传真不断，我们都感到前所未有的压力，不成功，后果不堪设想。公司领导几乎每天都来检查生产及开发的进度，询问原材料到货情况，或开会研究面临的困难与分工。遇到吃饭时间，公司领导就在大排档同大家聚餐，按华为不成文的规矩，同桌吃饭，由其中职位最高的领导个人付款请大家吃饭。回忆那段岁月，虽然环境艰难，但是大家干得很开心，对未来充满信心，个个都怀着勇往直前的干劲儿。

开发项目组只有五六个人员，不仅负责硬件像电路板、话务台的设计制作，还要负责全部软件程序的编写与调试。关键时刻,从白天到晚上不断地编写软件,调试、修改、再调试。记得有位工程师，负责改写软件和测试全机性能。他累了就抽支烟或闭一下眼，病了也一边吃药一边不停地干。当项目成功，机器出厂，他又到上海指导安装开通，累得连眼角膜都掉了，不得不住院手术，才保住了视力。

当时没有任何自动测试设备，外加工焊接的电路板，成千上万的焊点都是品质部的员工用放大镜一个一个地目测检查有没有虚焊、漏焊、连焊。交换机的性能检验是总测工段的工程师用话机一项一项地测试。遇到大话务量测试，往往要将全厂的人都叫到一起，60 多部话机，一人两部话机，同时拿起话筒试。天天看测试结果，天天晚上开会讨论攻关。

1991 年 12 月，我们终于通过了全部的基本功能测试，高温及链路老化测试整机性能稳定，电话打出接入畅通、音质良好。公司决定正式宣布出厂 8 台，产值 100 万元。首批 BH-03（24/224）3 台于 1991 年 12 月 2 日包装发货出厂。

1991 年 12 月 31 日晚，公司在蚝业村工业大楼三楼开了一个庆功会。全部员工聚集“乡下”，隆重庆祝第一个有华为知识产权和品牌的产品出厂。简单的自助餐，加上啤酒，我们开了一个简陋而又热烈的庆功会。事后才知道，公司在 1991 年收到的订货预付款也已经全部用完了，公司账上已没有什么资金了，再发不出货，公司就要破产了。

1991 年这一次破釜沉舟、背水一战的胜利，成为华为创业崛起之路上关键的一步。

这可真是天道酬勤，1992 年，华为的产品大批出厂，进入市场，首次产值突破 1.2 亿元，利润上千万，华为活下来了！这为华为在 1993 年研制生产出 C & C08 万门数字程控交换机，为进一步的发展积累了经验、奠定了基础。

（本文摘编自《华为人》第 179 期，2006 年 8 月）

HUAWEI

第5章
企业文化氛围营造

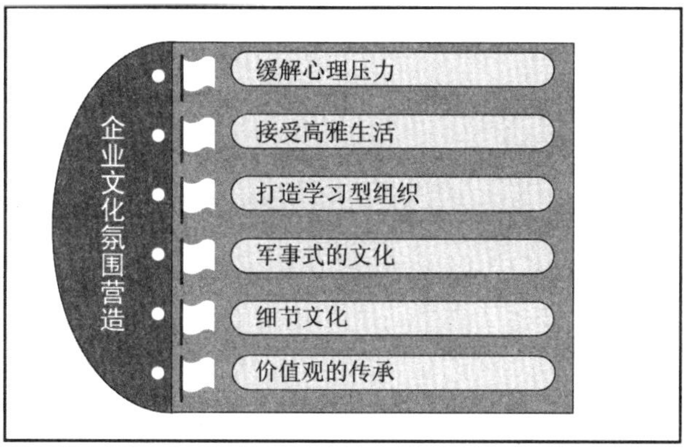

我们要引导员工理解、欣赏和接受高雅的生活习惯与文化活动，使他们从身心上自己解放自己。为此，我们使用为客户提供的服务作一次演示，让大家看到高雅的生活无处不在。这些生活方式在北京和上海已经比较普遍，只要多花一些钱就可以实现。

——华为总裁　任正非

第一节　缓解心理压力

国内媒体习惯把联想称为中国最大的 IT 企业，认为华为只是一家通信公司。而下面的文字可以说明华为才是国内最大的 IT 企业。国际标准组织 DMTF 宣布，华为已获选加入 DMTF 董事会，成为第 14 个董事会成员。DTMF 组织全球 IT 行业合作起来，致力于系统管理标准的开发、验证、推广和应用。华为的加入将进一步加强 DMTF 在 IT 行业的影响力。

根据调查，在 IT 行业工作的员工都面临着巨大的压力，如果不能很好地调适自己，不能积极、开放、正派地面对人生，很可能会难以跨越“困惑”、摆脱痛苦，患上忧郁症、焦虑症。下面这张表虽说是日本 IT 行业员工的现状，但其在网上却深得国内 IT 人员的共鸣。

	监狱	IT 企业
劳动时间	标准 8 小时工作制	最少 12 小时、平均 14 小时
交通方式	步行几分钟	挤 1 ～ 2 小时人满为患的电车、或是直接睡公司
早饭	吃	基本上吃不了早饭
中饭	吃	有时吃不了中饭
晚饭	吃	基本上吃不了晚饭

	监狱	IT 企业
晚饭后	看电视或读书，自由支配	工作
加班	完全没有	加班是理所当然
加班费	无加班自然无加班费	这是 what？
休息	上下午各 15 分钟	和上司一起抽烟的话 ok
周末及节假日	百分百休息	不上班会被当异类。当然，就算是打高尔夫球也……
年数	根据刑罚 恢复健全后出狱	自动定义 15 年 身心俱疲后离开

另外，我国员工患抑郁和焦虑症的普遍性，是和我国经济快速发展的大背景相关联的。《华尔街日报》的专栏文章称，中国三个月的发展相当于美国一年的发展。这给企业带来了快速发展的机遇，也带来了快速增长的压力。企业为了保持竞争力，不断扩大组织规模，不断开拓新的市场，不断进行组织变革，进而不断对员工提出更多更高的要求。于是员工不得不连年超负荷工作，体力和精神严重透支，心理上变得厌倦、易怒难以放松焦虑、抑郁和情绪低落。

在华为，除了为员工提供有竞争力的薪酬待遇，2010 年华为的员工保障支出为 19.7 亿元，除了为员工缴纳社保以外，华为还为员工额外购买商业保险，并设立首席健康官。

2008 年 4 月，华为总裁任正非曾写了一封信题为《要快乐地度过充满困难的一生》的文章，信的开头写道：

华为不断地有员工自杀与自残，而且员工中患忧郁症、焦虑症的不断增多，令人十分担心。

……

人生是美好的，美好并非洁白无瑕。任何时候，任何处境都不要对生活失去信心。有机会去北京，可以去景山公园看看，那儿是一片歌的海洋，热闹得像海啸一样奔放。那些都是垂暮之年的老人，都在放声歌唱，多么的乐观，多么的豁达。看看他们的“夕阳红”，你为什么不等到那一天？快乐的人生，无论处境多么困难，只要你想快乐一定会快乐。

人是有差距的，要承认差距存在。一个人对自己所处的环境要有满足感，不要攀比。例如：有人少壮不努力，有人十年寒窗苦；有人清晨起早锻炼，身体好；有人老睡懒觉，体质差；有人把精力集中在工作上，脑子无论何时何地都像车轱辘一样转，而有人没有做到这样。

待遇和处境能一样吗？你们没有对自己付出的努力有一种满足感，就会不断地折磨自己，痛苦着，真是身在福中不知福。这不是宿命，宿命是人知道差距后而不努力去改变。

我不主张以组织的方式来实现员工的自我解放，而是倡导员工自觉自愿、自我娱乐，通过自己承担费用的方式来组织和参与各种活动。公司不予任何补贴，凡是补贴的，只要不再补贴了，这项活动就死亡了。“青春之歌”是一个好的名字，一歌、二歌、三歌……各具特色，吸引不同性格与生活取向的人。员工在这些活动中锻炼了自己，舒缓了压力，也进行了有效的沟通，消除自闭和自傲。

只要这些活动不议论政治，不触犯法律，不违反道德规范，我们不去干预。一旦违规，我们可以对有关员工免除其行政职务以及采取辞退等方式来解决。总之释放员工的郁闷，应通过多种渠道，靠组织是无能为力的。

员工不必为自己的弱点而有太多的忧虑，而是要大大地发挥自己的优点，使自己充满自信，以此来解决自己的压抑问题。我自己就有许多地方是弱项，常被家人取笑为小学生水平，若我全力以赴去提升那些弱的方面，也许我就做不了CEO了，我是集中发挥自己的优势。组织也要把精力集中在发展企业的优点，发展干部、员工的优点上，不要聚焦在后进员工上。

克服缺点所需要付出的努力，往往远远大于强化优点所需要付出的努力。只有自信才会更加开放与合作，才会有良好的人际关系。而员工往往不知道这一点。有些员工正要出成绩的时候，不相信实践中会出真知、出将军，突然一下子要去考研。当然，当他全副武装归来的时候，正碰上我们打扫战场。要因势利导，使他们明白奋斗的乐趣，人生的乐趣。徐直军（华为副总裁）经常周末、深夜与一大批人喝茶，谈谈业务，谈谈未来，沟通沟通心里的想法，这种方法十分好。我们的主管不妨每月与自己的下属喝喝茶，明确传达一下自己对工作的理解和认识，使上、下都明白如何去操作。

心理咨询室、心理热线、讲座，员工只能简单了解心理知识，但对自己是否有心理问题、心理困惑，如何解决，其实很无能为力；而心理热线，是被动等员工来；心理测验的准确度低，员工不接受；个体咨询辅导人数更是有限。

这方面华为做得比较好。据《通信世界》记者闫跃龙的记载，华为有一个荣誉部，一些德高望重的老教授担当了对员工品德教育和心理辅导的任务。他们不仅在员工提出辞职时进行摸底教育，而且在日常工作和生活中正努力地成为员工的良师益友。

华为之所以成立荣誉部是因为华为的管理层认为华为员工非常年轻，虽然斗志非常强，但不可避免地也会在成长过程中出现这样那样的挫折。如何帮助员工处理好出现的问题，不仅对于员工的发展非常关键，而且对于公司的健康发展也大有裨益。

实际上，由于老教授们具有深厚的科研工作经验，因此在对年轻员工教育方面发挥了独特的作用。“员工大多一人在外，面临着很多问题，比如对自己的职位、工作范围和公司管理制度等都可能出现问题。及时发现问题，在员工与管理层之间建立有效的沟通渠道成为我们的主要任务。”一位老教授指出。

为了扩大员工沟通渠道，及时帮助员工化解思想中的烦恼，帮助员工树立正确的价值导向和积极的工作态度，荣誉部自 2005 年 11 月起开展荣誉老专家 Open Day 活动。该活动面向全公司员工，由思想老专家轮流参加接待，每周一期，严格遵循“不分级别、一对一、严格保证私密”的原则来进行。华为的员工可以和荣誉部倾诉恋爱问题。

华为公司除开展荣誉部老专家 Open Day 外，各体系 AT/ST（行政管理团队和办公会议）成员也主持面向员工的 Open Day。与荣誉部老专家 Open Day 一样，管理者主持的 Open Day 同样严格遵循“不分级别、一对一、严格保证私密”的原则。

员工开始都没有问题，有的都是麻烦；时间一长，就积累成问题了；然后问题就如滚雪球一样，越滚越大。所以首先让员工将麻烦说出来，就是成功解决问题的第一步。

同时，华为的荣誉部，每月都会颁发各种奖励和荣誉称号，如支援奖、知识共享奖、揭露坏人坏事奖等等，多以鼓励为主，奖品有时会是几本书，有时是几十元钱。同时荣誉部还建立了完备的诚信管理系统。员工的考核结果、奖励、荣誉、违规等大小事件都记录在案。

第二节　接受高雅生活

高雅的生活不是天生的，它来源于对生活的热爱、对生活积极的和美的感受。生活本身充满着欢乐，生活处处有情趣。创业初期，一些员工，尤其是市场经营人员在巨大的工作压力下，在节假日凑在一起打牌以舒缓工作压力。任正非发现后，即明确反对这种休闲方式。在他看来，这些都是无益健康的活动。

2004 年 4 月 28 日，华为下发了《华为商业行为准则》，其中有专门针对赌博的规定。对沾染赌博恶习的干部，任正非下了最后通牒：不离开赌博就离开华为。任正非表示：

加强干部和员工的思想品德教育、诚信教育，坚持不懈。坚持反对干部腐败，反对赌博。凡参与赌博的干部，一律开除。我们还反对员工打牌，华为公司基本上没有多少员工敢打牌，因为我们认为这样是玩物丧志，高级主管打牌的一定要处分。

任正非如此认真地禁止赌博，并非针对赌博本身。而是因为，在打下“江山”，

“发达”后，有一些华为的干部居功自傲，追求享受和刺激，甚至玩物丧志，不思进取。这让任正非十分忧虑。

2008 年，任正非在给陈珠芳及党委成员的一封信中写道：

我们要引导员工理解、欣赏和接受高雅的生活习惯与文化活动，使他们从身心上自己解放自己。为此，我们使用为客户提供的服务作一次演示，让大家看到高雅的生活无处不在。这些生活方式在北京和上海已经比较普遍，只要多花一些钱就可以实现。

员工不能成为守财奴，丰厚的薪酬是为了通过优裕、高雅的生活，激发人们更加努力、有效工作的，不是使我们精神自闭、自锁。我们不要再把绅士风度、淑女精神当做资产阶级腐朽的东西，而自以粗鄙为荣。还应该看到欧美发达国家人民的自律，它们的社会道德风尚是值得我们学习的。

欧美国家的人，大多数不嫉妒别人的成功，也不对自己的处境自卑，而且和谐相处。华为的员工有这个经济基础，也有条件比国人先走一步，做一个乐观、开放、自律、正派的人，给周边做个表率。但当前一部分华为人反映出来的现象恰恰相反。有些人表现得奢侈、张狂，在小区及社会上咄咄逼人，不仅自己，他的家人也趾高气扬；还有一部分人对社会充满了怀疑的眼光，紧紧地捂着自己的钱袋子；等等这些都不是华为精神。

这些人是不适合担任行政管理职位的，他们所领导的团队一定萎靡不振。我们要引导员工懂得高雅的文化与生活，积极、开放、正派地面对人生。人生苦短，不必自己折磨自己。不以物喜，不以己悲。同时也要牢记，唯有奋斗才会有益于社会。

华为高层陈珠芳老师在给何均宏的信中写道：“闲情偶寄于高雅，有利于高尚的审美情操潜能的开发，从而使得心胸开阔，心灵获得自由，就会从多维、多层、多元的角度看待万事万物，就会用包容和欣赏的态度看待一切，会重新解释我们所看到的世界，认知能力从而得到发展。

“闲情偶寄于高雅还是低俗，不取决于你拥有的财富有多少。并不是富人才能有高雅的精神生活，并不是所有富人的精神生活都高雅。

“反过来，并不是穷人就不可能有高雅的精神生活，庄子因为生活贫困，造就了其精神境界的高雅，他是‘道’的先师，他活在道的层面，活在人生的最高境界。其实，在现实生活中，只要你心中有好奇心、有爱心，你的精神生活就会是高雅的、幸福快乐的。”

第三节　打造学习型组织

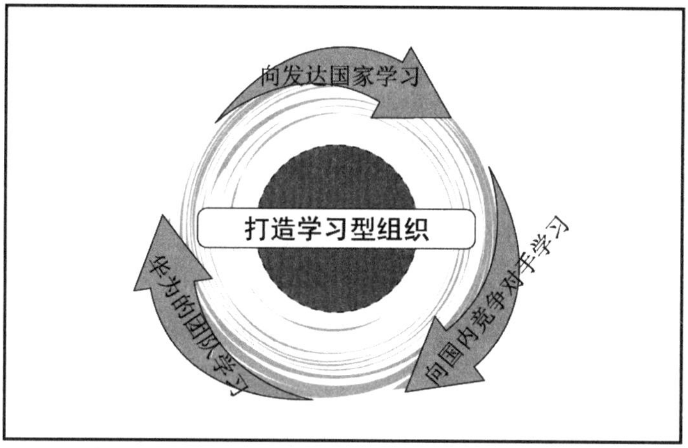

彼得·圣吉是学习型组织理论的奠基人。他指出现代企业所欠缺的就是系统思考的能力。它是一种整体动态的搭配能力，因为缺乏它而使得许多组织无法有效学习。之所以会如此，正是因为现代组织分工、负责的方式将组织切割，而使人们的行动与其时空上相距较远。当不需要为自己的行动的结果负责时，人们就不会去修正其行为，也就是无法有效地学习。《第五项修炼》提供了一套使传统企业转变成学习型企业的方法，使企业通过学习提升整体运作“群体智力”和持续的创新能力，成为不断创造未来的组织，从而避免了企业“夭折”和“短寿”。组织学习普遍存在“学习智障”，个体自我保护心理必然造成团体成员间相互猜忌，这种所谓的“办公室政治”导致高智商个体，组织群体反而效率低下。从这个意义上说，班子的团结，组织上下协调以及群体环境的民主、和谐是建构学习型组织的基础。

从个人学习到组织学习，从盲目学习到理性学习的思考和实验的过程中，中国企业家已经在挪动着脚步向世界一流管理水平看齐了。

华为总裁任正非曾在《我的父亲母亲》中提到了自己年轻时的这么一段经历，他写道：

父亲说了几句话："记住知识就是力量，别人不学，你要学，不要随大流。""学而优则仕是几千年证明了的真理"。"以后有能力要帮助弟妹"。背负着这种重托，我在重庆枪林弹雨的环境下，将樊映川的高等数学习题集从头到尾做了两遍，学习了许多逻辑、哲学……还自学了三门外语，当时已到可以阅读大学课本的程度。

注重"学习"的任正非往往能用科学的原理从更深层次分析问题，制定战略。这样的企业家往往能带着企业走得更快，走得更远。这一差别在企业管理方式上的影响是巨大的。

在任正非的带领之下，华为成为一个真正的学习型组织。在通信行业，技术更新速度之快，竞争之激烈是其他行业所不能比拟的。如果华为学习能力不够强大，就一定会被淘汰。所以，任正非一直强调，世上有许多欲速则不达的案例；作为华为人必须要丢掉速成的幻想；学习日本人踏踏实实、德国人一丝不苟的敬业精神。

作为一个从小作坊发展起来的民营高科技企业，学习是华为提高竞争力，不断取得进步的唯一途径。在吸收了西方先进技术的基础上，华为人发挥自己的创造性，研制成功了在华为发展历史上具有战略意义的C&C08机，这是华为善于学习、精于创造的典型案例。

任正非在答新员工时说道：

只有有牺牲精神的人，才有可能最终成长为将军；只有长期坚持自我批判的人，才会有广阔的胸怀。

“每日三省吾身”，自我批判，就是克服“幼稚病”的良方。幼稚病并不可怕，公司从高层到基层，我们都有幼稚病，特别是面对新事物、新问题的时候。认识新事物、认识新问题总是反反正正，不可能一步就认识到本质。

因此我们都应该不断努力学习，不断提高认识事物、认识问题的能力。你们还要特别注重向别人学习，看看你身边的老员工是如何做的，学明白了再去创新，一点一滴、一步一步走向成熟。

有资料显示，在全球500强企业中，50%以上都是学习型的企业。美国排名前25位的企业，80%是学习型企业。全世界排名前10位的企业，100%是学习型企业。

现代企业要在这样一个高速发展又瞬息万变的时代获得发展，必须仰仗和发挥人力资源与知识资本优势，使之成为企业重要的核心技能。任正非非常认同这种观点，他相信知识能改变命运，并对那些改变人类历史的科学家们充满了崇敬。

华为著名的坂田基地里所有道路都是以中外著名科学家的名字命名的，像贝尔路、冲之路、居里夫人路、稼先路、张衡路等等，这些路名都是任正非亲自命名的，而这种独特的命名方式使得原来如农村一般的坂田镇显得那么与众不同。

向发达国家学习

任正非平时非常注重向发达国家学习其先进的理念。他曾多次去美国参观学习，美国信息产品的兴衰更替留给任正非很深的印象。美国占据了世界60%的电子市场，而在这股信息热浪中不断出现引领时代潮流的英雄，他们和一些著名的但已经消亡的企业一样，虽然昙花一现，然而却留给后来人诸多的感慨和教益。任正非认为，向他们学习是避免华为过早消亡的正确做法。

伴随着华为走向海外市场，任正非接触到的外国企业也越来越多，而华为与这些企业之间的巨大的差距也让任正非感到了强大的压力和危机。

1994年～1995年，任正非先后访问了阿尔卡特设在法国北部的工厂，以及德国西门子公司，他们先进的生产技术水平和员工的敬业精神，使任正非受到了很大的触动。由此，他提出了对华为明天的憧憬，即“阿尔卡特的今天就应该是我们的明天”，并希望华为人也能有德国人那种耐心和细致。

这一时期，华为在国内市场上大踏步前进，开始投入商用的 C&C08 机在国内迅速打开市场，成为中国广大农村通信市场的主流设备之一。1995 年，华为北京研究所决定负责数据通信业务，逐步形成了“技术华为”的经营战略。可以说华为当时在国内的发展势头大好。

然而对于任正非来说，他在周游世界的过程中清楚地看到华为与国际竞争对手的巨大差距，所以华为在国内取得的这些成就自然并不能让他感到欣喜。

1997 年末，在西方圣诞节的前一周，任正非率队访问了美国休斯公司、IBM 公司、贝尔实验室与惠普公司，访问的重点在于学习管理，学习这些公司如何由一个小公司向规模化转变，如何走出混沌。结束访问回到旅馆后，任正非等人把自己关在硅谷的一家小旅馆里，点燃壁炉，将圣诞节美国处处万家灯火隔绝在窗外。他们三天没有出门，开工作会议，消化访问笔记，并整理出一厚叠简报准备带回国内传达。任正非强调说，我们只有认真向这些大公司学习，才会使自己少走弯路，少交学费。这次经历后来记录在他的一篇《我们向美国人民学习什么》的文章中。其中，任正非这样写道：

纵观美国信息产业的兴亡史，令人胆战心惊。五百年春秋战国如果缩到一天内进行，谁是英雄？巨大的信息潮，潮起潮落。随着网络技术与处理技术的进步，新陈代谢的速度会越来越快。因此很难再有盖棺定论的英雄，任何过路的豪杰都会对信息业的发展给以推动。我们应尊重他们，学习他们，批判地继承他们。

从 1998 年开始，以任正非为首的华为高层的这种虚心学习的精神，追求上进的热情开始转化为实际行动，华为实施了一系列向发达国家学来的管理变革。现在看来，正是这些变革使得华为能够始终保持稳定的发展和旺盛的活力。而这恰恰是许多民营企业无法做到的。

在《华为的红旗到底能打多久》中任正非就深刻地指出：

我们是瞄准业界最佳，现在业界最佳是西门子、阿尔卡特、爱立信、诺基亚、朗讯、贝尔实验室……我们制定的产品和规划管理都要向他们靠拢，而且要跟随并超越他们。如在智能网业务问题上，我们的交换机已经领先于西门子了，但在产品的稳定性、可靠性上我们和西门子还有差距。我们只有瞄准业界最佳才有生存的余地。

可以说，任正非这种重学习、追求上进的态度，不但对企业管理工作的不断改进起到了良好的推动作用，而且还深深地感染了华为的员工，使他们也能够不断地追求进步。这和许多民企重关系、轻学问的做法形成了一个极为鲜明的对比。虽然华为的高科技企业的定位决定了华为比一般企业更重知识，但是能够把这种学习的态度放到对待管理的进步，放到如何发展企业的高度，绝非随便偶然为之或一时之举。应该说它体现的是任正非的一种“彻底”上进的观念。

向国内竞争对手学习

1996 年 6 月，在一次庆功大会上，任正非作了讲话，他要求华为人在庆祝胜利的同时也认清自己的实力，找出差距，完善公司管理。他的讲话后来被收录在一篇名为《再论反骄破满，在思想上艰苦奋斗》的文章里。任正非这样说道：

当前，我们就要认真地总结经验、教训，及时地修正，不断地完善我们的管理。当我们的发展处于上坡阶段时，要冷静正确地看自己，多找找自己与世界的差距。前不久郑宝用率团参观了上海贝尔，感叹贝尔在生产管理与工艺装备上的巨大进步，真是堪称世界一流。由于规模大，必然成本低。他们的管理很科学，质量很好，10 年的引进，使他们较快地与国际接轨。

我们的竞争伙伴 04 机、大唐、中兴都有十分明显的进步。04 机市场的覆盖面比我们大，中央对他们也比较支持；大唐有着 10 所 10 来年国家级科研打下的底子，在科研的深度上、广度上都得天独厚，他们对电信的系统认识比我们深刻；中兴公司与我们同处深圳，朝夕相处，文化比较相近。中兴在“做实”这个方面值得我们基层员工好好学习。华为在“作势”方面比较擅长，但在做实方面没有像中兴那样一环扣一环，工作成效没有他们高。

任正非认为国内竞争对手也有很大的优点，而且他们进步的速度也很快，华为应该学习他们的优点，弥补自己的缺点。当然，与国际对手相比，华为需要学习的地方就更多了。任正非最后总结说：

与国际著名公司相比，我们还缺少可比性。在国际市场的竞争中已明显地暴露了我们的弱点。外国公司的人评述，你们的设备很好，但太年轻，缺少国际经验。我们的队伍年轻，敢想敢干，在局部上突破一些技术的前沿，取得了进入国际市场的资格，但面对国际复杂网、多网合一，我们年轻的队伍是否受得了？看看世界，比比自己，还需要百倍的努力。

华为的团队学习

据说，任正非自己每周至少会读两本新书。华为内部的活动奖品大部分是书。除了自己不间断地学习，任正非还号召员工不断学习，他在讲话中多次说道：

我们提倡自觉地学习，特别是在实践中学习。只要自觉地归纳与总结，就会更快地提升自己。

……

我（任正非）多次在员工教育会上讲过，我们要赶超发达的资本主义国家，就应向他们学习长处，任何一个人在新事物面前都是无知的。要从必然王国走向自由王国，唯有学习、学习、再学习，实践、实践、再实践。

学习，是华为的生活方式。华为提倡员工学习，即使是贵宾餐厅的服务人员或司机都会接受专业培训，不仅是本职工作所需的技能，还需要学习公司的文化、服务礼仪、沟通艺术等。服务人员需要学习对贵宾楼里每幅画的欣赏与讲解、各大菜系的特点；司机需要学习英语口语等。正是华为如此注重培训、关注每一个员工的素质提升，才有了每个环节的五星级服务。华为的服务，使产品增值；华为的培训，使员工增值。

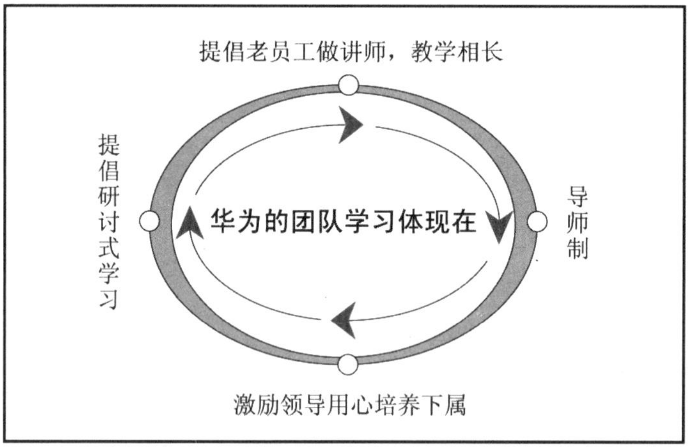

华为有外聘老师，有自己的专职教师，更多的是员工兼职授课。更值得一提的是华为的团队学习，华为的团队学习体现在四个方面：一是提倡老员工做讲师，教学相长；二是华为的导师制，每个新员工都有自己的导师，如果学员表现优秀，导师还会被授予优秀导师奖；三是华为将团队成员的成长列入对团队领导的绩效考核中，激励领导用心培养下属；四是华为提倡研讨式学习，甚至邀请合作伙伴共同就某个课程进行分享与研讨。华为的这种相互分享、共同成长的团队氛围促成了其整个团队的快速成长。

第四节　军事式的文化

在美国，最大、最优秀的“商学院”，不是哈佛，不是斯坦福，而是西点军校。第二次世界大战以来，西点军校培养出来的董事长有1000多名，副董事长有2000多名，总裁有5000多名。军事化人才之所以是很多企业梦寐以求的人才，是因为他们拥有在军事化文化的熏陶下所形成的良好素质。

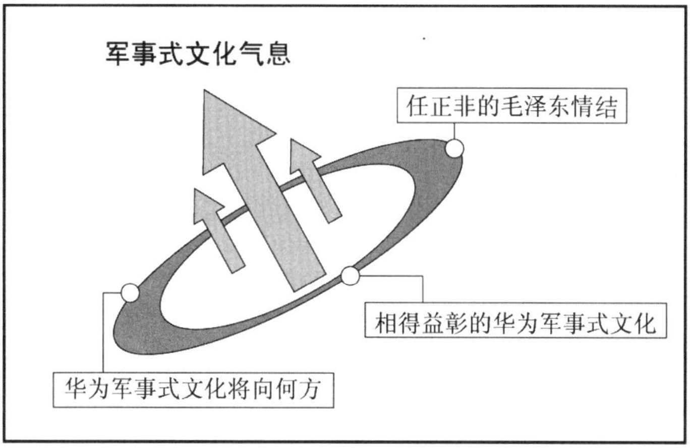

军事文化是军队建设的灵魂和巨大精神动力，也是军队战斗力形成的文化根基。而对于企业而言，培养一种军事式的文化，虽然和严格意义上的规范化管理有区别，并且也存在着许多如若运用不合适或不适度就会造成危害的可能性，但却能在一定程度上弥补我国企业因人而治而造成的各种不规范所带来的负面影响。军队文化，是华为正在实行的并会坚持贯彻下去的文化内涵。

任正非的毛泽东情结

出生于1944年的华为总裁任正非，经历了"大跃进"，经历了动荡的"文革"年代，他像那个时候的很多人一样，心中始终对毛泽东有着无限的尊敬与崇拜。而且，任正非在部队服役期间，对毛泽东的军事理论、群众路线、矛盾论和辩证唯物主义等思想有着深刻的理解。

创立了华为之后，任正非更是在公司的各种场合无数次地引用毛泽东的诸多军事思想和原理论述。一名与任正非接触多年并对其管理思想做过一些研究的华为高层者认为，《毛泽东选集》是任正非百读不厌的书，其讲话、办事、为人处世的态度和做事方法都带有浓厚的毛泽东风格和特点。可以说，华为的管理思想基础，就是毛泽东思想在企业中的"活学活用"。

的确，毛主席是一个英明而伟大的领导者，特别是他的一整套军事思想更是令人赞叹。这也往往是他影响后人最深远的地方。在他的这种影响下，不仅是任正非，我国大多数出生在20世纪五六十年代的民营企业家都自觉不自觉地把毛主席的一些思想运用到经营管理中来。比如着力打造军区化区域管理模式的“三株”的老总吴炳新，硬是将“三株”的组织形态转变成一种集西方事业部和中国解放战争时期军队建制于一体的杂交物。

任正非运用毛泽东思想到了极致地步，连英国权威杂志《经济学人》都专门撰文进行讨论。

相得益彰的华为军事式文化

在华为，任正非很少直接向人提起自己的军旅生涯，顶多是口头上滑过一些当年施工时的军事和技术术语。在关注华为的海外媒体眼里，任正非是否具有军方的背景一直是议论的焦点，有说法说他是中国军队的高级干部，经营华为是一种身份掩护，甚至美国国防部也因此不断对华为展开各种调查。

因为其创始人是军人出身，因此华为文化的一个特色就是时刻散发着一种军事式文化气息。

就拿华为每年招聘大学生来说，到华为报到后，这些天之骄子无一例外都要进行至少为期5个月严格的封闭式培训，而这其中有一个月完全是单纯的军事训练。负责训练的教官全部都是优秀的退伍军人，而且很多都是由国旗班退役的军官。华为的这种训练，不像员工以往在中学或是大学中所接受的军训那样随意，一切都是按照严格的军事标准进行的。比如说，在训练的开始，每个人都会有一个20分的基本分，然后根据个人的表现或加或减。在训练结束时，按一定的比例进行低分淘汰。凡是在训练过程中遭到淘汰的员工将被辞退。在训练期间的各项要求中，华为对于时间的要求是十分严格的，它规定每天要点4次名，每次点名迟到扣3分。一向散漫的大学生在这种军事化的训练过程中不知不觉就树立起一种绝对守时的观念。

有人会觉得这样严格的管理没有必要。但是任正非认为，凡是守时的民族都是在世界舞台上强大的民族。比如最守时的德国，在两次世界大战中战败，但每次却都能够在战后几十年里再次迅速强大起来，又成为世界强国。而极不守时的阿拉伯国家，除了石油资源，他们几乎没有任何值得骄傲的资本。正是在这种类似于军事化的守时观念的影响下，华为在2002年与思科竞争一个合同金额达几千万的全国电力调度网项目中胜出。原因很简单——思科代理商交标书晚了5分钟，废标了。这些就可以说是军事式文化在华为起到良好作用的最佳体现。

在对员工进行军训的过程中，华为有过这样一条规定，若某一个人迟到，和他紧邻的两个小组成员和小组组长都要受罚。华为的理由是你们属于一个团队，就有相互帮助的责任，这样才会在以后工作中形成团结协作的习惯。通过这种意识的灌输，华为许多员工的合作意识都非常强，这也就是为什么华为能够应用好系统原理的缘由之一。

华为的军事式文化还表现在其特有的纪律性上。中国人在世界上被公认有一个缺点，就是纪律性差。举个例子来说，每次观看国际比赛，华人聚集的地方总是留下垃圾最多的地方。但是在华为，召开几个小时员工大会、演讲或报告，其间没有响一声呼机或手机。散会后，会场的地上也是干干净净，几乎没有留下一片垃圾。

充分发动和调动群众的积极性，这也是毛主席经常使用的策略之一。华为最著名的一次群众运动就是1996年华为召开的集体辞职大会，从市场部总裁到各办事处主任，无一例外要向公司提交两份报告——述职报告和辞职报告，一切归零，接受公司的再挑选。这次运动成为华为一次有名的管理创新。

如果说20世纪60年代的私营企业内部实行军事式文化是因为当时全国的大环境所致，那么到了21世纪，地处深圳的华为依然秉承了军事式文化的很多内容，成为全国罕见的倡导军事文化的企业，其原因只能归结为任正非的个人情愫和华为的特定背景。

华为军事式文化将向何方

军队的管理要求的是整齐划一，是绝对服从上级命令。然而一个企业的发展，远没有这么简单。在企业发展初期，由于这个团体是新组建的，可能需要更多的纪律性，需要更多的士气。但当一个企业发展到一定规模之后，它会逐步僵化，难免会使得员工行为上的统一，掩盖了思想意识上的差别和分歧。这时开始需要不断的创造性，只有这样企业才可能会有更大的发展。

“三株”等一批企业就是因为把这种军事化管理的应用范围更大程度地扩大化了，才使得过度的军事化对其产生了更大的负面作用，从而导致“三株”整体运营的脆弱化。但是必须指出，华为这种军事化的管理文化和“三株”等一些民营企业是有差异的，它更多的是通过影响人来激发员工的潜力和积极性，促进企业发展。但这也并不是说华为的军事化文化无懈可击，不存在什么问题。譬如在一些事情上，华为要求员工不管有什么想法，都要无条件地执行上级传达下来的命令，这在无形中加大了员工的抵触情绪。因此，华为这种军事化的文化随着华为的发展还需要再加以科学的改造，才能对华为的发展一直起到积极作用。

第五节 细节文化

华为有一个文化氛围，它是无形的，就像空气一样，每天必须得呼吸它。《华为公司基本法》的起草人之一彭剑锋说道：“你不由自主进入到华为创业的文化里面。效益文化，激情文化，再加上任正非的煽动性……他确实对华为人实现市场目标有很大的推动能力”。“华为从一开始就比较注重文化，通过文化的力量使得员工能够自觉、自愿地去承担一些责任，去承担市场压力。在华为咨询那几年，把我们这些教授都改造过来，从懒人变成勤奋人了。我们过去都是九十点钟才起床，晃荡晃荡中午睡一觉，到了华为就没有觉睡了”。“文化的力量让你不得不这样做，那些假积极的最后都变成了真积极了。在人力资源管理上，依据企业不同阶段竞争的需要，它的整个待遇体系是向最优秀的人才去倾斜，去激励那些优秀的人，使这些人发挥出战斗力，这样能够影响一大片的人才”。

《华为公司基本法》的起草人之一，如今每年都要在华为工作 100 多天的人民大学教授吴春波说道："到华为去上班，走路要比平时快"。"组织小的时候领导的魅力可以辐射到。但组织大的时候，好多员工都见不到老板。一开始我觉得个人魅力是很重要的，但现在文化变成了一种习惯，具有惯性了。看见大家都这么做，不这么做就不好意思，这就是文化的力量"。

细节决定成败，这在华为体现得淋漓尽致：卫生间中永远都有质地很好的手纸、面巾纸、洗手液，有些还有擦手的湿毛巾、一次性梳子；华为人在推行职业化管理后始终坚持了"放置水笔的时候笔尖朝下"等行为规范；员工购餐也是清一色一字长龙，秩序井然……

华为很多部门的墙上都贴有"下班之前过五关"的卡通画，意在提醒工作人员下班之前别忘了关掉电灯、电脑、门窗等。华为内部曾经做过统计，通过加强随手关闭电源的习惯，每月可节约电费几十万元。

能把小事情按照大事情标准做，这就是有着独特"细节"情怀的华为。

大礼不辞小让，细节决定成败。仅从华为司机就可以看出华为企业的细致入微。华为司机在驾驶室应该采取怎样的坐姿，迎接客人为客人开门的姿势等，真可谓是细致入微，所以有客人戏说如果你要去华为，一下飞机不要看招牌就可以找到华为的车，因为他们是与众不同的。人们在谈及这些时总是不断发出由衷的赞美之声，这样的管理难道不漂亮吗？如果你是华为的客户难道你还会担心它的产品和服务的质量吗？

第六节　价值观的传承

相传日本庆长年间，军阀割据，如中国历史中的春秋战国时期。枭雄四起的乱世中有一股以德川家康为首的势力最为强大，在德川幕府中有一个叫小林的谋士，为德川家立下了显赫的战功，甚至可以说，德川家能拥有现在这样强大的势力和小林的贡献是分不开的。这让小林家乡的军阀很不满，于是将小林的家人全部抓起来，欲迫使小林离开德川幕府。忠孝难以两全，小林决定离开。离开前他用五日五夜赶写出治国、用兵之道100余卷，后德川家康用此道治国行兵披靡于天下。

从那个时候起，日本就形成了一种传承文化，如今在日本的企业中前辈带晚辈，老人带新人，即使因急事匆忙调离工作岗位，不能传带新人，也会留下工作日志供新人学习。从日本人常挂在嘴边的“前辈”“请多指教”等常用语就可以看出日本人的传承观念已经形成了文化。①

越来越多的企业开始重视企业文化的建设，重视文化对提升企业竞争力和软实力的推动作用。在企业内部，企业文化更多的是一种自上而下、自内而外的传承，企业文化理念的确立并不难，难的是如何将文化不断传承和推广下去，使其深植于企业的经营和管理中。②

2011年1月4日，任正非在华为大学干部高级管理研讨班上的讲话时表示：

干部要传承公司价值观，知恩畏罪，踏实做事，严禁拍马屁之风。

所有的干部要抓价值观的传承，传承的基础是干部首先自己要理解。我希望我们整理的人力资源管理纲要、业务管理纲要、财经管理纲要，通过讨论碰撞和头脑风暴，用三五年时间在全公司发酵，发酵的时间越长，我们就能做出一壶好酒。公司内部要有反对意见，有了反对意见，我们还能步调一致，勇猛向前，这样的公司就会胜利，这样公司除了胜利，已经无路可走。强迫大家表面上跟我们步调一致，是有很大风险的。

我们继续坚持“以客户为中心、以奋斗者为本”的文化价值观。不奋斗我们就没有出路，华为一定要前进，前进就要让那些不合适的干部调整到合适的岗位上。我们对12级及以下人员的考核做了改变，是绝对考核，但对13级及以上的“奋斗者”，我们实行相对考核，特别是担任行政管理职务的人，我们要坚定不移地实行末位淘汰制，不淘汰你就可以得到更多的利益，我们不能让你坐享其成，责任和权力，贡献和利益是对等的，不可能只有利益没有贡献。

---

① 史光起．有“传承”才有前程．数据，2011.6

② 马水林．企业文化的传承．证券日报，2010.12

没有传承，就没有了文明，没有传承也就没有了历史，对于企业来说，没有传承则永远也长不大，做不强。从现在起，重视起来传承的重要价值，让传承的种子在企业生根，让传承的文化在企业传承。任正非表示：

各个组织，要让那些无所作为、人缘又好的干部下台，特别是迎合领导、美化一部分下级、不敢实事求是的干部是高成本，优先让他们下台。对EMT人员的审计报告在心声社区全网公布了，查我们的目的不是查我们有什么问题，是查谁在拍我们马屁。我们还要查地区部总裁、代表处代表，查谁在拍他们马屁，为什么不能在华为公司消灭掉腐蚀上一级、做内部公关的人?！我认为最好的干部是什么样的人呢？就是眼睛老盯着客户，盯着做事，屁股是对着我的，脚也是对着我的，他是千里马，跑快了，踢了我一脚，我认为这才是好干部。一天盯着做事的干部才是好干部，才是我们要挖掘出来的优秀干部，而不是那种会“做人”的干部。所以我们在中基层要重新修改我们的口号，要先学会做事，再学会做人。中基层干部一把手一定要会做事，不会做事，搞得会议很多，协调很多，浪费了特别多的资源。今年的组织改革，一定要把这种不作为的干部清理出去，不是从正职变成副职，或者变成更小的科长副科长，而是做业务专家，业务专家不行就去竞赛，达到13级你就做13级岗位，为什么只能从20级降到19级？干部要知恩畏罪，知恩畏罪讲的是同一个意思，知恩指知道规则，畏罪就是不要违反规则。我们要夹起尾巴做人，踏踏实实努力工作，通过踏实做事、努力劳动，来换取自己的收益。希望在这段时间的研讨中，通过文化发酵，能带给大家更多的启发，对大家今后的人生有帮助。总之一句话，吃得苦中苦，方为人上人，在华为，你想投机没门儿。

销服体系积极推进“掺沙子”行动

伴随公司海外业务的发展步伐，海外本地员工队伍也迅速壮大起来。2004年初本地员工尚不足1000人，到2008年已有本地员工1万多人。为减少跨文化、语言、地域的障碍，让海外本地员工了解公司、认同公司，真正成为华为的同路人，在多种合力的推动下，销服体系从2007年8月开始推行“掺沙子”行动。通过这项计划，为一些优秀的本地骨干提供培训，让他们承担更大的职责，同时，提升机关英文能力，更多地倾听本地员工的声音。

体系内各部门根据业务特点及实际情况开展了各具特色的“掺沙子”行动，如全球产品行销的“候鸟行动”、全球销售的“凤凰行动”、全球技术服务的“金种子计划”、销服干部部的“Star计划”等等。

在“掺沙子”行动中，海外代表处先推选出一些优秀本地员工到中国。机关部门为他们量身定制详细的培训和项目实践计划，并指定导师为其提供指导、答疑解惑。本地员工按计划参加项目实践、技能培训、文化培训、参观交流……通过耳濡目染，他们感受、学习、思考公司的管理运作和文化。部门定期组织相关人员与他们沟通，分享经验，同时倾听本地员工的需求与困惑、思考和收获。2～6个月的实践结束，组织正式的培训答辩检验“沙子”们的学习成果。业务导师给出评价意见，指出优点、不足及改进的方向。

“沙子”们与部门同事交流，分享收获和感受

行动中，与中方员工一同工作的海外员工们也给机关带来清新的国际化气息：

一线的经验、一线的视角、本地化的思考等等；激活了中方员工的英文语言中枢，带动着大家用英语开会和进行日常交流。一位机关主管说，刚开始跟“沙子”们交流时还是磕磕巴巴、词不达意，2 个月后发现自己居然可以用英语顺顺畅畅地聊上 1 个小时，进步之神速，“沙子”们功不可没。

派来的海外员工也感受颇深，来自喀麦隆的本地员工 Fadi 说，她在机关收获的不仅是经验与技能，还有新的视角、对公司价值观的重新理解以及机关的“人脉”。回到代表处后，她会与其他本地员工分享她在中国基地“Wonderful”的一切。像 Fadi 一样，这些“沙子们”将成为解决本地员工问题的“同路人”和“桥梁”。

销服各干部部对“沙子”们回国后的表现进行了跟踪调查，结果表明，“沙子”们的业务能力有所提升；对公司及公司的价值观更认同；与中方员工、中方主管的相处、沟通和互动更加和谐融洽；本地员工将在深圳的所见所学与其他本地员工分享，对周围的同事产生了非常积极的影响。

目前，销服体系的“掺沙子计划”已完成了第一阶段的工作，来自海外六大片区的 123 名本地骨干员工参加了活动，他们犹如星星火种般撒向了各片区。2009 年，销服体系将更加坚定地进一步深入探索多元化的本地员工发展之路。

（本文摘编自《销服体系积极推进“掺沙子”行动》，来源：《华为人》，2009 年 1 月）

案例链接

思科的价值观

思科首席执行官约翰·钱伯斯说，变化是思科文化的一个主要部分，尽管变化使人感到不适，但是，思科正是基于变化而茁壮成长。不能改变并快速适应市场环境动荡的公司将无法生存，因为现在的客户和变化中的经济需要这种能力。

钱伯斯指出，这是一个痛苦的、积累经验的过程。但是，“痛苦的经验使我们更好地认清我们公司的特性和文化。”他说，“思科的员工在未来一年中对思科公司的实力和文化的认识将比过去3年更深刻。经历过今天的挑战，未来的思科将更强大、更能干。”

在管理人员进行半年一次的员工评估时，他们可以为每个下属生成一个账户，里面包含了该员工的工资、奖金、培训记录、累计假期、头衔记录、任何业绩、以及个人资料。通过这些工具，管理者既可对部下进行个别考核，又能把他们作为一个整体进行考核。客户经理黎瑞说：“这些工具在做员工评估时为我节约了很多时间。我可以反复以个别或整体的方式对下属进行考核，而且所用的都是最新数据。”

这些应用程序的确可以节约资金。在它们得以实施之前，思科的每位经理每年都要花将近120个小时来评估他的部下以及他们的薪资结构。员工管理程序不仅改变了思科经理们的工作方式，还同时转化了人力资源在公司中的角色。人事不再像以前那样有那么多的日常事务要处理，其中很大一部分已经下放由员工和经理们自行完成。人事现在的工作更像是业务顾问，协助经理们处理招聘、选拔、培训和技术训练等内部工作。那些技术工具也是公司文化的一种产物。思科信任自己的员工，认为员工和经理们应该得到有助于他们工作的资料。

思科把大多数公司信息向员工开放，也将有关的资料和供应商以及客户共享。一位思科的员工说，“我们共享的信息比任何人想象的还要多。”思科把所有的信息都开放给员工。在很多公司里，信息就是权力。而在思科，信息就是赋予你权力。技术很明显地在这里扮演了重要角色。

思科发给员工的三个卡包括有一个保安卡（员工用它来进入思科大厦，上面还有员工的身份资料和照片）、一个使命卡（印着公司价值观和高级管理层为来年所强调的原则以及他们认为思科文化所隐含的核心观念）以及一个目标卡（印有财政年度目标和未来3～5年的目标）。

思科的很多流程和系统不仅帮助实现了权力下放，还让员工能更灵活地选择工作的时间和地点。例如，公司发给员工手提电脑，开通局域网，还设置了一个无线网络，让员工不需要电话线就能接入公司的网络。对思科的员工来说，在哪里上班并不重要——把上班、下班和家庭之间的界限打破，让员工在工作时间上有着更大的自由度。

一位员工说：“思科是一个独立的社会，员工只有靠团队精神和通力合作才能取得成功。在思科，团队酝酿着革新。但是，只有相关的各方面都能得益，这种合作才可成为现实。如果这种合作属于我们的MBOs（目标管理）——也就是对一个员工在既定时间内必须达到的考评目标——我们就携手作战，让它成为季度目标的一部分。客户满意度是思科用来奖励团队合作的参考方式之一。奖金是基于客户满意度而定的，如果每个人都没有做好自己的部分，客户满意度会下降。我也能动用CAP奖来嘉奖完成杰出任务的个人或团队。CAP奖是一种现金奖励，金额从250美元到1000美元。一个作出杰出贡献的思科员工可以由任何人提名——其他员工、客户或供应商——来竞逐这个奖项。该名员工的经理会审核该份提名，如果他同意的话，这名员工就会在48小时内拿到这笔现金奖励。”

当思科在组织上下推行团队工作时，个人的成功也是十分重要的。黎瑞说，“这是个十分个人主义的公司。你要有竞争意识，也要学会自我推销。”

个人要完成一系列紧张的目标，同时又被赋予一些重要职责来明确他的成功条件，看清通向成功之路的障碍，并围绕这些条件达到自己的期望值。思科推行的是一种快速反应的风险机制。决策经常是在信息不完全的情况下就做出的，因为思科所在的行业是一个快速革新、迅速传播的领域。

拥有随机应变的能力会得到公司的奖励。为了测试一些构想，员工们经常把已经运作数月的几个小规模实验项目进行整理和归纳，然后进入实战演习。思科力求使它的奖励机制能够鼓励员工的表现。黎瑞说："在这里，犯错是难免的，错误也不会影响你的职业前途。我们的指导思想是：在有限的时间内开发出质量最高的项目；如果它有用的话就采纳，没用的话就放弃。我们可以从失败中汲取经验。"

一些新员工并不是很适应这种强调利用有限的信息资源做出快速决定的思想。思科也许并不十分适合那些喜欢循规蹈矩、深思熟虑和瞻前顾后的人。

思科是一家精兵简政的公司，注重实效，这一点还体现在它扁平状的等级结构(低于5级)加大了管理上的跨度(平均每位经理都要接受10～20名部下的直接汇报，他们还要担负运营上的职责)。思科能通过IT的基础平台建设来减少对员工数量的需求。

每年，思科把面试过的人中最优秀的10%招进公司，同时又把员工队伍中表现最差的5%淘汰出局。黎瑞这样描述她的同事们："我接触过的每个人几乎都十分聪明，并且很有紧迫感。考虑到公司庞大的规模，我真觉得这太令人惊讶了。"

思科不仅花下大力气招聘英才，还利用时间和资源来培训他们。对新员工有全面培训计划，对销售等部门有特殊化培训，对所有员工也都有不断的培训。1名思科员工1年平均要参加6个培训班，其中的3个是在网络上进行。从长远观点看来，这种培训回报率很高。它给员工这样1个概念：你不必坐等1件任务结束，因为你知道自己可以借助工具来独立完成它。

思科对员工的严格选拔过程以及在培训上的投资与全球大部分公司都不相同。事实上，对员工的培训内容更多地，并且越来越多地集中于客户关系方面——而非一般认为的互联网技术。对此，杜家滨有很好的解释，他认为技术的先进性随着互联网的普及，越来越体现在客户需求层面。

"对思科来说，客户不需要的东西是毫无意义的，也就不存在先进与否的问题了。”思科中国网络教育经理陈卫民这样说。

由此看来，人力资源之于思科，也许真正的意义就是解析“客户价值观”，对客户拥有符合思科精神的认识，无疑可以成为思科重视的人。

（本文摘编自《分享与整合：思科的价值观》，作者：龚昱，来源：天极网，2002年7月）

第6章

以客户为中心

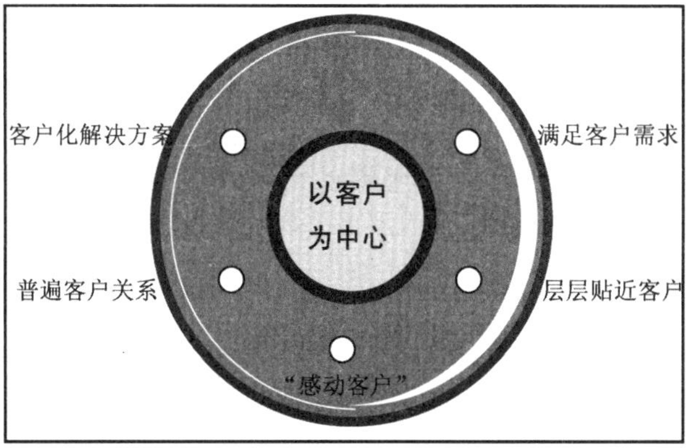

我们必须以客户的价值观为导向，以客户满意度为标准，公司的一切行为都是以客户的满意程度作为评价依据。客户的价值观是通过统计、归纳、分析得出的，并通过与客户交流，最后得出确认结果，成为公司努力的方向。

——华为总裁 任正非

电信市场，是华为的起家行当。曾经的电信市场，有爱立信、阿尔卡特、朗讯、马可尼、诺基亚 、摩托罗拉、西门子、北电等国际巨头，华为之于他们，只是一个刚入学的小学生。如今，电信市场，能够和华为一决高下的，只有爱立信一家，其他的几家，或消失，或合并。

华为成功的理由，与其企业核心价值有着深厚的渊源：成就客户，艰苦奋斗，至诚守信，这也是实在人最重要的标签。

客户为上，包含很多层含义，但要是成为“贴身小棉袄”，体现的层次是在细节上，事无巨细。

第一节　满足客户需求

管理大师彼得·德鲁克认为，企业的目的是“创造顾客”。他曾这样说过：“如果我们想知道企业是什么，我们必须首先了解企业的目的，而企业的目的必然存在于企业之外。事实上，由于企业是社会的一个器官，因此企业的目的必然存在于社会之中。关于企业的目的，只有一个正确而有效的定义，那就是‘创造顾客’。”

几年前，摩根士丹利首席经济学家斯蒂芬·罗奇带领一个机构投资团队到深圳华为总部，任正非没有亲自接见，只派了负责研发的常务副总裁费敏接待。事后罗奇说：“他拒绝的可是一个 3 万亿美元的团队。”

任正非对此事的回应是：“他（罗奇）又不是客户，我为什么要见他？如果是客户的话，最小的我都会见。他带来机构投资者跟我有什么关系呀？我是卖机器的，就要找到买机器的人呀！”从此可以看出华为对客户的偏爱及重视程度。

华为营销优势的一个方面体现在注重客户：重视建立普遍客户关系，不以对方仅是局方的一个运行维护工程师就不做产品和维护的介绍；非常注重同客户的沟通，通过交流沟通来加强客户对华为的认识，同时让客户不断帮助自己进步。

“市场不是由上帝、大自然或经济力量所创造，而是由企业家所创造。顾客也许在得到企业家提供的产品之前，就已经察觉到自己的需求。就像大饥荒中对食物的渴求一样，未被满足的需求或许会贯穿顾客的一生，存在于他清醒的每一时刻。但是，在企业家采取行动把这种不满足变成有效需求之后，顾客才真的存在，市场也才真的诞生，之前的需求都只是理论上的需求。又或者，顾客可能根本没有察觉到自己的需求。还有一种可能，在企业家采取行动，通过广告、推销或发明新东西来创造需求之前，需求根本不存在。总之，在每一种情况下都是企业的行动创造了顾客。

“客户决定了企业是什么。只有当客户愿意付钱购买商品或服务时，经济资源才能转变为财富，产品才能转变为商品。企业认为自己的产品是什么，并不重要，对于企业的前途和成功尤其不那么重要。而顾客认为他购买的是什么，他心中的‘价值’何在，却具有决定性影响。顾客的看法决定了这家企业是什么样的企业，它生产的产品是什么，以及它会不会成功。顾客是企业的基石，是企业存活的命脉，只有顾客才能创造就业。社会将能创造财富的资源托付给企业，也正是为了供给顾客所需。”

通信领域是一个“技术为王”的领域，但华为人却在更深层次理解到，“满足客户需求，能为客户带来价值的技术才是硬道理”。为此，华为设立了专门的客户需求研究部门，在全球各地，与客户交流，倾听客户的声音，将客户的需求反馈到研发部门，形成产品发展的路标，开发出满足客户需求的优质产品。例如在海外市场，他们针对一个国家的不同运营商对同一个产品的需求会截然相反的情况，引入了标准平台、定制特性的开发模式。

华为自 2001 年开始对客户进行持续性的第三方客户满意度调查，目的是要给全球客户提供更优质的产品和服务，在日益激烈的市场竞争中保持领先。

满意度调查结果显示了客户对于华为服务的充分肯定，同时客户的评价和建议就是华为反观自身的明镜，是改善服务质量的良药。任正非说道：

我们必须以客户的价值观为导向，以客户满意度为标准，公司的一切行为都是以客户的满意程度作为评价依据。客户的价值观是通过统计、归纳、分析得出的，并通过与客户交流，最后得出确认结果，成为公司努力的方向。沿着这个方向我们就不会有大的错误，不会栽大的跟头。所以现在公司在产品发展方向和管理目标上，我们是瞄准业界最佳，现在业界最佳是西门子、阿尔卡特、爱立信、诺基亚、朗讯、贝尔实验室……我们制订的产品和管理规划都要向他们靠拢，而且要跟随他们并超越他们。如在智能网业务和一些新业务、新功能问题上，我们的交换机已领先于西门子了，但在产品的稳定性、可靠性上我们和西门子还有差距。

华为在国内外落地生根后，专注于研发顾客需要的技术。华为与香港和记电信合作开发号码携带业务，其“号码拦截”技术帮助和记跳出了对香港电信设备提供商西门子、朗讯等的亦步亦趋，凭借差异化优势上位。华为也得以与行业品牌巨头同行。这样的例子还很多。

Telfort是荷兰境内五大移动通信运营商之一，2004年12月，这家公司与华为一举签订了总价值高达2亿欧元的WCDMA设备供应合同。在采访中《人民邮电报》记者了解到这样一个内幕：华为与Telfort从第一次接触到最后签订合同，仅仅用了半年时间。这么大的订单在如此短时间内“花落华为”，创造了业界的一项纪录。“他们提出的分布式基站解决方案是独一无二的，非常具有创新性，很符合荷兰人口密度大的国情。”Wiel先生在接受《人民邮电报》记者采访时表示，“不仅如此，他们的人和我们一道制订3G商业计划，帮助我们考虑如何快速部署3G网络，如何更好地节省开支。这种贴心服务对我们的确是巨大的诱惑”。“满足客户需求是华为存在的唯一理由。”华为在欧洲市场的发展情况，来自欧洲运营商的评价验证了华为曾经作出的庄严承诺。

在“关注客户需求，才能做到客户满意”的思想指导下，华为经常进行客户满意度调查，搜集信息，以用户的意见为努力的方向。华为对客户的细心之处，在于把关注客户的工作落到了实处。为了加强对服务用户的认识，任正非在内部提倡自我批判，而客户经理制也在2002年转变为客户代表制。

有外电这样评论说，来自中国的华为，代表了一种全新的商业模式：推出产品更快，更贴近客户需求，更低的研发和制造、运作成本，更愿意面对市场作出灵活调整。这种模式更有生命力和竞争力，就如同当年丰田汽车进入美国时，丰田模式相对于福特的竞争优势。

其实，华为的核心理念就是“客户需求驱动”，说白一点就是实现和客户共同成长。

第二节　层层贴近客户

> 华为是一个以技术为中心的企业，除了知识与客户的认同，我们一无所有……华为的董事会明确不以股东利益最大化为目标，也不以其利益相关者（员工、政府、供应商……）利益最大化为原则，而坚持以客户利益为核心的价值观，驱动员工努力奋斗。在此基础上，构筑华为的生存。

任正非在2011年公司年报中表示。

华为的客户关系网做得非常成功，一般企业要想抢走华为的客户是非常困难的一件事情，这并不是华为有多么大的背景，而是华为的销售人员把客户关系做得太踏实了。

华为的销售人员在推销自己的产品和对项目竞标的过程中，绝不是谁有权就立刻奔向谁，而是从下到上，层层贴近客户，与每一个有参与权的客户都要搞好关系。例如2000年邮政与电信分家的时候，电信设备采购权随之改变，不再是由原来的县级掌握，而是被收回到了市级。因为县局手里已没有采购权了，所以当时有很多人建议华为把已经在全国建立的200多家地区经营部取消，这样就可以节约很多成本，集中主要精力去攻克市局。但当时任正非的批复是：

我相信，这就是华为和西方公司的差别。我们每层每级都贴近客户，不放弃对我们有利的任何一票。

华为不会因为权力的转移而放弃已经建立起来的关系网，谁有权就去攻谁的关、只搞最关键的关系，而是一如既往地和各地的县局保持良好的关系。在华为看来，只有扎扎实实地做好每一个环节，才有可能赢得最终的市场。事实也证明，正是各级县局给市局提供的意见，使得华为继续获得大批的订单。

华为前高管胡勇在其文章中分析道："任正非提出把战壕修到离客户最近的地方去，在每个地市建立客户服务中心，加强在地市一级城市的营销服务网络，以前的销售经理转变为客户代表，也就是代表客户来监督提高华为的服务水平。

"华为在做国际市场时，也继承和发扬了这种普遍客户关系的工作方法，无论是运营商的测试人员以及普通的工程师到总监、CTO、CEO，华为员工都有全方位的接触，让客户感受到尊重。"

而在为客户降低成本方面，华为在创业早期就已经做得滚瓜烂熟。由于当时客户对"高科技"产品的普遍陌生和不自信，即使在小小的县级城市，华为也会驻扎二三十名服务人员，只要客户一声召唤，无论大事还是针头线脑的小事，立马就可以上门服务。到今天，华为非凡的服务能力和诚恳态度仍是赢得客户信赖的重要砝码。譬如在阿尔及利亚地震时，西门子的业务人员选择了撤离，华为人则选择了坚守。这种"共患难"式的坚守，理所当然地为华为赢得了商业机会。相反，如果在客户最需要你的时候，你却不在身边，这必然让客户心存对"交易"概念的警惕。

第三节 “感动客户”

任正非在以自己的强势诠释什么是老板文化的同时，却要求员工“屁股对着老板”。任正非在一次市场部大会上讲，华为一定要提拔那些屁股对着老板的人。屁股对着老板，就是眼睛看着客户，以客户为本。任正非2010年《新年献词》中的表述更为形象：那“就是让听得见炮声的人，来呼唤炮火，发现机会，咬住机会，将作战规划前移，呼唤与组织力量”。

在华为进行市场攻坚的过程中，“感动客户”成为它区别于竞争对手，最终获得更多市场份额的营销利器。尤其在华为发展初期，“感动客户”也使得在实力和技术上并不具备优势的华为拥有了属于自己的销售服务特色。

在《愚公移山》中，愚公整天挖山不止，还带着他的儿子、孙子不停地挖下去，终于感动了上帝，把挡在愚公家前的两座山搬走了。在我们心里面一直觉得这个故事也非常形象地描述了华为18年来，尤其是（20世纪）90年代初中期和海外市场拓展最困难时期的情形：是我们始终如一对待客户的虔诚和忘我精神，终于感动了“上帝”，感动了我们的客户！无论国内还是海外，客户让我们有了今天的一些市场，我们永远不要忘本，永远要以宗教般的虔诚对待我们的客户，这正是我们奋斗文化中的重要组成部分。

在华为有许多例子说明了这种“宗教般”的虔诚。

譬如，1992年，华为在开发县级邮电局业务的时候，由于华为当时还是一个小公司，也没有什么品牌影响力，为了拿到订单，华为人想尽了办法，通过为客户排忧解难，感动客户。例如，把客户儿女上大学、爱人去深圳看海、家里换煤气罐等所有事都包了；为了满足某电信局处长学车的需要，华为人费尽心思向当地武警部队借了一辆崭新的小轿车供客户练车，甚至当车子陷入泥坑时，陪同的所有华为人脱了鞋袜跳到泥坑里推车，而当时正值寒冬腊月……

譬如，1996年，信息产业部、邮电部在北京召开全国交换机产品订货会。为了能拿到多一点的装机订单，华为整整准备了一年时间。大会召开时华为抽调了公司400多人，与参会领导之比为10 ： 1，目的是确保会议期间各个省市的主要领导、电信局局长都有专人全天候跟进，坚决保证从每个省、市拿到第二年的订单。

譬如，2000年春节，黑龙江的一个本地网交换机中断，华为的技术人员在24小时内从深圳赶到黑龙江，发现该客户网上运行着多种机型，发生故障的并不是华为的设备。但是由于发生故障的设备厂商迟迟没有回应，华为技术人员就动手帮助客户处理故障，使客户顺利使用机器。

这也形成了华为创立之初的客户关系管理特色，即只要客户的设备一出问题，华为员工必须第一时间奔至机房，就地改就地换。这种耗费时间耗费精力的做法在对手看来是愚不可及的，但在客户看来却是一种感动，因为他们觉得自己受到了重视。华为早期的客户就是这样一个一个开发和维护下来的。

甚至为了有力地支持这些销售服务的顺利开展，华为内部运营体系的架构也进行了相应的调整，以求能具体化地落实以客户需求为导向的组织、流程、制度及企业文化建设、人力资源和干部管理。

为了更好地贯彻“以客户需求为导向”这一服务理念，华为将其作为企业发展的战略，渗透到公司的各个方面。

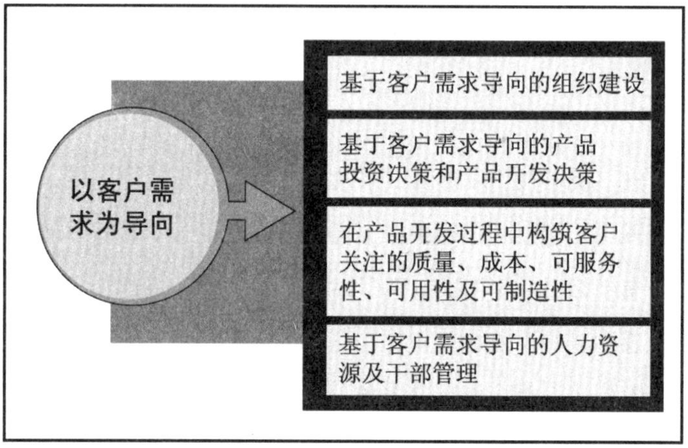

1. 基于客户需求导向的组织建设

为使董事会及经营管理团队（EMT）能带领全公司实现“为客户提供服务”的目标，在经营管理团队专门设有战略与客户常务委员会，该委员会主要承担务虚工作，通过务虚拨正公司的工作方向，再由行政部门去决策。该委员会为EMT履行其在战略与客户方面的职责提供决策支持，并帮助EMT确保客户需求驱动公司的整体战略及其实施。在公司的组织结构中，建立了战略与Marketing体系，专注于客户需求的理解、分析，并基于客户需求确定产品投资计划和开发计划，以确保客户需求来驱动华为公司战略的实施。在各产品线、各地区部建立Marketing组织，贴近客户倾听客户需求，确保客户需求能快速的反馈到公司并放入产品的开发路标中。同时，明确贴近客户的组织是公司的“领导阶级”，是推动公司流程优化与组织改进的原动力。华为的设备用到哪里，就把服务机构建到哪里，贴近客户提供优质服务。在中国30多个省市和300多个地级市都建有我们的服务机构，我们可以了解到客户的需求，我们可以做出快速的反应，同时也可以听到客户对设备运用和使用等各个方面的一些具体的意见。现在，全球90多个国家分别建有这种机构，整天与客户在一起，能够知道客户需要什么，以及在设备使用过程中有什么问题，有什么新的改进，都可以及时反馈到公司。我们有3万多名员工分布在全世界，其中外籍员工有5000人，中国员工有2.5万人，分布在各个国家，就像游离的电子一样，我们怎样掌握他们呢？我们要求每人每天都要记工作日记，主管领导审批，之后拿到数据库，我们定期抽查，他们不敢作假，因为他们不知道三个月后市场是什么状况，他必须要和客户沟通，否则就毫无价值。财务每天要写自查报告，三个月后，每个主管经理都要向我保证，公司报告的数据都是真实的，我们还会不定期地在网上查，所以每个海外员工都不敢散漫。

2. 基于客户需求导向的产品投资决策和产品开发决策

华为的投资决策是建立在对客户多渠道收集的大量市场需求的去粗取精、去伪存真、由此及彼、由表及里的分析理解基础上的，并以此来确定是否投资及投资的节奏。已立项的产品在开发过程的各阶段，要基于客户需求来决定是否继续开发或停止或加快或放缓。

3. 在产品开发过程中构筑客户关注的质量、成本、可服务性、可用性及可制造性。

任何产品一立项就成立由市场、开发、服务、制造、财务、采购、质量人员组成的团队（PDT），对产品整个开发过程进行管理和决策，确保产品一推到市场就满足客户需求，通过服务、制造、财务、采购等流程后端部门的提前加入，在产品设计阶段，就充分考虑和体现了可安装、可维护、可制造需求及成本和投资回报。并且产品一旦推出市场，全流程各环节都做好了准备，摆脱了开发部门开发产品，销售部门销售产品，制造部门生产产品，服务部门安装和维护产品的割裂状况，同时也摆脱了产品推出来后，全流程各环节不知道或没有准备好的状况。

4. 基于客户需求导向的人力资源及干部管理

客户满意度是从总裁到各级干部的重要考核指标之一。外部客户满意度是委托盖洛普公司帮助调查的。客户需求导向和为客户服务蕴涵在干部、员工招聘、选拔、培训教育和考核评价之中，强化对客户服务贡献的关注，固化干部、员工选拔培养的素质模型，固化到招聘面试的模板中。我们给每一位刚进公司的员工培训时都要讲《谁杀死了合同》这个案例，因为所有的细节都有可能造成公司的崩溃。我们注重人才选拔，但是前三名的学生不考虑，因为我们不招以自我为中心的学生，他们很难做到以客户为中心。现在很多人强调技能，其实比技能更重要的是毅力，比毅力更重要的是品德，比品德更重要的是胸怀，要让客户找到感觉。

华为文化也承载了华为的核心价值观，使其以客户需求为导向的战略能够层层分解并融入所有员工的各项工作之中，不断强化“为客户服务是华为生存的唯一理由”，提升员工的客户服务意识，并深入人心。通过强化以责任结果为导向的价值评价体系和良好的激励机制，使得华为所有的目标都以客户需求为导向，通过一系列的流程化的组织结构和规范化的操作规程来保证满足客户需求。

华为是一个功利组织，我们一切都是围绕商业利益的。因为只有服务才能换来商业利益。服务的含义是很广的，不仅仅指售后服务，还包括从产品的研究、生产到产品生命终结前的优化升级，员工的思想意识、家庭生活等。我们要以服务来定队伍建设的宗旨。我们只有用优良的服务去争取用户的信任，从而创造了资源，这种信任的力量是无穷的，是我们取之不尽、用之不竭的源泉。因此，服务贯穿于我们公司及个人生命的始终。

IBM 公司是当今信息技术业中的巨人，也是这一产业中为数不多的老企业之一。早在 60 年前，IBM 以商用打字机扬名；30 年前，IBM 靠大型计算机独霸市场；18 年前，IBM PC 是个人电脑的标准；而今天，IBM 仍是信息技术业中规模最大的企业。那么 IBM 现在最大的特色又是什么呢？IBM 公司的答案是："服务。"在 IBM 的全球营业额中，有 53%来自服务收入。如此之高的比例，可见服务在企业的发展中所占据的重要地位。

第四节　普遍客户关系

客户一有问题，就能在身边和华为的工程师沟通。每当集中采购时，地市公司这些使用单位会提出需求和意见，显然，华为会是最终使用单位的第一选择。这就是华为提倡的普遍客户关系。不像西方公司只瞄准决策者做工作，华为构筑的是决策者、技术人员、使用者、经营部门、财务部门等等全方位的客户关系。

华为的中国电信设备市场营销战略：从高层路线到"普遍客户关系"。华为由成立初期的依靠华为高层经理人与电信企业高级管理人员建立私人关系的公关营销，向以电信企业各工种各级别管理人员进行知识渗透的普遍营销转变。

顾名思义，普遍客户是相对于关键客户而言的。华为提出的"普遍客户"的概念，旨在告诉所有员工：客户不分大小，职务不分高低，只要是和产品销售有关的人员，必须全面攻克。

在任正非看来，任何一个不起眼的细节和一个不起眼的角色都有可能决定在某一个项目中华为的去留。所以华为规定：在处理客户关系的时候，必须一视同仁，不能轻视订单量小的普遍客户，不能只重复地接触个别的高层领导，对于其他的一些中层领导甚至是普通员工都要“奉为上宾”。

为什么要这样要求呢？在2000年《华为的冬天》中，任正非给出了解释：

创造一种合同来源的思维方式是多方面的，就像下围棋一样，不能单纯地只盯住那一个棋眼。去年，我和一个部门接触，我对他们很不高兴，我发现他们工作有问题。他们把工作面缩小到针尖那么大，搞来搞去似乎决策的就那么一个人，处级干部、副总裁级干部什么的都不考虑了。这是战略性、结构性的错误，所以那时我就提出要搞好普遍客户关系。

我认为普遍客户关系，华为公司在近一两年进展情况是很好的。小公司只搞一个两个关系，最关键的关系，成本最低。但是现在决定事情的时候，也是要大家讨论的，也不可能逆水行舟。在中国现在的政治环境下，谁敢逆水行舟？即使本来自己是问心无愧的事情，也不敢逆水行舟，就包括我。我在华为公司这么长时间，问题讨论不出来就下次再讨论。我心里怎么想的，嘴上也不说。最后大家说的和我想的一样，我就说也赞成这个方案，最后是大家的。现在的决策体系，个人霸道地决策已经不存在了，这个环境不存在了。想不想都得开个会，开会后，周边环境都会有很大的影响。我们有200多个地区经营部。有人说撤销了可以降低很多成本，反正他们手里也没合同，我们还要不断地让他们和客户搞好关系。我相信这就是我们与西方公司的差别。我们每层每级都贴近客户，分担客户的忧愁，客户就给了我们一票。这一票，那一票，加起来就好多票。最后，即使最关键的一票没投也没有多大影响。当然，我们最关键的一票同样也要搞好关系。这就是我们与小公司的区别，做法是不一样的。

任正非不仅要求华为市场销售人员要重视普遍客户关系的建立，而且还要求他们必须有长远眼光。因此，华为确立了每一个客户经理、产品经理每周要与客户保持不少于5次沟通的制度，并注意有效提高沟通的质量。

我们一再告诫大家，要重视普遍客户关系，这也是我们的一个竞争优势。普遍客户关系这个问题，是对所有部门的要求。坚持普遍客户原则就是见谁都好，不要认为对方仅是局方的一个运维工程师就不做维护、介绍产品，这也是一票呀。

一定要加强普遍的客户沟通，要把普遍沟通的制度建立起来，沟通不够怎么办？就降职、降薪。做不好沟通工作的员工要慢慢淘汰掉。有些人是性格问题不能沟通，就转到别的岗位上去。

有人说省局见不到，到县局去总可以吧。有人说到县局多花汽油费，我们宁可多花汽油费，也不能停下来，也要沟通。我们建立了到县局沟通的制度，我们一定要执行下去。新员工找不到地方磨枪，就到县局去，他不到县局去，怎么能找到什么地方磨枪啊？他不磨枪就是锈枪，以后怎么能用啊？不要认为我们要讲节约，不下去跑能省钱。讲节约是讲不需要浪费的地方的节约，不该省的费用就不能省。

任正非认为有人满肚子学问讲不出来，在华为公司就是没学问，学问必须要卖出去才能是学问。作为一个产品经理、客户经理，不能装一肚子学问却不见客人，必须要通过交流来巩固、加深客户对公司的认识。

在海外，生产要上去，干部要下去，要多配车，一定要跑起来。员工不要自己开车，多雇一个司机，当地语言又熟悉，还可担任半个保镖，解决安全问题。

市场部经理加大与客户沟通力度是销售工作的需要，但是任正非认为研发是产品的源头，也必须搞好普遍客户关系。所以他要求研发部门所有的副总裁级人员也要建立每周见几次客人的制度。

研发副总裁的人员名单要报到客户群管理部，客户群管理部要把对他们的考核交到研发干部部。他们每周也要见几次客人，次数由你们定。坚持与客户进行交流，听一听客户的心声，我们就能了解客户好多想法。我们今天之所以有进步，就是客户教我们的嘛。不断地与客户进行沟通，就是让客户不断帮助我们进步。如果嘴上讲 365 天都想着产品、想着市场，实际上连市场人员、客户的名字和电话号码都记不住，还有什么用？

华为生存下来的理由是为了客户。全公司从上到下都要围绕客户转。我们说客户是华为之魂，而不是一两个高层领导，建立客户价值观，就是围绕着客户转，转着转着就实现了流程化、制度化，公司就实现无为而治了。所以，普遍的客户关系要推广。

第五节　客户化解决方案

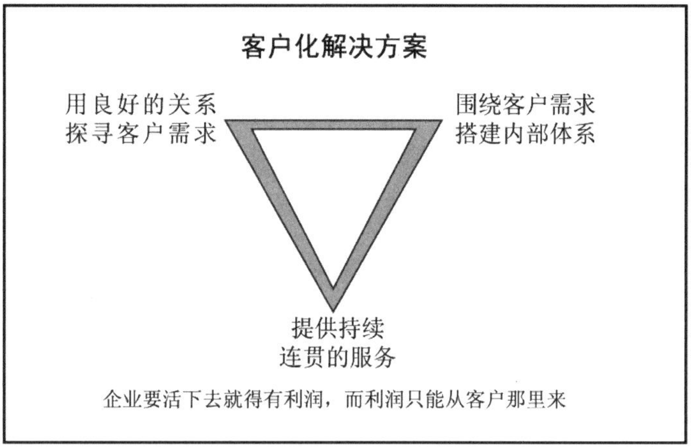

华为致力于提供客户化的解决方案和产品，帮助运营商实现商业成功。在2012年度电信管理论坛上，华为价值增长解决方案（Value Growth Solution 简称VGS）荣获最佳解决方案类卓越奖（Solution Excellence Award），这是华为第二次获得此荣誉。

作为世界通信领域的后起之秀，华为公司长期坚持“以客户价值为导向”的经营思想，不断创新，持续改进，确立了拥有自主知识产权的核心技术体系，研制出全系列通信网络产品，并在电信网络的运行中经受了各种考验，积累了丰富的经验。华为既能为通信网提供从核心层到接入层的整体解决方案，同时又以标准的中间件形式，向运营商提供开放的业务平台，满足网络宽带化、部件化、智能化、个人化的建设发展需求。

只要和华为打过交道的企业普遍都有这样一种感觉：做一个华为的客户是相

当令人惬意的事情，因为华为的企业文化就是千方百计满足客户需求的文化。华为人自称，他们的使命就是：聚焦客户关注的挑战和压力，提供有竞争力的通信解决方案和服务，持续为客户创造最大价值。“为客户服务是华为存在的唯一理由；客户的需求是华为发展的原动力。”

华为人之所以把自己的使命归结为为客户服务，是因为华为看到了一个最浅显、最本质的东西：企业要活下去就得有利润，而利润只能从客户那里来。

华为销售人员深深地认识到，销售是一场没有硝烟的战斗，这种战斗是在买卖双方之间进行的，只有让客户接受自己所销售的产品，自己才算是取得了成功。对于如何才能挖掘出客户的最终需求，华为人主要会通过以下几种途径来寻求答案：

用良好的关系探寻客户需求

每一个在华为接受过培训的销售人员都很清楚，要真正做好营销，不能只是简单地向客户传播自己产品的特征以及性能，或者只是单纯地宣传客户购买产品后能从产品中获得哪些好处，这些在现代的关系营销中都已经过时，因为这样很难使客户发现自己真正的需求，并根据需求迅速作出正确的购买决策。

正确的关系营销方法应该是，销售人员通过与客户进行良好的沟通与关系建设，在销售人员与客户之间深入地互动和沟通之中发现需求，这样就会促使客户自己作出正确的购买决策。

因此，华为的销售人员在和客户的接触过程中并不是一味地向其宣传华为的产品有多大的优势，而是仔细地聆听客户有什么需求，客户想要的是什么样的产品；通过沟通，华为掌握了第一手的客户信息，再有针对性地向运营商提供度身定做的产品方案。

这样做，很自然地拉近了与客户之间的关系，而且和其他企业的产品比起来，自己的产品更具有服务客户的特性，这些都非常好地体现了“以用户为中心”的营销理念。

围绕客户需求搭建内部体系

华为本身就是靠满足客户需求、提供客户所需的产品和服务并获得合理的回报来支撑的，所以华为内部运营体系的架构自然也是建立在为客户服务的基础上的。在华为，这一体系已经具体化地落实为以客户需求为导向的组织、流程、制度及企业文化建设、人力资源和干部管理。

在组织建设上，为使董事会及经营管理团队（EMT）能带领全公司实现“为客户提供服务”的目标，华为内部专门设有战略与客户常务委员会，通过公司的工作方向，再由行政部门去决策。在公司的组织结构中，建立了富有特色的“战略与 Marketing（市场营销）”体系，专注于客户需求的理解、分析，并基于客户需求确定产品投资计划和开发计划，以确保客户需求来驱动华为公司战略的实施。在各产品线、各地区部建立市场组织，贴近客户，倾听客户需求，确保客户需求能快速地反馈到公司并放入产品的开发路标中。同时明确，贴近客户的组织是公司的“领导阶层”，是推动公司流程优化与组织改进的原动力。

此外，华为基于客户需求导向的产品投资决策和产品开发决策更值得称道。可以说，华为的投资决策是建立在对多渠道收集的大量客户需求进行去粗取精、去伪存真、由此及彼、由表及里的分析理解基础上的，并以此来确定是否投资及投资的节奏。已立项的产品在开发过程的各个阶段，都要基于客户需求来决定是否继续开发或停止、加快或放缓。

而基于客户需求导向的人力资源及干部管理，是华为实现目标的保障。华为评定的客户满意度是从总裁到各级干部的重要考核指标，其将客户需求导向和为客户服务蕴含在干部、员工招聘、选拔、培训教育和考核评价的整个过程，以此来强化对服务贡献的关注，并固化到干部、员工选拔培养的素质模型，固化到招聘面试的模板中。据说名牌大学前几名的学生很难符合华为的要求，原因只有一点，那就是华为绝对不招以自我为中心的学生，因为他们很难做到以客户为中心。华为的负责人说，“现在很多人强调技能，其实比技能更重要的是意志力，比意志力更重要的是品德，比品德更重要的是胸怀，胸怀有多大，天就有多大。要让客户找到自己需求得到重视的感觉。”

提供持续连贯的服务

华为的产品销售并不仅仅是指卖出产品这么简单，它还包括了售后服务以及客户评价。

其实，从华为一开始进入电信市场至今，其面对的竞争对手一直都是国际一流的大公司：思科，北电，朗讯等，他们拥有多年的历史和经验，有高端的技术设备和先进的管理经验，要想在产品技术上压过他们是不可能的，只能从服务或者价格方面入手。而华为赢得竞争的关键之一便是对客户的真诚的服务是指与客户建立了良好的关系。

最初，华为在程控交换机市场上采取低价促销。然而，随着市场的进一步发展，低价策略越来越显得不堪一击。在残酷的市场竞争中，如果除了降低成本和价格，没有其他办法来抓住客户的心，就不可能继续在市场上取得成功。

因此华为提出了新的方法，就是要为用户提供长期连贯的客户化解决方案，真正做到让客户满意，为客户着想，强调要从 CS（顾客服务）到 CS（顾客满意）。

当华为的设备出了问题时，良好的客户关系不会令不利消息过快扩散。华为的技术人员往往会星夜兼程赶到现场日夜守护，哪里出问题，立刻维修更换。“就算人家产品有问题，人家给你成天守着，还要怎么样？”突发性事件的完美解决反而增进了与客户的关系。

例如，2000 年春节，黑龙江的一个本地网交换机中断，网上运行着多种机型，不知道问题出在哪个厂家的设备上。华为的技术人员在 1 天内从深圳赶到黑龙江，发现问题不在华为，但偏偏出问题的厂商迟迟没有回应，华为的技术人员就主动将自己的接入网改接到另一路由，通话恢复了，让用户非常感动。

为了贴近客户，提供优质服务，华为的设备卖到哪里，就把服务机构建到哪里。现在全国 30 多个省区市和 300 多个地级市、全球 90 多个国家和地区都建有华为的服务机构。这样做的好处是，华为可以及时了解客户需求，快速作出反应，同时也可以听到客户对设备运用和改进等各个方面的具体意见，并且及时反馈。

客户需求导向、以客户为中心的意识，犹如血液一般在华为人的心里流淌，成为华为人的共同“基因”。华为相信，只有用户才会给企业回报最好的效益，员工的收益才会水涨船高，因此，华为坚决坚持积极响应用户需求的方法，从这个方面来打败竞争对手，这方面无疑是值得中国广大企业借鉴的。

附录 1

任正非：为客户服务是华为存在的唯一理由

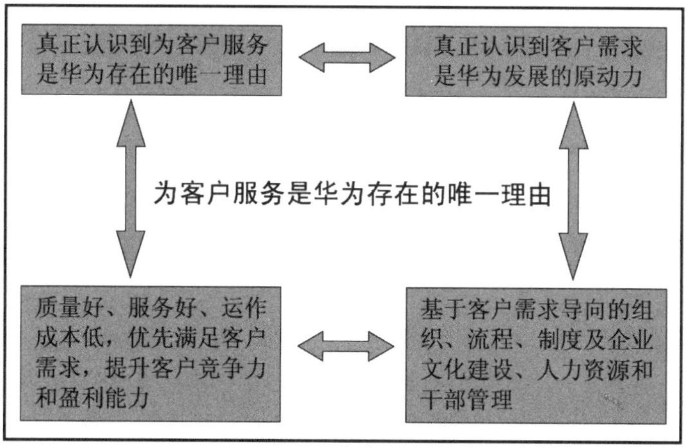

为客户服务是华为存在的唯一理由；客户需求是华为发展的原动力

1. 真正认识到为客户服务是华为存在的唯一理由

从企业活下去的根本来看，企业要有利润，但利润只能从客户那里来。华为的生存本身是靠满足客户需求，提供客户所需的产品和服务并获得合理的回报来支撑；员工是要给工资的，股东是要给回报的，天底下唯一给华为钱的，只有客户。我们不为客户服务，还能为谁服务？客户是我们生存的唯一理由！既然决定企业生死存亡的是客户，提供企业生存价值的是客户，企业就必须为客户服务。现代企业竞争已不是单个企业与单个企业的竞争，而是一条供应链与供应链的竞争。企业的供应链就是一条生态链，客户、合作者、供应商、制造商命运在一条船上。只有加强合作，关注客户、合作者的利益，追求多赢，企业才能活得长久。因为，只有帮助客户实现他们的利益，华为才能在利益链条上找到华为的位置。只有真正了解客户需求，了解客户的压力与挑战，并为其提升竞争力提供满意的服务，客户才能与你的企业长期共同成长与合作，你才能活得更久。所以需要聚焦客户关注的挑战和压力，提供有竞争力的通信解决方案及服务。

2. 真正认识到客户需求是华为发展的原动力

我们处在一个信息产品过剩的时代，这与物质社会的规律不一致。人们对物质的需求与欲望是无限的，而资源是有限的。而信息恰好反过来，人们对信息的需求是有限的（人要睡觉，人口不能无限地增长……），而制造信息产品的资源是无限的。我们不能无限地拔高人们对物质的需要，因为资源满足不了。我们也没有能力无限地刺激信息的需求，因为人还要睡觉。技术创新到今天，很多人都已经伤痕累累了，为什么？由于互联网及芯片的巨大进步，促进了人们思维的进步，使人大脑的等效当量成千倍地增长。美国只有两亿人口，但是美国却相当于有4000亿个大脑。这些大脑一起运作，产生新的技术、新的知识和新的文化，它会大大超越人类真实需求。因为人类的需求是随生理和心理进步而进步的，人的生理和心理进步是缓慢的。因此过去一味像崇拜宗教一样崇拜技术，导致了很多公司全面破产。技术在哪一个阶段是最有效、最有作用呢？我们就是要去看清客户的需求，客户需要什么我们就做什么。卖得出去的东西，或略略抢先一点点市场的产品，才是客户的真正技术需求。超前太多的技术，当然也是人类的瑰宝，但必须牺牲自己来完成。

IT泡沫破灭的浪潮使世界损失了20万亿美元的财富。从统计分析可以得出，几乎100%的公司并不是技术不先进而死掉的，而是技术先进到别人还没有对它完全认识与认可，以至没有人来买，产品卖不出去却消耗了大量的人力、物力、财力，丧失了竞争力。许多领导世界潮流的技术，虽然是万米赛跑的领跑者，却不一定是赢家，反而为“清洗盐碱地”和推广新技术而付出大量的成本。但是企业没有先进技术也不行。华为的观点是，在产品技术创新上，华为要保持技术领先，但只能是领先竞争对手半步，领先三步就会成为“先烈”，明确将技术导向战略转为客户需求导向战略。通过对客户需求的分析，提出解决方案，以这些解决方案引导开发出低成本、高增值的产品。盲目地在技术上引导创新世界新潮流，是要成为“先烈”的。为此，华为一再强调产品的发展路标是客户需求导向。以客户的需求为目标，以新的技术手段去实现客户的需求，技术只是一个工具。新技术一定是能促进质量好、服务好、成本低，非此是没有商业意义的。

……

同时，我们反对盲目创新。我们公司以前也是盲目创新的公司，也是非常崇拜技术的公司，我们从来不管客户需求，研究出好东西就反复给客户介绍，客户说的话根本听不进去，所以在NGN交换机上，犯了主观主义的严重错误，曾在中国市场上被赶出局。后来，我们认识到自己错了，及时调整追赶，现在已经追赶上了，在国内外得到了大量使用，在中国重新获得了机会。中国移动、中国电信、中国网通……都接纳了我们，例如中国移动的T网全部是我们承建的，也是世界上最大的NGN网。盲目创新导致了很多西方公司的快速死亡。

高端的DWDM我们处在世界先进或领先位置。我们的光传输技术在4600多公里长的中间不需要电中继，世界最长的一个光环网也是我们公司提供的，在俄罗斯1.8万公里，其实这个技术是我们从美国花了400万美金买的。在泡沫经济破灭后，西方一些公司破产时，很多新技术舍不得丢掉，他们不希望自己的发明烟消尘散，希望后人能够接着研究成功，我们参加拍卖，用投资者原投资不到1%的价格买到。我们想说明的是，技术并不像有些人那么认为是万能的，而是客户资源才是十分重要的。我们认为市场最重要，只要我们顺应了客户需求，就会成功。如果没有资源和市场，自己说得再好是没有用的。因此，为客户服务是华为存在的唯一理由，这要发自几万员工的内心，落实在行动上，而不是一句口号。

3. 基于客户需求导向的组织、流程、制度及企业文化建设、人力资源和干部管理

客户购买产品，一般都很关注以下五个方面：产品质量高、可靠稳定；技术领

先，满足需求；及时有效和高质量的售后服务；产品的可持续发展、技术的可持续发展和公司的可持续发展；产品功能强大，能满足需要且价格有竞争力。任何公司有可能很容易做到其中的一条，但要同时做到五条不容易。

……

4. 质量好、服务好、运作成本低，优先满足客户需求，提升客户竞争力和盈利能力

真正认识到“质量好、服务好、运作成本低，优先满足客户需求”是提升客户效力和盈利能力的关键，也是华为的生存办法。

华为所处的通信行业属于投资类市场，客户购买通信网络设备往往要使用10～20年，而不像消费品一样使用年限较短。因此，客户购买设备时首先是选择伙伴，而不是设备，因为他们知道，一旦双方合作，就需在一个相当长时间内共同为消费者提供服务。因此，客户选择的合作伙伴不但要具有领先的技术水平，高度稳定可靠的产品，能快速响应其发展需求，而且还要服务好，这个企业有长远生存下去的可能。如果达不到前面几个条件，就是送给客户，客户也不要。客户的要求就是质量好、服务好、价格低，且要快速响应需求，这就是客户朴素的价值观，这也决定了华为的价值观。但是质量好、服务好、快速响应客户需求往往意味着高成本，意味着高价格，客户又不能接受高价格，所以华为必须做到质量好、服务好、价格低，优先满足客户需求，才能达到和符合客户要求，才能生存下去。当然，价格低就意味着只有做到内部运作成本低一条路，不仅在各个运作环节寻找优化，而且在人的工资薪酬上，要理智合理地控制，不然客户是不会接受你员工的舒适工作与生活，以及员工的高工资高成本，凌驾在他们头上的。另一方面，客户只有获得质量好、服务好、价格低的产品和解决方案，同时合作伙伴又能快速响应其需求，才能提升其竞争力和盈利能力。

（本文摘编自任正非文章《华为公司的核心价值观》，来源：《中国企业家》，2005年9月）

附录 2

市场体系要重视普遍客户关系的建立，要有长远眼光

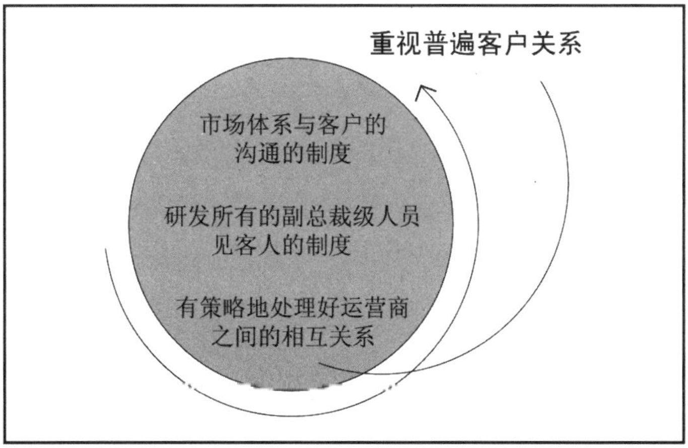

1. 市场体系要建立不管国内，还是国外，每一个客户经理、产品经理每周要与客户保持不少于5次的沟通的制度，当然，还要注意有效提高沟通的质量。我们一再告诫大家，要重视普遍客户关系，这也是我们的一个竞争优势。普遍客户关系这个问题，是对所有部门的要求。坚持普遍客户原则就是见谁都好，不要认为对方仅是局方的一个运维工程师就不作维护、介绍产品，这也是一票呀。一定要加强普遍的客户沟通，要把普遍沟通的制度建立起来，沟通不够怎么办？就降职、降薪。沟通做不了的员工要慢慢淘汰掉。有些人是性格问题不能沟通，就转到别的岗位上去。有人说省局见不到，

到县局去总可以吧。有人说到县局多花汽油费，我们宁可多花汽油费，也不能停下来，也要沟通。我们建立了到县局沟通的制度，我们一定要执行下去。新员工找不到地方磨枪，就到县局去，他不到县局去，怎么能找到什么地方磨枪啊？他不磨枪就是锈枪，以后怎么能用啊？！不要认为我们要讲节约，不下去跑能省钱。讲节约是讲不需要浪费的地方的节约，不该省的费用就不能省。有人满肚子学问讲不出来，在华为公司就是没学问，学问必须要卖出去才能是钱。作为一个产品经理、客户经理，不能装一肚子学问却见不得客人，必须要通过交流来巩固加深客户对我们的认识。在海外，生产要上去，干部要下去，要多配车，一定要跑起来。员工不要自己开车，多雇一个司机，当地语言又熟悉，还作为半个保镖，解决安全问题。

2. 对研发所有的副总裁级人员也要建立每周有几次见客人的制度。研发副总裁的人员名单要报到客户群管理部，客户群管理部要把对他们的考核交到研发干部部。他们每周也要见几次客人，次数由你们定。坚持与客户进行交流，听一听客户的心声，我们就能了解客户好多想法。我们今天之所以有进步，就是客户教我们的嘛。不断地与客户进行沟通，就是让客户不断帮助我们进步。如果嘴上讲365天都想着产品、想着市场，实际上连市场人员、客户的名字和电话号码都记不住，还有什么用？华为生存下来的理由是为了客户。全公司从上到下都要围绕客户转。我们说客户是华为之魂，而不是一两个高层领导，建立客户价值观，就是围绕着客户转，转着转着就实现了流程化、制度化，公司就实现无为而治了。所以，普遍的客户关系要推广。

3. 要特别注意有策略地处理好运营商之间的相互关系，逐步培养与运营商的伙伴关系。

在海外，人口在1000万以下的小国，运营商多，而总容量很有限，我们要策略性选择战略伙伴，与战略伙伴结成特殊关系，通过个性化的解决方案等促使其高速成长。当然这其中也会有矛盾，但是，我们不要到处撒胡椒面，一定要区别对待。这次电信网络的宽带泡沫，对拉美运营商的打击很大。小公司和大公司拼抢市场，大公司就围剿小公司，大公司采用的设备也是美国新兴设备制造商供应的，当IT泡沫消失后，小公司由于现金流中断而死掉了，但是大公司也输了，因为网上设备要全部撤掉，因为新兴设备制造商也死了，无法维护。这使得各国运营商在选择伙伴时，不是选择价格，而是看这个公司能不能持续发展。我们最近有一本从西班牙电信拿来的翻译资料，应该发给大家看一看。通过这本书，可以看看海外电信公司是怎么评价标书的。我们认为他们很科学、很规范，国外市场是拒绝机会主义的。我们和国内运营商之间也要逐步组建伙伴关系，无论是电信、联通、移动、铁通、广电，只要我们认为是必要的，我们就要研究如何建立伙伴关系。为什么我们要建立伙伴关系？就是目前运营商的状况不太好，利润少了。虽然目前中国移动的利润很多，这是短暂的。只要价格一开放，很快降到最低值。他们买什么？有人说选价格最低的东西买。前几年，谁的价格高就买谁的东西，那是运营商不成熟。应该看到，运营商在逐渐成熟、规范。

（本文摘编自任正非2006年2月在例会上的内部讲话）

专题 1

企业存在的理由是什么

企业存在的理由是什么？

企业存在的唯一理由是能够提供符合客户需求的产品和服务。

企业能够活下去的唯一理由就是，它对社会还有用！就是要落实客户服务意识。

什么是客户服务意识？真正的服务意识要求我们，不仅要关注客户的需求，还要关注客户的客户的需求；不仅要抓住客户今天的需求，还要发掘、引导客户明天的需求。企业经营管理的实质，就是对客户需求的经营(本文的客户为一广义的概念，包括内部客户、外部客户和合作伙伴)。只有这样，我们提供的产品和服务才可能被接受，我们的客户价值观导向才得以实现。

什么是客户价值观导向？就是通过帮助客户实现其价值来实现我们自身的价值。推而广之，就是通过实现他人的价值来实现自己的价值。

这种把自己融入大环境中，使个体能通过有机的联系，就像巨人安泰通过把胸膛贴近大地母亲来获得力量那样，不断从大生存系统中吸取生命能量，和大环境一起生存成长的理念，不仅应该在企业文化中据核心价值观的位置，对我们端正个人人生观，也有重要的指导意义。一个企业，一个个人，只有在心中真正把客户始终放在第一位，使自己对社会发展有用，才有其存在的价值，才能活下去。

所以我们变革的目的，是为了提高客户响应速度和服务能力；我们评价改进的导向，不是看技术功能是否越改越先进，流程制度是否越改越完美，而是看是否提高了客户满意度。管理和技术只是手段，任何为了改进而改进的意识和行为，都是危险的。

什么是企业的危机？

当管理者只关注技术和产能的增长，而忽视了市场需求正如大陆板块在缓慢而坚定地漂移挤压，海啸地震即将爆发；当市场工程师只关注手上的单子，而没有敏感地收集、反馈客户需求的新动向；当研发工程师信仰技术至上，搞拜技术教，而没有站在客户的角度去对产品的功能和稳定性尽责；当管理工程师每天忙于写制度流程，却没有多到一线部门走动，了解内部客户的需求，危机就生根发芽了。单子当然重要，技术当然重要，制度流程也不可缺少，但其存在价值的基石就是：单子、技术、制度流程还能满足客户的需求。

特别是当企业的规模增大后，一个随之而来的矛盾就是，不可避免地有越来越多的员工开始远离最终客户。于是客户意识开始淡漠，自我意识开始滋长。具体表现在，我们准备提供的产品，不是经过充分调查后确定客户还需要的产品，而是我们认为客户应该接受的产品；我们制定的制度流程，不是符合一线业务运作需求的高效的制度流程，而是制定者认为理论上完美无缺的制度流程。这都是典型的以自我为中心，自我膨胀。一旦忽视了内部和外部客户满意度的提高和客户需求的变化，忽视了战略性转折点的到来，危机就降临了。

企业是因为对客户有用，才具有存在意义。如果以自我为中心，把自己的需求置于客户的需求之上，皮之不存，毛将焉附？所以企业在文化倡导和机制运作上，要将客户意识高效地渗透到每一个角落：每一位员工，不论在哪一类岗位上工作，都应该明确——我的客户是谁？他有什么需求？他的客户有什么需求？他今天的需求和明天的需求是什么？只有把客户意识真正融入思想意识和言谈行为中，才能和环境融为一体。这样的员工才能不下岗，这样的公司才能活下去。

从更本质一点，即哲学的角度来思考——把客户价值意识作为企业核心价值观的意义究竟是什么？就是坚持唯物辩证观，尊重客观规律，以普遍联系和永恒发展的观点来指导我们的思想和行动；就是坚持系统论，明确结构（即要素和要素之间的关系）比要素更重要。企业只有认清自己是社会大系统中有机的一块，努力建设和优化和大生态系统的关系，把自己融入环境之中，才能不断获得新生。

任何渗透了唯心论、形而上学观的价值导向，以一种主观的视角来规划目标，都是心智模式上的自我孤立，是违反客观规律的，是难以运作的；任何靠机遇的垂青，而不是落实客户价值意识来获得的发展，都不会长久的；任何以自我为中心的意识，都会导致自我孤立，是抵挡不住寒流的侵袭的，是度不过市场严冬的。这里的市场包括针对企业而言的产品、服务市场，和针对员工而言的劳动力供给市场。

公司早就指出：成为一流电信设备供应商，只是服务客户、实现客户梦想的自然结果，而不是目标本身。“太多的案例告诉我们，成为世界一流企业，并不意味着能继续活下去。”同样，片面追求个人技能提高，而忽视服务意识的员工，是难有好的职业发展的。任何埋头于“自我实现”的企业或个人，都会被不断变化的大环境必然地抛弃。

可见，企业之争的实质就是客户意识落实之争，就是看谁能通过设计、运作无孔不入的机制，使客户需求信息可以畅通地、高保真地、有序地渗透到企业的各个相关角落，进而激发出为客户在功能、价格、服务等全方位需求上提供的满足方案，并迅速兑现。如果一个企业能将客户意识真正贯彻到每一位员工的心智模式和行为模式中，渗透到组织设计、制度流程、岗位任职、绩效评价中，它就更具活力。企业及员工要忘记自我，要“无我”，要把自己的存在融入环境的存在中去。只有这样，才能“有我”，才有希望在不断变化的环境中生存下去。

（本文摘编自《企业存在的理由是什么》，作者：殷志峰；来源：《华为人》，2001年2月）

专题 2

价值增长战略就是基于顾客价值创新

增长型企业的领导者都是基于对顾客价值增长明确需求的了解，他们不断地关注以下几个问题，他们知道激烈的竞争和变化的市场需求，使得企业和领导者自身必须面对这些问题：第一，因为市场成熟度的增加和形成，企业必须找到和回答什么是增长的驱动因素？第二，因为全球竞争的开始，企业必须清晰地知道在哪里竞争和如何竞争？第三，因为产业合并的不断加剧和成为普遍，企业必须知道自己需要推出哪一项业务？第四，因为资源成为竞争的主要要素，企业必须明确应该把重点放在哪个发展机会上？第五，因为新的技术不断地涌现，企业需要回答怎样使增长持续下去的问题？这些问题已经是今天企业领袖们必须回答的战略问题，而连接这些问题的关键点就是：顾客价值的创新。

Google 的增长让人们可以感受到更为真切的顾客价值创新带来的变化。Google 拥有清晰、明确的企业使命，那就是“整合全球信息，服务所有用户”。企业活动遵循用户优先的准则，在公司里面“用户”一词多了一层含义，即 Google 的员工也是因特网的用户，Google 的工程师们在研发产品的同时，也能够以最终用户的身份审视和评价产品，这样就做到大多数产品的研发过程都会有最终用户的直接参与和全过程追踪。因此，Google 在用户满意度的调查中，更容易得到很高的认同。也正是这样，Google 成功地改变了我们的生活，通过 Google 我们知道如何查询信息、如何学习、如何寻找灵感等等，所有这一切尽在 Google。它创造并成功运作了一种搜索功能，填补了广大用户尚未意识到的需求空白，成为人们日常生活中不可或缺的工具。除了搜索引擎之外，Google还不断推出“转移固有思维定式”的新产品，包括网络服务（电子邮件系统、即时通信及日程管理）、信息平台（Google新闻、GoogleFinance与地图相关产品），以及电子商务系统（GoogleBase）等。就这样，Google以极快速度从技术、产品、业务模式、地域以及消费群体等方面突破创新，可以用“实时”来形容Google的新产品研发过程，而正是“实时”满足了顾客价值需求，Google借助于“实时”给予顾客的价值，成为增长型公司。

人们确信价值增长战略是必需的，更加确信实现顾客价值是实现价值增长的根本途径，这样就需要回答一个关键的问题：需要洞悉顾客需求。

洞悉顾客需求，并不像人们想象的那么困难，为什么很多中国企业无法做到这一点，最为根本的原因是企业根本就没有真正转变为顾客导向的思维方式和管理习惯，很多企业的管理者，尤其是高层管理者已经没有机会贴近顾客，但是如果没有长期的贴近顾客，是无法真正了解顾客的。华为公司的总裁任正非先生曾经告诫华为的高层管理人员，企业高层领导的责任就是三件事：布阵、点兵、陪顾客吃饭。由此可以知道为什么华为公司可以在激烈的产业竞争中保持优越的位置，就是他们和顾客在一起，用顾客的思维方式选择自己的战略，华为的战略正是基于顾客成长的价值增长战略。而实现价值增长战略需要公司的勇气和能力，更需要企业文化所营造的创新的氛围，当每一个员工都能够持续的关注创新并愿意参与创新的时候，顾客价值的实现有了根本保障的时候，价值增长战略才会得以实现。记住：顾客是唯一能够解雇我们所有人的人。

企业增长作为首要考虑的问题，应建立在核心业务基础上。如果说以往的增长是基于市场增长的原因，中国企业虽然增长但是走不远就是非常正常的现象，因为依赖于市场自然增长带来的增长会有停滞的时候，只有建立在核心业务基础上的增长会带来企业持续的增长，具有这种增长能力的企业才可以走得更远。

具有核心业务基础的企业需要具备以下一些特征：市场份额领先；盈利能力较强；具有较强的抗竞争能力；能提高企业综合能力，稳固财务基础。这四个特征是很多企业和研究学者公认的表征，但是如果让企业具有这四个特征却不是一件容易的事情，因为从市场份额领先的角度看，需要企业有能力理解市场，理解顾客的价值。

从盈利能力的角度看需要企业具有提升附加价值的能力，具有满足顾客需求的独特能力。从具有抗竞争能力的层面，则更需要企业能够离开竞争，重新定义产品、顾客和价值。而对于一个稳定财务结构，综合能力突出的角度，对于企业的要求更高，需要企业整个系统有能力实现所有的市场想法。这四个维度所界定企业核心业务基础的能力可以用一个概念来描述：价值增长。

所有人都承认，30年的中国企业的增长更多的是来源于市场的增长，是市场容量的自然增长所带来的繁荣，这就表明这些企业的增长并不是内在能力的增长，而是外部环境所提供的充裕的条件，使得企业能够获得增长。如果增长是来源于市场的自然增长，就会导致企业忽略了需要关注的方向，而这个方向就是如何满足顾客的需要，因为，真正的增长一定是来源于顾客价值增长。

什么是真正的商业成功？实质上就是使顾客满意，同时使企业赚钱，这是一个老生常谈的观点，但是却恰恰说出了真理所在，同时这也是衡量商业成功的基本标准，如果以这个标准来界定企业的发展，就可以判断企业增长是否能够带来持续性，就可以判断企业能否集中所有的资源带来顾客的满意度，进而推动企业真正拥有增长的内在动力。人们惊叹微软的增长，而微软得到的持续性的高速增长是源自让世人不断地享受操作系统带来的变化和乐趣；人们也惊讶苹果公司所实现的增长，这些增长体现的是苹果公司与顾客之间全新价值体验的结果，苹果公司独有的创造价值被消费者认可——只要是苹果公司推出的产品，必然有其独到的存在价值。苹果公司在有效结合产品设计与生产技术方面的能力深得业内人士得赞赏，同时，其非常注重用户体验以及产品设计对用户体验的影响，通过技术应用以及与用户及时沟通等方式，有效地实现了完美的增长方式。从2001年开始，苹果公司在全美开设了专卖店，不仅销售产品，更多时候是为消费者提供最直接的产品体验——任何光顾者可以使用店中摆放的电脑，免费上网，听音乐，看电影，打游戏等，同时欢迎留下使用意见和建议，随着越来越多的消费者更直接、有效、深入地了解苹果，体验苹果带来的激情享受，进而从情感上接受苹果，跟随苹果，苹果公司也获得了根本性的内在的增长。

（本文摘编自《国际化，谁可以走得更远？》，作者：陈春花，来源：商业评论网，有删节）

案例链接

德鲁克：客户就是老板

自从雷富礼担任 P&G 宝洁公司 CEO 并且接受德鲁克的建议把消费者当老板之后，P&G 的销售额增长了一倍达到了 760 亿美元，10 亿美元级的产品从 10 个增加到 24 个；截至金融危机爆发前，P&G 市值超过 2000 亿美元，跻身全球最有价值的 15 大公司之列。

2000 年 6 月，P&G 公司将雷富礼提升为公司 CEO。此时，P&G 公司已经偏离客户越来越远，因而库存越来越多，股价越来越低。雷富礼上任的那个星期，华尔街很不给面子，股价下跌了 11%，市值累计损失超过 850 亿美元。

于是，雷富礼打算开展一场声势浩大的组织变革来提振市场的信心。考虑到大型变革的风险和艰巨性，雷富礼专程拜访了当时还健在的管理大师德鲁克。德鲁克告诉雷富礼说："尽管陷入危机，P&G 仍然不失为一家伟大的公司，你应该重新焕发员工对公司的信心和对管理层的信任，而不是草率地进行改造。"

"今日组织的基础不再是权力，而是信任，"德鲁克说，"最重要的是，你应该用客户的视角，重建公司的文化。"

雷富礼明白了，问题虽在城中，答案却在城外。在城内与城外之间需要一个接口，而唯一能够担当这一界面的只有 CEO。于是，雷富礼根据德鲁克的建议确定了"消费者就是老板"（The consumer is boss）的指导原则，并亲自担当传道者。在一个又一个的员工大会上，他不厌其烦地阐述公司业务理念：P&G 的产品每天 30 亿次与世界各地的消费者接触，P&G 必须在两个"关键时刻"打动消费者，一个是消费者购买产品的时候，一个是消费者使用产品的时候。消费者应该始终处于P&G所有活动的中心。

自从雷富礼担任CEO并且把消费者当老板之后，P&G的销售额增长了一倍达到了760亿美元，10亿美元级的产品从10个增加到24个；截至金融危机爆发前，P&G市值超过2000亿美元，跻身全球最有价值的15大公司之列。

有趣的是，同样是在2000年6月，当中村邦夫坐上松下电器CEO的位置之时，松下已经好久没有推出一款可以引发消费狂热的产品了，公司旗下的4项主营业务消费电子、家用电器、工业装备和设施，其中有3项都在亏损。中村邦夫意识到，世界范围内的激烈竞争留给松下进行改革的时间已经所剩无几，他必须在5年内完成郭士纳在IBM用10年所完成的事情。是收获辉煌的成功还是被打倒的惨败？《走出松下幸之助——松下V字形崛起之谜》记录了中村邦夫重建客户信任并带领松下走出困境的精彩故事。

从松下的V字形崛起、P&G的客户文化重塑到IBM的10年重生路，我们发现，这些转型故事的主角不是那些明星CEO，而是幕后的客户；在企业起起伏伏的背后，其实就是客户笑脸的阴晴圆缺。

这样的故事每天都在商界重复着。起初，客户就是企业的核心，客户微笑，企业自然也微笑；然后，业务增多，管理繁杂，客户被冷落因而不再微笑，企业也随之跌入低谷；再往后，幸运的企业能够找回失去的客户，将客户重新置于企业的中心，客户恢复微笑，企业获得新生。这个过程，就像是一条客户微笑的曲线。

曾经荣获全国“巾帼文明岗”称号的新奥燃气“五姐妹收费组”就坚持用食指敲门，以免惊扰住户，她们呵护客户之细致入微，由此可见一斑。凭借着这份用心，新奥燃气赢得了客户的信任，目前已经成为国内最大的天然气分销企业。

我邻居家的一台创维电视机的主板坏了，经过9次电话、涉及3个部门，还有1次恶吵、历时4个星期，直到他自己补足差价换了一台新款电视机，问题才算解决。积沙成塔，问题逐渐积累起来：由于疏忽客户，客户服务质量下降、订单减少、利润递减、员工士气低落，于是服务质量进一步下滑，客户更加敬而远之。

在员工内心慢慢滋生出来的对于客户的懈怠，就像是企业的害虫。如果说IBM

和 P&G 都难以抵挡害虫的侵袭，你的企业恐怕也难以幸免。现在又恰逢经济冬天降临，如果不能及时发现和消除这些害虫，你仅存的过冬口粮也会被害虫所蚕食。在客户变脸以前，赶紧启动转型，消灭这些害虫。

在动荡的商业格局中，企业可以依靠的其实只剩下客户了。100% 的企业都明白为客户服务的道理，只有 10% 的企业真正服务好了客户，最后不到 1% 的企业洞察到，客户也可以帮助你重现往日的辉煌。明白了这一点，在客户微笑曲线上，下滑容易，上坡亦不难了。让客户做主，让客户微笑，和客户结盟，让客户帮助你消灭害虫，你就可以安稳过冬了。

（本文摘编自《德鲁克：客户就是老板》，作者：白立新，来源：21 世纪商业评论，2009 年 8 月）

第7章
华为文化的落地与传播

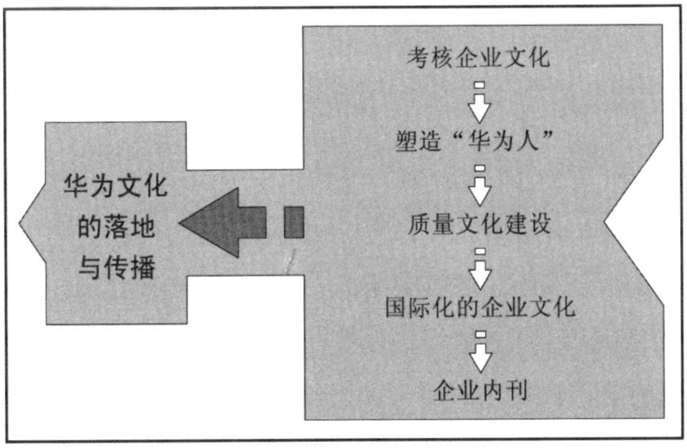

美国学者约翰·科特和詹姆斯·赫斯克特认为，企业文化是指一个企业中各个部门，至少是企业高层管理者们所共同拥有的那些企业价值观念和经营实践……是指企业中一个分部的各个职能部门或地处不同地理环境的部门所拥有的那种共同的文化现象。企业文化是一种新的现代企业管理理论，企业要真正步入市场，走出一条发展较快、效益较好、整体素质不断提高、使经济协调发展的路子，就必须普及和深化企业文化建设。

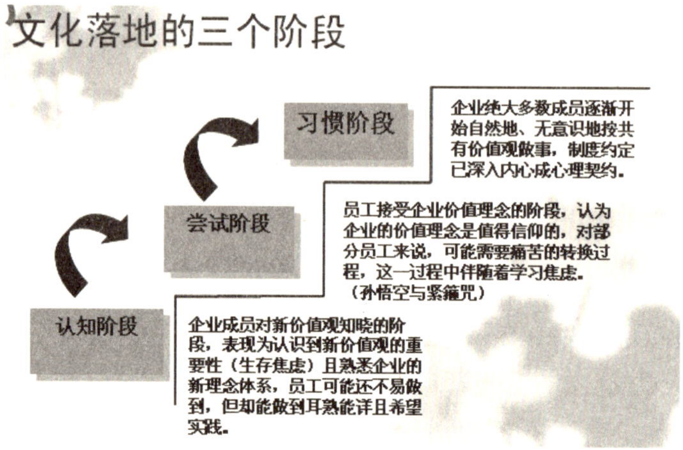

第一节　考核企业文化

企业制度建设要以企业价值观为基础。当组织开始制度化后，制度就有了自己的生命力，它独立于组织建立者和任何组织成员之外，同时，它变得很有价值，不仅仅是产品或服务有价值。组织的制度化运作越具持久性，组织成员对于恰当的、基本的、有意义的行为就越具有共同的理解，可接受的行为模式对组织成员来说就越是不言而喻了。需要强调的是，要将价值观变成一个自觉行为，企业的人力资源政策更是内部落实价值观的必然路径。

华为曾制定了一项制度：员工出差的时候，即使家在这个城市，也不能去探亲。一旦发现员工出差跑家里去了，这在华为是一查到底的。

华为前人力资源副总裁张建国说道："有一个故事是非常典型的。1991 年的时候，曾经有个人去沈阳办事。他在深圳工作，家在北京，就路过北京，那个时候坐火车倒车很正常的，在北京倒车的时候就在家里歇了一夜，就这样耽误一天回到深圳，当时就罚了一千块钱，真的是春宵一刻值千金啊！"

华为公司一旦发现员工用了假发票、非工作的发票拿来报销，就会一查到底，公布出来。如今，华为有一个诚信管理制度，每个人有 100 分，员工拿了假发票就给扣分。一旦扣了分，员工所有报的东西都要认真查。如果是 100 分，半年没有出现任何情况，就可以实报实销。

劳动态度考核，别的企业都觉得太虚，而华为的考核是认认真真的，而且有评价表的。

华为前人力资源总裁张建国说道："当时是我负责设计的，有 100 来个问题，非常详细，比如问，你是不是曾经拿过公司的一张纸回家？选'是'或者'不是'，打钩。也许你打钩的时候填没有拿，说了谎，但其实心里是内疚的。"

劳动评价不仅跟员工的退休金和晋升密切挂钩，而且还和退休金、晋升、加薪、奖金、股权评定挂钩。

彭剑锋曾这样评价：华为在全国企业里面真正是把考核系统、评价系统落实到位的。别的企业的评价好多都是假评，华为是真评，从老板开始，到各个层次的员工，哪怕是清洁工，哪怕一个司机全都要评价，有劳动态度、业绩等等都要评。就像一个铁篦子一样，不断地刮，不好的刮下来，好的留下。

张建国举了一个例子："我讲讲华为的司机。司机的考核，一般的公司会说，司机这么简单的东西还用得着考核？但日本的神岗到华为来培训了五天以后，总结的时候其中讲到了一条：华为的司机在全世界是一流的。连精益求精的日本人都认为他们是非常一流的。为什么？因为考核是非常清楚的。包括工时怎么算，出车的时候怎么算价钱，休息的时候怎么算价钱，还有礼仪，有十七八项的考核内容来考核一个司机。任何一个人到这个环境以后，都变得很好。如果是一个人很好的话，可能因为这个人很自觉；但几十个司机都能做到这点，靠自觉是不可能的，肯定是有制度在起作用。"

彭剑锋说道："有一个问题大家经常会提到，就是这种严格的考核一定伴随着高昂的管理成本。实际上作为一个管理者最核心的东西就是绩效管理，就是如何去带队伍，如何分配任务，如何去确定目标，如何辅导员工，如何和员工沟通，如何和员工面谈，如何教育员工——这恰恰是管理者的工作。我们现在很多管理者认为考核只是一个额外的东西，可你带队伍不就是这些吗？管理者不就是抓团体绩效，抓个体绩效，抓员工队伍的提升吗？"

第二节　塑造"华为人"

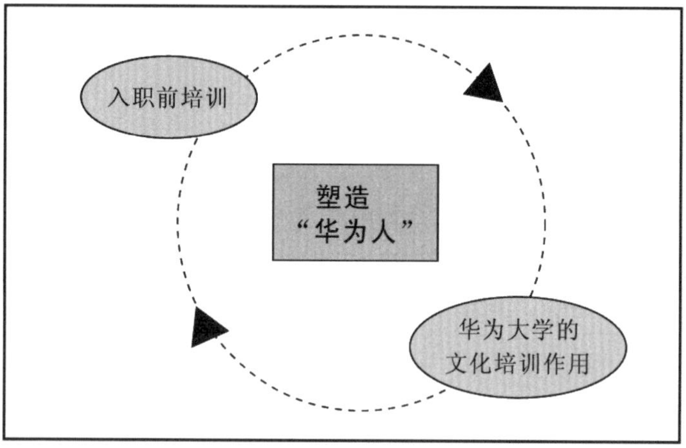

把员工塑造成"企业人"是企业文化建设的根本目的。要把一个自然人、社会人塑造成一个"企业人"，必须把优秀的文化内化为员工的思维模式，这一过程的主要载体就是培训，主要是通过执行技能培训和对职业技能运用的考核来实现。要让每一个员工都明白企业文化是什么，为什么要构建这样的企业文化，个人与企业文化的关系，如何体现企业文化等。只有企业全体员工都从内心认识、认知、认同了本企业的文化，才能使之内化为员工的价值追求和自觉行动，形成企业的文化力。

华为对员工的培训是耐心而用心的。文化贯穿于培训中，是培训的灵魂。尤其是现在，员工平均年龄只有20多岁，如何教育这帮没有受过严格的职业素养训练、职业化水平偏低、个人价值观非常强的独生子女，成为一个新的难题。现在，华为已经形成了一套完善的人才培训体系。

入职前培训

在华为文化建设的过程中，一个重要的手段就是对员工“文化洗脑”。这也是把华为的理念贯穿到所有员工的行为中的保障。新职工入职后，首先要在华为大学进行一星期的入职培训。为强化华为文化，新员工到华为6点半起来跑操，迟到要扣分，而且还要扣同宿舍员工的分。

“这不是不人道，是培养团队精神，不能让新员工像在大学一样各自为政。否则，华为一年进来1.5万毕业生，如果全是自由散漫的乌合之众，华为原有的文化就要被稀释掉。”《华为公司基本法》起草人之一吴春波解释说，“文化的作用既可以稀释，也可以强化。如果这个文化是很有强势的文化，谁进来后都这么做，你不这样做不好意思。”

新员工的文化课程有4门，每门都很厚，包括各种文章和案例，有专门的老师教授。每个新员工到华为都要配一个导师，导师就是老员工，给新员工讲文化、讲传统、讲流程，解决思想问题和业务问题。华为对导师有严格的奖惩措施，新员工出了问题要追究导师的责任。

员工入职培训一个月，其中文化培训就要用时一周，并要求员工书写学习心得。在华为大学，会不经意间发现一面贴满新员工文化培训心得的白板，字里行间真情流露，足见培训效果了。其间，华为会安排返聘的科研院所的老专家们互动交流，新员工们无不被他们的敬业、执着与朴实所感动；华为还会安排新老员工的沟通会，交流工作与生活中的心得感受，帮助新员工尽快熟悉工作与生活环境。

吴春波表示：“华为新员工每年都跟老板有对话，一开始什么都问，问题都很可怕，但是过几天这帮人就不敢问这些问题了。这跟美国那些标榜自由民主的人到了西点军校就变规矩了是一回事。”

一位在华为待了7年的员工回忆，在培训期间，“艰苦奋斗”的企业文化会被不断强化，员工要能吃苦，善于团队拼搏合作，对企业拥有忠诚度。华为的这种企业文化，风格独立凸显，令人印象深刻。经过 2 个星期或者更多的封闭训练之后，每个人都会感觉脱胎换骨，开始适应华为的工作节奏和思维模式。

华为大学的文化培训作用

华为大学的创办可以说是中国企业文化史上的一次创举，虽然不少人认为华为花这么大的代价去培养人才，到头来会得不偿失，但是他们没有看到，经过华为大学培训出来的员工，不管是言行还是思想，都发生了颠覆性的变化。他们大多从内心认同了华为的企业文化，并把自己真正地变成了一个有着狼性血统的华为人。要知道，战略确定之后，执行是关键，如果员工都不能接受企业的文化，则很难要求他们将布置下来的任务转化成有效的具体行动。

任正非多次要求，华为大学要办成实战型的企业培训机构，对华为文化与价值观的理解与传承，应该是干部后备队员学习和对他们作出评价的核心内容。华为大学对后备队员的培训课程和实践培养的设计与安排以及学员鉴定中心对后备队员的考核评价，都努力围绕着这样一个中心进行。干部后备队的整体培养工作就是要为公司输送出一批批认同公司的核心价值观与文化、技能过硬，又有良好的带团队能力的干部。

第三节　质量文化建设

质量文化是以质量为中心，建立在物质文化基础上，与质量意识和质量行为密切相关的物质活动和精神活动的总和，其精神层面的价值观表现为员工对待质量工作的道德观念、质量意识、价值取向、思想方式及精神态度和作风等。

在构建企业或产品品牌的过程中，企业人的思想和行为始终在起着主导作用。它一方面表现为“产品即是人品”，品牌无时无刻不在展示企业人的精神风貌、服务态度和内涵品质；另一方面则表现在人的创造性上，即设计理念、产品适用性及服务质量上的持续改进。[①]

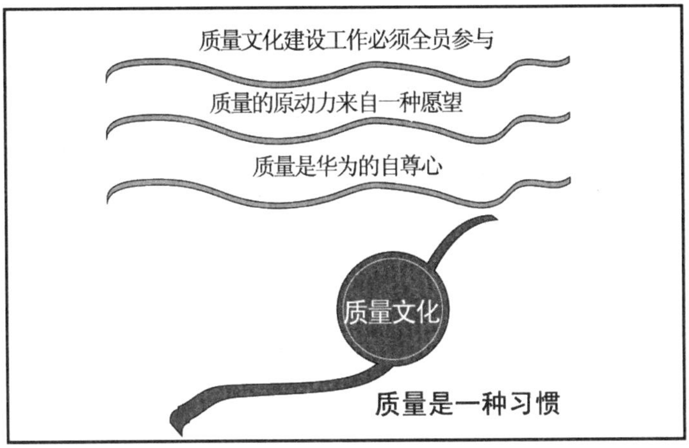

质量文化的形成与发展正是人类自 20 世纪以来的质量实践活动的自然结果。作为人类社会的基本实践活动之一，质量实践活动是伴随着工业文明的脚步共同成长起来的。随着质量实践活动的不断积累，质量实践逐步超越了其纯技术的范畴而演变为一种文化现象——质量文化。

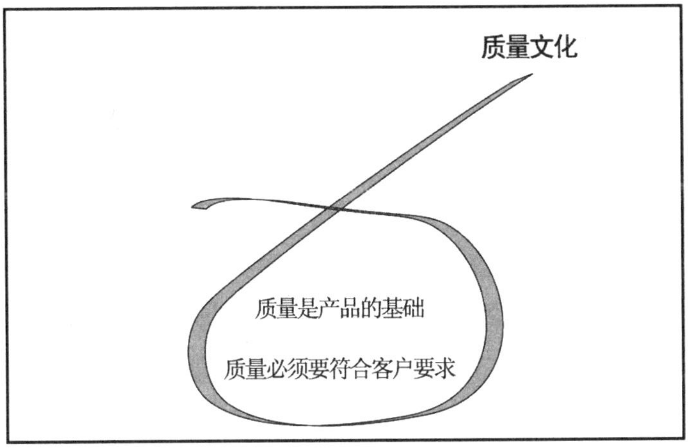

质量文化建设工作必须全员参与

华为赛门铁克公司副总裁苏立清认为：质量是一种习惯。质量工作要做好，要把这种理念融入每个人的工作、学习和日常生活中去，让每个人都有一种强烈

① 王喜增，王战芹．质量文化：外秀而内刚．中国质量新闻网，2007.3

的把事情做好的愿望。

质量文化建设工作必须全员参与，才能真正有效果，并且要长期坚持。发动全员参与质量文化建设工作，这是提高质量的根本。企业向社会提供产品，需要由很多个环节来共同完成，从产品的设计、开发、制造、生产、销售直到售后服务。而所有这些环节都是由各部门、各岗位的人员共同完成的，任何一个环节出问题都将影响产品的最终质量。

因此，要通过质量文化建设和管理工作的互动，使员工更深入理解质量文化的内涵。

质量的原动力来自一种愿望

质量的原动力来自一种愿望：一种把工作做好的意识和愿望，基于这种愿望，才能把质量的基础建立起来。

2008 年，华为内刊《华为人》中这样记载："大家都知道德国车好，但德国车为什么好？研究质量的人有没有研究一下根因呢？从历史上看，这个问题和宗教很有渊源。现代社会文明是建立在欧洲工业革命基础上的，而欧洲工业革命的社会基础来自马丁·路德推动的宗教革命。人们把对上帝的爱和崇拜，从教堂融入生活之中，转变为工业革命的一种精神力量。对上帝的爱，可以体现为人与人之间的爱，进而体现在社会分工上：我做的工作都是为别人服务的，同时我也享受了别人的服务。为别人创造了价值，体现了对别人的一种爱。这个理念通过马丁·路德在德国的推动，促进了整个工业文明的发展。再通过几百年的发展，这个理念融入德国人的思维深处，德国人本能地就认为应该把工作做好，体现对他人的一种爱，对人类的爱，这已经形成了一种'习惯'。可见质量文化的形成是有它的历史渊源。"

"'做好自己的工作是对别人的爱'，这个观点与华为的理念'丰富人们的沟通和生活'是一致的。社会分工使得自身的工作体现为对别人的一种爱，当这个理念根植于人的思维深处时，力量将非常强大。质量文化做到一定境界，就成为一种习惯，表现为一种强烈的把事情做好的愿望，和基于这种愿望的长期行动。"

质量是华为的自尊心

华为曾经提出，质量是华为的自尊心。如今，随着华为的发展和电信行业的转型，华为在产品质量方面肩负了更多的责任。华为公司的愿景“丰富人们的沟通和生活”。20 世纪 80 年代，质量管理已经从质量控制演进到质量保证，进而演进到全面质量管理。质量组织不仅对质量负责，也对交付、成本、服务负责。它们负责改进企业的绩效。

为了共享华为内外部的质量优秀实践，交流新的质量理念和先进的质量管理方法、工具，传播质量文化，华为质量体系自 2006 年 10 月份开始，每季度举办一次质量行业大会。前三届质量大会的主题分别是“共享、交流、提高”“累积点滴改进，成就卓越质量”和“全员改进，交流共享”。

第四节　国际化的企业文化

华为在国内市场站住脚跟之后的向全球渗透。从 1996 年开始全球化征程，到 2010 年，华为作为内地唯一的民营 IT 企业进入《财富》全球 500 强，居于中国电子百强之首。华为是一个跨国企业，国际化程度早已超过了 60%。在国际化的企业中，让企业文化渗透到不同的国家或地域显得更为重要。在已经得到的市场份额中，华为既注意与当地文化进行成功地对接，也有意识地将文化灌注到新设的公司。

1998 年的时候，国内电信运营商正在酝酿第一次重组，几个运营商都在忙内部重组，谁都不订货，华为的产品和设备卖不出去，所以逼迫华为往外走，找市场。这是华为最早走出去的内在动力。1998 年前后，正是国际设备市场竞争最激烈的时候，不过由于 2000 年的 IT 泡沫不期而至，西方设备商开始收缩战线，并逐渐退出一些边缘市场，但运营商对设备的需求还在，华为就迅速弥补了这个空缺，海外市场逐渐开花。就这样一步步，华为成为一个国际企业。[①]

① 马晓芳 . 郭平谈华为海外之路走出去、国际化与全球化 . 第一财经日报，2012.1

《华为公司基本法》起草者之一、中国人民大学教授吴春波在接受《21 世纪经济报道》记者丘慧慧采访时说，同样是国际化，华为个案，与联想、TCL 等受挫于国际化的中国企业，最根本的不同在于“华为没有过度强调‘跨文化’”。

他说，从华为的管理哲学来看，“‘跨文化’管理其实是一个伪命题——过度强调‘跨文化’，其实是对作为一个现代企业本身存在的管理共性问题的漠视”！从华为的经验而言，在实现国际化之前，首先是管理体系与国际接轨，“企业管理有一些共性的问题，要通过管理机制的提升来解决，而不仅仅是‘文化’问题，也绝不只是引入一两个国际职业经理人的问题”。

“任总（任正非）从 1997 年就开始呼唤从英雄走向团队、群体作战，才有了华为后续与海外对接的一套体制。所以中国企业的国际化，如果冀望从海外找高手来，就违背这个去英雄主义的方向了。”

华为有意识地将文化灌注到在海外的公司。在设立海外代表的时候，华为特意挑选性格明显的员工派过去担任负责人，让这些人起到“播种机和宣传队”的作用。

华为与 3COM 合资，合资双方的企业文化背景明显不同。一位 3COM 的员工表示，以前曾过得逍遥快活，来到合资公司后，他发现华为的员工“玩命工作，很少有乐趣”，自己现在也太忙而无暇与家人享用度假别墅和豪华游艇。“我的生活质量变得很糟，”他感叹说，“但还得努力适应这个非常艰苦的工作。”3COM 那种美国式的独立悠闲自由的 IT 人文精神和华为那种对猎物穷追不舍的群狼战术形成极大反差。

华为英国代表处员工，2008 年华为个人金牌奖得主 Alec Campbell 在其文章中写道：“在工作中，我发现英国式管理方法和中国式管理方法有所不同。中国式管理倾向于一旦做出决定，立即采取行动，随着目标和问题变得越来越清楚，逐渐调整方向。英国式则是在开始之前进行详尽的计划，一旦开始，就不会有太多的变动。因此，我们要在两种不同管理方式中找到平衡，并保持良好的沟通和有效的工作关系。”

2006 年，华为内刊《华为人》的一位作者记录整理了采访中东北非人力资源管理部部长袁立新的谈话。袁立新讲述了中方员工与本地员工在工作态度上的“摩擦”，《华为人》上这样记载：

“中方员工在华为总部就养成习惯，不用人去提要求，自己主动加班工作。本地员工却不同，他们习惯下了班就往家走，非常重视和家人的团聚，特别是周末，一定要与家人一起度过。而上班时，大部分本地员工因入了伊斯兰教，他们每天要定时祈祷，周五还要去清真寺，这些时间他们都不希望任何人去打搅他。而中方员工则认为本地员工在工作时间做‘私事’，不够敬业，缺少华为文化。

“一天，袁立新意外发现一位本地员工下班后，自动留在办公室加班，就前去探询原因，原来这位本地员工加班是因为他今天的工作没干完。

“通过这件事，袁立新想到：不能一味指责本地员工‘不敬业’，进步的员工，在 8 小时内做不完的工作，他们会主动在 8 小时以外做。看来是我们工作任务安排得不够饱满，目标不具挑战性。要让本地员工提高绩效，更加敬业，关键是制订好他们的工作计划和目标，将绩效引导贯穿到本地员工中去，提升员工 PBC（Personal Business Commitment，个人业务承诺）。

“因此，地区部着手修订本地员工的工作计划和目标，与员工建立一个正式的沟通渠道，牵引本地员工做出良好绩效，对于绩效突出的员工，可考虑他的薪酬、奖金的增加。

“目标绩效管理，主管是关键。为了促进主管与本地员工考核沟通，即限定主管在期限内与本地员工进行沟通，有些员工特别是考核结果不好的员工，也会主动去找主管沟通，甚至他们会问：‘考核的依据是什么？我为什么考核结果不好？’虽然产生一些‘摩擦’，但是促进了本地员工 PBC 目标的明确性，本地员工的敬业精神和绩效提高了。同时，也促进管理者职业化的提升。

“其实，海外与中国文化虽有差异，但也不是完全对立，如讲‘奋斗与奉献’、讲‘追求目标’，在目标一致并达成目标后个人得到回报。这些，中外文化基本是一致的。本地员工既能听懂也能理解，”袁立新如是说。

针对欧洲地区部的情况，华为大学参照中方新员工培训模式，开发出一套针对外籍员工的系统化的文化引导培训方案，并于 2006 年 1 月组织实施。在设计培训方案时，华为最担心的就是中国文化对于这些外籍员工的冲击。许多中国人认为理所当然的工作方式、行为习惯，对于他们却是不小的冲击，例如在中方新员工引导培训中已经推行过多年的早操军训。

来自英国的学员 Paul 是一位有着丰富工作经验的 TSE，他在学员心得中写道："当我收到来中国受训的通知时，我很惊奇地发现这被描述为'一个军事化培训(military style training)'。可是没过几天，我就发现并没有什么军事训练，除了我自己很喜欢的早操选修课。"这位学员甚至主动担任了早操和户外活动的体育委员，在班级活动中作了很多贡献。这批欧洲学员在培训中渐渐了解了中国文化、公司文化，由最初对于中国和华为的一知半解甚至一无所知，逐渐变成了一个个"中国迷""华为迷"。

《华为公司基本法》起草人之一吴春波在接受《商务周刊》记者谢鹏采访时说道："华为在欧美国家是要适应，比如到德国，中国人守时的概念很弱，会议一开就不知道什么时候结束。到非洲国家是要改造，非洲员工比较散漫。"在吴春波看来，华为在国际化上遇到的一些文化冲撞，是个人的冲突，而不是组织的冲突，是可以通过相互理解和相互沟通来解决的。他认为，在跨国经营和管理中，文化产生的阻力和价值短期来看并不大，因为"民族文化和国家文化是有差别的，但商业文化是趋同的"。

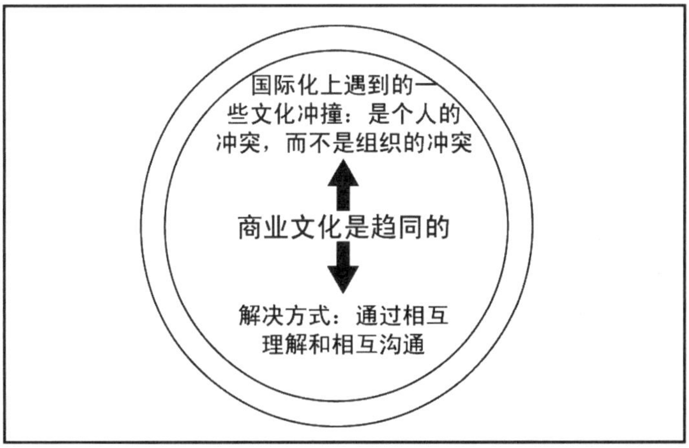

在华为内部，关于跨文化管理，任正非只是提出过一句名言：

你到别人家做客，就不能抠脚丫子。

国界在职场里也日渐模糊。“思维全球化”不再仅仅是企业领导者的座右铭，也成为许多雇员应具备的素质。然而，在与外国同事和商业伙伴的交往中，无意冒犯别人似乎在所难免。一国的优雅礼节可能在别国被视为无礼之举，了解外国的社交礼仪显得尤为重要。因此，华为还为海外员工进行了礼仪的培训。

“海外早期员工都是华为的人，就像一个女人嫁入一个大家庭，你得顺着这个家庭的文化来，所以即使后来的海外人员比华为的人多，文化还是华为的。”吴春波说。

第五节　企业内刊

企业内刊，顾名思义，就是一个企业的内部刊物，不具有正式刊号的内部交流刊物，或为报纸，或为杂志，或为周报，或为月刊、半月刊、双月刊等等不一而足。有的企业内刊重于对外宣传，有的则重于对内教化，但始终一点是明确的，那就是为企业文化服务。

在英国，发行量最大的杂志不是《花花公子》，也不是《哈泼与女王》，而是一本名叫“SKY”的企业杂志。英国位居第二的TESCO杂志，是一家零售业公司的杂志，目前发行量为250万册。在发达国家，企业出版物已经发展得相当成熟，它们针对企业的具体客户群，影响专业而深入，有效发行量大。虽然一般的企业内部刊物免费发行，收入几乎为零，却替企业节省了庞大的广告开销。在中国，人们最熟悉的内部刊物，包括《华为人》《万科周刊》等。

一位社会学家曾说，整部人类史其实就是一部媒体发展史。那么，企业内刊从一张张单页快报的内部通信发展到现在成为既有一定专业性又颇具品位，并逐渐引起人们关注的财经类杂志，也算是一种独特的声音。

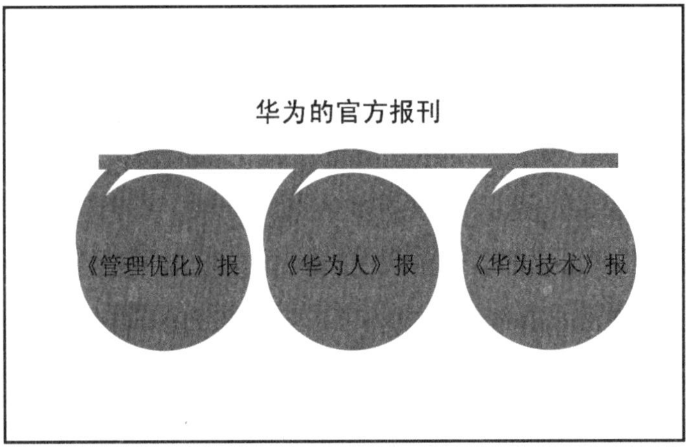

现在很多企业都办了企业内刊，不同的企业会有不同名称、不同文化内涵、不同表现风格的企业内刊；不同的企业，其内刊在企业里的角色和作用也会不同。尽管有这么多的不同，但办企业内刊的企业，都有一个共同点，那就是希望企业内刊尽可能地起到促进企业发展的作用。

对一个企业来说，优秀企业文化的形成非一朝一夕之功，是企业长期建设的结果，作为为企业文化服务的企业内刊，它的战略是根据企业文化的长期建设战略而制定，因此也具备企业文化战略的一些特点，比如长期性、连贯性等等。

过去，无论是职业经理还是搞 CI 战略的咨询顾问，都感到搞企业文化太虚，只可议论，不可操作，甚至认为企业文化纯粹是一种时髦的话语，一种学究式的空谈，对企业经营管理没有实际的操作意义。

然而，企业报刊的媒体性质，使它天然地成为企业沟通和文化建设的桥梁。在企业文化建设中，企业报刊不仅扮演了沟通内外、上下的重要角色，更重要的是启发、引导员工多了解自己的企业，不断认识和提升自身的价值。它可以让企业外的人多了解企业内部的动态，也可以把外面的情况介绍给员工，拓宽员工的视野。

"发出自己的声音"是企业内刊火爆的重要原因之一。华为的低调是出了名的。然而，华为却会通过其内刊适时地对外发出自己的声音。外界对华为的了解，也大都是从其内刊《华为人》上得知的。任正非的内部谈话与文章如《天道酬勤》《华为的冬天》等文章也是被放入华为的内刊中，然后被外界媒体广泛转载的。

企业的文化不仅是企业领导者的文化，也是全体员工认同的文化，有必要对于员工的典型事例记载下来，加以倡导，就像当年我们在上小学、初中的时候，所记下来的班级的好人好事。最感人的往往是老百姓自己的故事，这些企业员工中的凡人琐事是最能说明问题的，也是最能反映企业文化的。华为员工的酸甜苦辣在《华为人》上都有记录。

华为公司的官方报刊有 3 个 :《管理优化》报、《华为人》报、《华为技术》报。其中，《华为技术》报是为客户了解华为的技术和产品服务的。《华为人》报是宣传华为精神和理念的报纸。而《管理优化》报是专门针对管理问题进行深入剖析、自我批评的一个报纸。很多运营商的主管点名要求送阅《管理优化》报，因为这份报纸是一份实事求是、改进管理水平的报纸，只谈管理问题，运营商可以从中学到很多管理经验和方法。

企业文化小故事：融入海外，由“吃”开始

刚来拉美的时候，先来的同事告诉我，看一个华为中方员工有没有融入拉美的海外生活，不是看他是否能够说一口流利的西语，而是看他在饮食上是否符合三点：一是能不能吃惯西餐；二是会不会品尝奶酪；三是会不会品尝葡萄酒。刚开始不很理解这三个简单奇特的判断标准，时间久了，才明白其中深厚的内涵。

能够习惯吃西餐，不是指能够接受吃，而是指能够经常、习惯性地吃西餐。如果能够做到这一点，至少说明你能够经常“脱离”公司的食堂，跟本地员工一起进餐，和他们交流和沟通。这种轻松氛围中的沟通，往往比在办公室的沟通要更加有效。我们不仅可以聊工作，还可以聊家庭、生活，聊这个国家的历史和文化。通过这种交流，不仅可以知道本地员工内心真实的想法，对工作、对人真实的意见，而且能够使本地员工的压力和情绪得到舒缓，获得他们发自内心的认同。

通常愿意跟中方员工这样深入交流和沟通的本地员工，都是心向华为的。他们愿意提意见、抒发自己的感情，愿意持续改进以便更好地工作，这类员工的主动性和稳定性都是相对很强的，很少有辞职的现象。有时即使被竞争对手以双倍甚至三倍的收入挖走，也会主动向我们道歉，觉得很对不起华为。

西餐吃习惯了，我自己也学着开始搞一点中西结合，用做中国菜的方式来做西餐，并请本地员工共进晚餐。采用中国的作料来做牛排，加入了花椒粉、辣椒粉、孜然粉、白糖等，配以较多的香菜、葱、姜、蒜等，甚至加入了一点蚝油，微火炸上几分钟，做出来的牛排汁水较多，非常香甜滑嫩，与本地的牛排味道大不相同。

到了周末，约几个员工聚餐，有人“贡献”一瓶好酒，有人带上鱼子酱，我则专心烹制中式牛排。大家分工合作，其乐融融。基本上每个吃过我做的牛排的本地员工都是交口称赞，不过有时也有人笑说“有点微辣了”。这样的小聚会，让交流和沟通变得自然和谐，也增进了彼此的友谊。

会品尝奶酪，是指喜欢吃，主动买来吃，并且会识别不同奶酪的区别。这比吃西餐还要更上个层次，证明自己能克服心理上的障碍，主动接受自己以前难以接受的东西。如果说常吃西餐能够创造一种本地化沟通的环境的话，那么品尝奶酪就是进一步突破自己内心的障碍，从而使与本地员工的交流沟通更积极热情、无障碍。而在本地员工眼里，能够吃奶酪，是对西方文化的认同和融入。能够做到这一点，大部分本地员工就会承认你比较 Localized 了，就会主动跟你沟通，这样你所需要的信息就源源而来。

起初，我的确也吃不习惯奶酪，甚至闻都闻不了那股味道。但还是开始尝试着吃当地的“Arepa Con Queso（西语：一种夹着奶酪的甜玉米饼）”；渐渐地，早餐的面包也逐渐改成掺着奶酪的了；后来，原来不敢碰而本地员工非常喜欢的“Quesadillo（西语：一种夹着果酱的奶酪）”，也成了我喜欢的小食品了。每当拿起“Quesadillo”向本地员工示意的时候，他们都会会心地向我微笑。现在，法国、荷兰、巴拉圭等国进口的很多奶酪，我也大致能分清楚产地了。

会品尝葡萄酒，是指具备较多的葡萄酒背景知识，能品尝出葡萄酒的大致产地、葡萄品种、价位等，更高层次的是能判断出年份来。葡萄酒文化是西方文化的精髓之一。了解之后，跟高层次的西方人就有了更多的共同语言和共鸣。很多拉美运营商的高层都是既懂得工作，又很懂得享受生活的。他们喜欢谈谈智利、法国的红酒，探索一下里面的专业话题。记得一个客户的工程主管对葡萄酒很有研究，甚至能够品尝出葡萄酒的年份。某次吃饭，席间滔滔不绝地谈起葡萄酒的故事，有时英语表达不上了就用上西语。当我耐心听他讲完之后，他就开始主动问我有什么需要帮忙的。这种对葡萄酒的兴趣和了解，对提升客户高层对华为的认同，有时可能起到非常微妙的作用。

这三个小小的饮食习惯，看似无足轻重，但对我们了解本地员工、加强与客户的沟通，是大有裨益的。“功夫在诗外”，华为国际化的征程，也正是从这些小小的地方迈开步去的。

（本文摘编自《华为人》2007 年第 184 期）

专题 1

论企业文化落地“路径”

论企业文化落地“路径”

信任与责任失之偏颇，必然导致企业文化失败

↓

定好位，起好步，确保企业持续健康发展

↓

驱动“双任”轮，从环境建设上确保企业文化有效落地

企业文化落地的过程，也是有路径可循的，这个路径取决于两个端点，即企业文化从信任开始，归宿就是责任执行。信任建设，重在塑造企业文化的软环境，使员工与企业之间达成心理契约；责任建设，重在塑造企业文化的硬环境，强化员工的执行力。企业文化的软环境和硬环境，构成企业的内部控制环境。控制是管理的一项职能，拆开讲，“控”是引导，即通过建立彼此的信任关系来引导；“制”是约束，即通过建立责任制度来约束。

一、信任与责任失之偏颇，必然导致企业文化失败

从 20 世纪 80 年代以来，随着全球经济新一轮热潮的兴起，企业文化在企业管理理论丛林中被推到了至尊的地位，文化的作用不但能征服世界，也能征服市场，

人类学家、社会学家看到了这点，政治家、军事家看到了这点，企业家、管理学家同样也看到了这点。企业文化重要，企业文化是不可复制的核心竞争力，已成为企业的共识。据有关专家研究，进入2002年500强的每一家美国企业都有其独特的企业文化，正是由这种独特企业文化孕育出的独特经营理念和价值观成了推动美国企业迅速发展的强大动力。美国学者詹姆斯·C·柯林斯和杰里·I·波勒斯合著的一部《基业长青》，揭示了西方百年企业的成功历程，其基业长青的奥秘令多少中国企业家倾倒。

可以这么说，基于国情、体制、历史传承和文化背景的差异，《基业长青》中的许多经验对中国企业并不完全适用，毕竟我们现在看到的“基业长青”只是西方企业百年之后的一个结果，其百年过程是我们难以体会到的。

为什么企业文化这个好东西会在多数国内企业中见不到成效、看不到希望，变成虎头蛇尾，最后以失败来评判呢？从我的观察分析来看，不外乎两个原因：一是将企业文化看得过于复杂，在管理上将文化变成了谈经论道、玄而又玄的“莫测学”，所谓管理上的至高境界，无不体现了一种“形而上”主义；二是将企业文化看得过于简单，主要体现在形象识别方面，这种就外不就里的做法，往往急于功利的宣传，这是一种“形而外”主义。

二、定好位，起好步，确保企业持续健康发展

首先，企业要做好文化定位。所谓文化定位，就是根据企业的中长期发展战略来设计好企业文化的核心内容，包括企业愿景、企业使命和企业核心价值观。企业愿景表明企业的终极目标是要成为一个什么样的企业；企业使命表明企业存在的理由，或者说企业自愿履行的最高责任是什么；企业核心价值观是企业所有行为的基本准则，也是企业的态度，就是反对什么，提倡什么，崇尚什么。愿景、使命、价值观构成了企业的核心理念，它是企业文化中最核心而且是经久不变的东西。因为有了核心理念，企业文化才具有生命力。一句话，企业文化因理念而生。

其次，按企业文化运作规律推进企业文化建设。企业文化运作规律是什么？简单地说，就是“三化”：一是内化于心，就是企业要通过种种教育手段如培训、灌输、

宣传等，让全体员工从内心深处认知、认可、认同企业文化，使企业与员工之间通过文化纽带从精神上达成某种特殊的默契，让员工切身感到有如此文化的企业令人敬重、令人愿为之付出。二是外化于行，企业文化既是企业未来生存的战略指针，也是全体员工必须遵守的行动指南，一般来说，有什么样的企业文化就有什么样的企业行为。所以，员工一旦从心理上与企业达成了契约，企业就要不断激励全体员工从行动上把企业文化的内涵充分表现出来，这就是文化外显，集中到一起就是企业形象。三是固化于制，企业文化通过“内化”和“外化”，形成一定的气候或者变成企业习惯，企业就要不失时机地将企业文化内容形成相关的企业管理制度，这就是变无形为有形，变柔性为刚性，为企业文化的持续推进提供有力的制度保证。

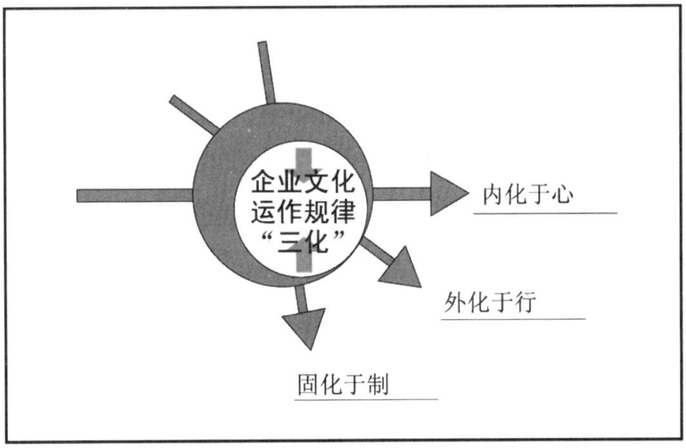

三、驱动“双任”轮，从环境建设上确保企业文化有效落地

1. 信任建设的核心是构建心理契约。

原通用电气执行总裁韦尔奇的经营最高原则是：“管理得少”就是“管理得好”。这是管理的理想境界，是一种依托企业谋略、企业文化而建立的经营管理平台。心理契约的主体是员工在企业中的心理状态，而用于衡量员工在企业中心理状态的三个基本概念是工作满意度、工作参与和组织承诺。构建心理契约，对员工来说，必须融入企业的文化。国际著名的战略发展研究机构兰德公司经过长期研究发现，以企业理念、企业价值观为核心的企业文化，是企业最核心的竞争力。他们还发现，

优秀的企业文化在成功企业的发展过程中起着十分重要的作用。

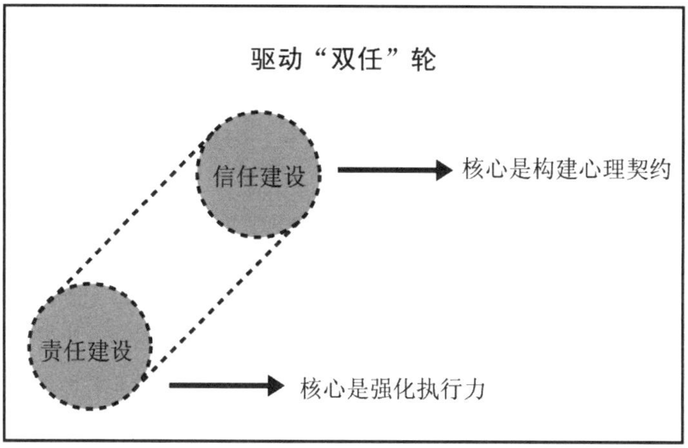

对企业来说，要建立以人为本的激励机制，提高员工对企业的忠诚度，降低员工的离职意愿；要塑造有价值的远景，为员工描绘出企业与个人共同发展的远景，实际上就是确立了员工与企业共同成长的前进方向与奋斗目标；要营造充满信任与亲情感的文化氛围，日本企业在20世纪80年代的突飞猛进，其中最为成功的经验之一就是在企业中营造充满信任与亲情感的文化氛围，让员工在企业中有平等感与责任感，心甘情愿地为企业的发展奉献自己的忠诚与才能，成为企业竞争的核心力量。

2. 责任建设的核心是强化执行力。

战略确定之后，执行是关键。企业文化责任建设就是要保证企业战略目标的实现，千方百计使企业文化“落地”，变成全体员工的具体行动。

要规范战略制定，明晰业务流程。在企业战略制定时，必须保持严谨的态度，不能朝令夕改，以便执行者能坚定地按照该方向执行下去。同时，在庞大的业务网络中，要找出几条主线，根据企业的实际情况，明晰企业的每一个工作流程，把复杂的东西简单化，把简单的东西量化，用流程来推动执行者的工作，让执行者通过该流程就知道自己该做些什么，应该怎么做，而不是事事靠领导来推动。只有这样才能使执行者优先配置执行资源，而不是抓不到工作重点，导致工作的低效率。

重视提升企业员工的整体执行技能。要提升企业员工的整体执行技能水平，一方面在招聘过程中要挑选具备较强执行技能的员工，另一方面在企业内部进行持续的职业化训练，主要是通过执行技能培训和对职业技能运用的考核来实现。

要建立监督机制和奖惩机制，达到权责统一。在根据工作需要和实际能力落实了执行者的目标任务，做到权责明确的前提下，要完善对各级人员工作过程的监督机制和工作表现的考核机制。

（本文摘编自《论企业文化落地“路径”》，作者：邓正红，来源：《中国安防》，有删节）

专题 2

杰克·韦尔奇：企业文化在实践中的贯彻

价值观与行动纲领的清晰表述是重要的，但如果不能在实践中得到坚决贯彻，那也没多大用处。要想让价值观真的被大家所重视，公司应该奖赏那些品行突出、实践了价值观的员工，而“处罚”那些与之相悖的人。请相信我，这有助于企业的成功。

之所以这样说，是因为我们曾多次要求那些业绩辉煌但不遵守企业价值观念的经理人离开公司，而且我们会对这种事情尽量做出公开解释。每次发生类似的事情，对全公司都会带来意外的良好影响。在过去 10 多年的历次年度调查中，员工都反映说，我们的公司正在日复一日实践自己所奉行的价值观。这种大环境也会使得每个人都更加忠实于企业的理念。随着员工满意度的提高，我们的财务业绩也同样稳步增长。

为企业制定确实的使命是很重要的，具体描述了行动纲领的价值观也同样如此。除此以外，公司的使命感与价值观必须融为一体、共同发挥作用，才能奠定成功之本。这二者应该是相互促进的。

这是显而易见的，难道不是吗？公司的价值观理应支持它的使命。但令人吃惊的是，使命与价值观的冲突在现实中屡见不鲜，并不是什么特例。公司各组成部分之间出现相互不配合的现象，可能更多的是由于疏忽所造成的，而不是有意而为之，但是出现的频率并不低。

最普遍的情形是，公司的使命与价值观之间出现偏离，是因为商业生活中出现的各种小危机。比如，竞争对手进入我们所在的城市，并降低了产品售价，导致你不得不跟着降价，从而削弱了你原定的通过优质的客户服务实现竞争力的使命。或者由于宏观经济低迷的冲击，你削减了广告预算，而忘记了自己当初制定的提高和传播品牌知名度的使命。

使命和价值观相背离的这些情况听起来也许是不要紧的、暂时性的，但如果撒手不管，它们会真正损害公司的利益。事实上，在最糟的情况下，这种背离完全可以毁灭我们的事业。

在我看来,著名的安达信会计师事务所与“安然”公司所发生的一切,就属于这类危机。

安达信事务所是在差不多一个世纪以前成立的，它把成为世界上最受尊重和最可信赖的审计公司作为自己的使命。这是一家以有勇气说“不”为傲的公司，即使那样意味着要失去客户也在所不惜。它成功地聘用了许多最能干、最正直的注册会计师为自己工作，给他们丰厚的回报，也从中获取了世界各地的企业与监管机构的信任。

接下来，20 世纪 80 年代的繁荣时期到来了。而安达信也决定进军咨询产业，这项事业让很多人感到新鲜、兴奋，不必说也将给公司带来巨大的利益。他们开始聘用更多的 MBA 毕业生来工作，并不断地给这些人增加薪水，因为那是咨询业的规律。1989 年，公司实际上分成了两个部分，一个是传统的审计事务所，名为安达信会计师事务所，另一个则是安达信咨询事务所。二者都在同一个公司品牌下运转——安达信全球事业。

与会计师行业崇尚的正直诚实不同，咨询公司更鼓励创新，大力奖赏积极进取的推销员精神,它的顾客类型也因为项目的不同而变化。尤其是到了 20 世纪 90 年代，咨询部门的牛仔精神越来越旺盛，与此同时，安达信的审计部门也感受到了来自另一方的冲击。一些会计师显然是被新的商业机会冲昏了头脑，他们开始放松了长期以来一直坚持的审计业务正直诚实的使命对自己的严格要求。

在贯穿 20 世纪 90 年代的绝大部分时间里，安达信不过是一家自己同自己较劲的公司。咨询部门一直在补贴审计部门，他们并不乐意这样做。同样，你可以确信审计部门这边对于咨询部门那种虚张声势的作风也不感冒。面对如此矛盾的状况，大家该如何回答企业的根本问题呢：“我们的使命究竟是什么？”“什么样的价值观才是最要紧的？”“我们应当采取什么样的行动纲领？”根据员工们职位的不同，他们的答案也南辕北辙。所以，安达信才会发生合伙人之间为了公司的利润分配而闹上法庭的事情。

终于到了 2002 年，事务所倒闭了。在这个过程中，公司使命和价值观之间存在的冲突扮演了十分重要的角色。

在许多方面，“安然”公司的覆灭具有同样的特点。

在早期的时候，“安然”是一家很单纯的、从事不起眼的管道和能源业务的公司。公司员工都把焦点集中在具体事务上，研究怎样又快又便宜地把天然气从一个地方输送到另一个地方。他们的使命完成得非常出色，在能源采掘与输送领域占据了权威的位置。

后来的事情与安达信一样，“安然”公司改变了自己原来的使命。有人提出，“安然”应该向着贸易公司的方向发展。同样，其目标是为了实现更快的增长。

在安达信，那些戴着绿色遮光眼罩、辛苦核对报表的审计师们突然发现，自己要与一帮身着笔挺的阿玛尼名牌套装的 MBA 们分享公司的办公室。在“安然”公司也是一样的情形，打个比方来说，那些身穿连裤工作服的小伙子们也突然发现自己要跟穿着背带裤的 MBA 们乘坐同一部电梯。

“安然”公司的新目标意味着，它首先会把精力集中在能源贸易方面，然后就会拓展到其他任何商品的贸易中。在当时，这种改变的出现可能是相当振奋人心的，但是除此以外，显然没有人停下来好好想一想，为了支撑这样伟大的新目标，公司应该树立和传播什么样的新的价值观以及行动纲领。于是，贸易谈判桌成了公司一切业务的核心，而管道、能源生产业务则被挤到了次要的位置上。不幸的是，对于众多从事原来业务的员工，公司并没有采取任何措施来检查和处理他们的问题。就在这样的背景中——突然之间——“安然”倒闭了。

跟安达信的结局一样，公司使命感和价值观的冲突最后让成千上万无辜的人丢掉了自己的工作。这是一出怎样的悲剧！

[本文摘编自《赢》，作者：（美）杰克·韦尔奇（Welch.J.），余江等译，来源：中信出版社，2005 年 5 月]

案例链接

联想："入模子"

要想"让兵爱打仗"，企业培训必不可少。联想有名的"入模子"培训是保证员工体内充满爱打仗血液的基本功，也是联想文化渗透的得力手段。柳传志对"入模子"格外看重，并成立了专门的管理学院，在联想控股旗下各子公司也有文化培训部或在人力资源部设立专职人员。联想董事局主席柳传志说道："'入模子'是我们说惯了的一句话，它的意思是说联想要形成一个坚硬的模子，进入联想的职工必须进到联想的'模子'里来，凝成联想的理想、目标、精神、情操行为所要求的形状"。"企业文化是企业中非常重要的一部分。企业文化实际上就是规章制度不能包括的那一部分，可以比做无声的命令融化在公司里形成的最高的东西。我们的企业文化提出一个口号，就是要把员工发展的目标融入企业发展的目标之中。就是说，企业是个模子，你来了以后，必须融入我们企业的模子当中，国外的先进东西可以使我们的模子有所改动，但是你不能不融入我们的企业文化中来"。

在联想招进新员工的时候，柳传志就对他们进行"入模子"培训，学习联想的历史、战略、纪律与文化等。"入模子"培训地点一般都安排在山清水秀的郊外，进行类似军训一样的全天候培训：从高唱联想之歌开始每一天的课程。一般来说，课程从最基本的素质培养开始，诸如团队精神、自信精神，然后是重头戏——进入联想部分，包括联想的历史、发展道路、使命和愿景、成功经验等等。培训的过程中还会参观联想的工厂、卖场，了解公司现有的管理模式、薪酬体系等。

柳传志把员工的"入模子"培训分成两个层次进行：1. 联想一般职工的"入模

子”，比如新员工进入联想的第一步，必须要参加“入模子”培训，否则就不能够转正；另外新员工“入模子”的成绩都要记入档案作为重要依据。2. 联想管理人员和骨干的“入模子”。联想的各级干部也都有自己的“模子”，新提拔的经理、总经理也必须参加相应的培训班。柳传志说道：“我们对于联想的一般职工有个‘入模子’的基本要求，就是要按照联想所要求的行为规范做事，联想的行为规范主要指执行以岗位责任制为核心的一系列规章制度，包括财务制度、库房制度、部门接口制度、人事制度等等。执行制度是对一个联想人的最基本要求。在制定以上这些制度的时候，我们是根据两条基本原则：一条是民主集中制，一条是按劳分配制。我们应用民主集中制原则，体现在决策程序上是：听多数人的意见，和少数人商量，领导核心说了算。”“在世界不发达国家政变层出不穷的时代，美国总统从来不用担心政变，任何一个美国总统也休想改变宪法当终身总统。我们就是要把联想的理想、目标、制定制度的指导思想，像美国宪法在美国人民心目中的地位那样，一步一步地、一点一点地融化到我们联想人的血液中去，使得只有遵照联想精神办事的人才可能进入联想的领导班子，才可能站得住脚”。

联想对管理人员和骨干“入模子”的要求就是：1. 联想的骨干尤其是执行委员会以上的核心成员，要有牺牲精神。2. 联想的骨干要堂堂正正，光明磊落，不许拉帮结派，有问题要摆在桌面上谈。3. 联想的骨干必须要坚持公司的基本准则，坚持公司的统一性，坚决服从总裁室的领导，不允许为了本部门的利益与别的部门发生摩擦。4. 联想的骨干必须要根据全局的要求制订本部门的工作计划。5. 联想的骨干必须要学会带队伍。6. 联想的骨干带队伍要懂得求实和讲信誉。7. 联想的骨干要有为民族做一番事业的理想。

一定要把职业经理人融入企业里去，不然做着做着看到更好的位置他就走了。联想要培养的是有上进心、事业心的人，不管遇到什么困难都要做中流砥柱。从业务上来讲，职业经理人能把很多外面的东西带到公司来，但不同的人来到公司，带来不同的文化，一定要有一个模子把他们融化、改造成自己的人。

另外，为了搞好“入模子”的培训工作，柳传志还做了三件事。第一件事是办好联想管理学院。它的主要任务有：新员工“入模子”培训；一年两期联想经理培训；为期两天的联想高级干部研讨班；外地平台新员工培训；企业文化培训；还包括临时工培训。

第二件事就是加强党组织对职工的思想教育。联想给每个大部门都配备了一个专门负责思想工作的副主任经理，以便及时了解职工的思想动态，关心职工的生活。

第三件事就是每周六下午学习讨论。每周六下午联想都会抽两个小时，召开学习讨论会。使职工统一思想，了解公司总的战略意图，总结本部门的工作，开展批评与自我批评，增强凝聚力。

有人认为这种教育方式会束缚员工的创造力，但柳传志认为联想虽然是个模子，但也不是一成不变的。在联想进入新纪元后，又对“入模子”培训做了很多改进：在文化培养和传递的基础上，着重给员工提供切实有效的工作技巧和职业化培训，同时还会增加员工跟高管之间的互动、对话、交流，并从员工发展的角度，加入了更多国际化的要求，让“模子”更加适应公司发展的需要。柳传志说道：“我觉得这个模子等于是企业的一个规则，做事的规则。有的是用文字把它定出来，有的是用文化把它形成。在任何一个企业里边，如果说大家不遵守一个必要的共同规则的话，那真的什么事情也做不成。所以我觉得这个是肯定要有的，只不过这个模子是可以改的，（但要分清楚的）哪些是可以改的、哪些是坚决不能改的，它永远要有联想的烙印的。”

在联想五大少帅中，弘毅投资的总裁赵令欢，是唯一一个不是从联想内部提拔培养出来的领军人物，属于海归派。但柳传志对赵令欢却很满意，他认为赵令欢正是他所倡导的“打破模子”选用人才的好例子。柳传志说道：“这可能是这个名词（入模子）本身会给人这个感觉，我再三强调，‘入模子’本身是两层意思，其中一层意思是到这个企业里来，必须融入企业去，与大家有一致的步伐。但是模子是可以改造的，我没说这个模子不可以动。所以到了今天，联想的模子跟1985年时的模子不可能一样了，有大量的变化、大量的创新。如果我们说要‘并入模子’‘改造模子’，这话说起来啰嗦，所以我们就叫‘入模子’了，容易让人望文生义，其实不是这样的意思。”

（本文摘编自《柳传志谈管理》，作者：元轶，来源：海天出版社，2009年8月）

第8章

危机文化

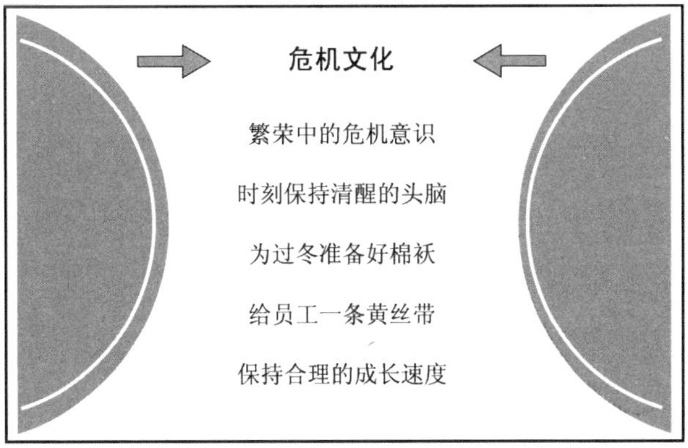

繁荣的背后都充满着危机，这个危机不是繁荣本身的必然特性，而是处在繁荣包围中的人的意识。艰苦奋斗必然带来繁荣，繁荣以后不再艰苦奋斗，必然丢失繁荣。千古兴亡多少事，悠悠，不尽长江滚滚来。历史是一面镜子，它给了我们多么深刻的启示。忘却过去的艰苦奋斗，就意味着背弃了华为文化。

——华为总裁　任正非

第一节　繁荣中的危机意识

古人说“福兮祸所伏”，成功固然是好事，没有人不喜欢成功，但成功也很可能是坏事，如果一个人在成功面前总是沾沾自喜，很可能迎接他的就是失败、是惨败。华为一直处在上升的状态，此时最需要的就是清醒。越是成功，就越可能对过去的所作所为得意忘形，自以为过去的一切都是正确的。华为虽然还算是一家成功的企业，但在过去仍然有很多决策的失误、严重的浪费，即使过去一贯正确，也不能保证过去的经验在未来一样正确。

在 2003 年前，低调的华为、低调的华为总裁任正非在外界眼里充满一种神秘感，而由于华为的产品主要面向企业客户，无须像一般制造企业必须通过扩大宣传获得更多民众的关注，所以除了行业人士，其他人对华为一知半解。再者，任正非始终坚持做企业就要踏踏实实，不张扬，不求功名，并把这种思想灌输给每一个华为人，从而形成一致缄默对外的低调而神秘的企业形象。

即便如此，华为的大名早在 2000 年左右就已经在中国企业界流传开了，而这缘于任正非的两篇管理名作《华为的冬天》和《北国之春》。在这两篇名作里共通篇都在强调的是危机意识，任正非作为一个企业家的爱国情怀，忧患意识及对企业管理的纵深思考，显示了华为这个企业的成长基于一个一般中国企业所不能企及的思想高度，这种忧患意识也成为华为不断发展壮大的内在动力。而对于当时众多中国企业来说，这些观念无疑具有振聋发聩的意义。

然而，如果让我们向上追溯任正非在《华为的冬天》和《北国之春》中的思想根源就会发现，在更早的时候，即 1995 年，任正非就已经敏锐地意识到华为即将到来的危机。

1995 年，华为自主研制的 C&C08 数字程控交换机在经过两年的研发、实验和市场推广之后，终于在中国市场上取得了规模商用。华为的 08 机与巨龙的 04 机一起，成为中国广大农村通信市场的主流设备。华为人为此欢欣鼓舞，对公司的发展前景满怀信心，而任正非则清醒地意识到：

由于全世界厂家都寄希望于中国这块当前世界最大、发展最快的市场，而拼死争夺，形成了中、外产品撞车，市场严重过剩的巨大危机。大家拼命削价，投入恶性竞争，由于外国厂家有着巨大的经济实力，已占领了大部分中国市场，如果中国厂家仍然维持现在的分散经营，将会困难重重。

1996 年，华为全年完成销售额 26 亿元，经过 8 年奋战，华为正式进入企业的顺利发展阶段。而此时，任正非却尖锐地提出，面对成功，华为人必须要有一种清醒的认识，否则成功带来的不是企业的繁荣，而是令人措手不及的危机。任正非在其题为《反骄破满，在思想上艰苦奋斗》的讲话中谈道：

成功是一个讨厌的教员，它诱使聪明人认为他们不会失败，它不是一位引导我们走向未来的可靠的向导。它往往会使我们以为 8 年的艰苦奋战已经胜利。这是十分可怕的，我们与国外企业的差距还较大，只有在思想上继续艰苦奋斗，长期保持进取、不甘落后的态势，才可能不会灭亡。繁荣的里面，处处充满危机。

任正非认为，成功是没有止境的。例如，对于生产的工艺、产品的加工质量，华为人都应该有一种“每天继续改进”的欲望；而市场营销则要从公关、策划型向管理型转变；至于中高层管理人员要善于做势，基层管理人员则要把工作做实。任正非坚持认为，成功只能说明过去，只有在思想中保持艰苦奋斗的优良传统，才能不为过去的成就所束缚，才能在更高的层次获得更大的进步。

同样是在 1996 年，任正非在华为发动了“市场部领导集体辞职”运动，市场部经过重新改组后，持续三个月均创造了历史最好的业绩，5 月份销售额达到了 3.15 亿元。与此同时，捷报频传，华为与深圳商业网、广东视聆通多媒体通信合同顺利签订，天津 HONET 综合接入系统备忘录签订并开始实施、中国联通深圳公司与深圳市邮电局使用 08 机做专用接口局合同签订、广州市话 2 万门局（新业务的试验）合同签订……每一项目都意味着华为在新的领域、新的市场上，取得了战略性的突破。

在一次表彰大会上，任正非向奋战在各条战线、为此做出成绩的华为人，表示了真诚的祝贺，并号召全公司人员以他们为学习的榜样。在这样一个皆大欢喜的庆功会上，任正非仍然不忘提醒沉浸在喜悦中的华为人要警惕繁荣背后的危机。

繁荣的背后都充满着危机。这个危机不是繁荣本身的必然特性，而是处在繁荣包围中的人的意识。艰苦奋斗必然带来繁荣，繁荣以后不再艰苦奋斗，必然丢失繁荣。千古兴亡多少事，悠悠，不尽长江滚滚来。历史是一面镜子，它给了我们多么深刻的启示。忘却过去的艰苦奋斗，就意味着背弃了华为文化。

那么，任正非希望华为人如何对待目前的繁荣，预防可能会到来的危机呢？任正非在其题为《再论反骄破满，在思想上艰苦奋斗》的演讲中谈道：

世界上我最佩服的勇士是蜘蛛，不管狂风暴雨，不畏任何艰难困苦，不管网破碎多少次，它仍孜孜不倦地用它纤细的丝织补。数千年来没有人去赞美蜘蛛，它们仍然勤奋，不屈不挠，生生不息。我最欣赏的是蜜蜂，由于它给人们蜂蜜，尽管它有时会蜇人，人们都对它赞不绝口。不管您如何称赞，蜜蜂仍孜孜不倦地酿蜜，天天埋头苦干，并不因为赞美产蜜少一些。胜不骄，败不馁，从它们身上完全反射出来。在荣誉与失败面前，平静得像一潭湖水，这就是华为应具有的心胸与内涵。

任正非认为，华为的发展道路不可能一直风调雨顺，狂风暴雨是一定会来的。他希望在那个时候每一个华为人都能像蜘蛛一样，不管遭遇多少挫折和打击，都不要放弃，要尽自己最大的努力“补网”，等待危机过去；他要求华为人必须做到，在面对繁荣和赞扬时，要能像勤奋的蜜蜂一样，埋头苦干，不为得失而耿耿于怀。这种“在荣誉与失败面前，平静得像一潭湖水，就是华为应具有的心胸与内涵”的精神后来被纳入了华为的企业文化中。

第二节　时刻保持清醒的头脑

在成功面前，华为充分发挥了其自我批判的精神，敢于检讨自己的不足，积极改善，虚心向客户、竞争对手、合作伙伴学习，在检讨和学习中不断完善自己。说繁荣的背后蕴含着危机，并不是说危机是繁荣过后的必然，之所以会在繁荣鼎盛之时爆发危机，根源在于人的意识，是因为他们自己忘记了危机。

华为的国际竞争对手思科首席执行官约翰·钱伯斯的忧患意识超乎寻常，“我深知业界竞争的残酷，在高科技领域，如果你不处在技术潮流的最巅峰，你的对手就会把你创造的东西砸得粉碎，让你的员工流浪街头。我不想悲剧在我这里发生。”

华为总裁任正非同样时刻都充满危机感，并希望将这种危机意识传递给每一位华为员工。任正非在其文章《华为的冬天》中写道：

公司所有员工是否考虑过，如果有一天，公司销售额下滑、利润下滑甚至会破产，我们怎么办？我们公司的太平时间太长了，在和平时期升的官太多了，这也许就是我们的灾难。泰坦尼克号也是在一片欢呼声中出的海。而且我相信，这一天一定会到来。面对这样的未来，我们怎样来处理，我们是不是思考过。我们好多员工盲目自豪，盲目乐观，如果想过的人太少，也许就快来临了。居安思危，不是危言耸听。

“生于忧患，死于安乐。”任正非深知，一个企业在创业初期，规模、资金、市场份额和知名度都很小时，领导者容易有破釜沉舟的决心与勇气，员工们也会有团结一致的斗志。然而当企业做大之后，领导者往往贪图安逸享乐，员工心态巨变，内部勾心斗角，企业亲和力急剧下降。这也正是许多著名企业最终落败、湮灭的重要原因。

2000 年的时候，华为管理层知道有危机，但感觉跟华为没有特别密切的关系，到 2008 年发生经济危机的时候，华为无比紧张。华为知道世界上的每件事，甚至是地震、水灾都有可能跟自己有关，这是华为走出去带来的必然结果。

企业危机意识建立的基础应该是企业的领导核心，作为企业的领军人物，给自己或企业管理层增加危机感是有必要的。如果企业领导层不树立紧迫的危机意识，员工就不会感受到改革的压力。

任正非希望这种强烈的危机感能使员工们意识到，只有全身心地投入企业的生产革新中去，企业才能在竞争中永立不败之地。否则今天的模拟倒闭将成为明天无法逃避的事实。作为一个企业要想自己在激烈的市场竞争中取胜，就不能对市场变化熟视无睹，而要时刻胸怀危机感，时刻保持清醒的头脑。只有这样才能斗志旺盛地参与竞争，才能永远驾驭市场，成为“常胜将军”。

我们所处的行业方向选择太多而且还处在巨大变化之中，我们一直存在生存危机也一直生存在危机中，华为的衰退和倒闭一定会到来，而只有时时警醒我们自己，我们才能进步，才能延迟或避免衰退和倒闭的到来。

……

繁荣的背后就是萧条……如果我们不能居安思危，就必死无疑。

华为公司老喊狼来了，喊多了，大家有些不信了。但狼真的会来的。

在《华为的冬天》一文中，任正非这样写道：

我们要广泛展开对危机的讨论，讨论华为有什么危机，你的部门有什么危机，你的科室有什么危机，你的流程的哪一点有什么危机。还能改进吗？还能提高人均效益吗？如果讨论清楚了，那我们可能就不死，就延续了我们的生命。怎样提高管理效率，我们每年都写了一些管理要点，这些要点能不能对你的工作有些改进，如果改进一点，我们就前进了。

……

目前情况下，我认为我们公司从上到下，还没有真正认识到危机，那么当危机来临的时刻，我们可能是措手不及的。我们是不是已经麻木，是不是头脑里已经没有危机这根弦了，是不是已经没有自我批判能力或者已经很少了。那么，如果四面出现危机时，我们可能是真没有办法了。那我们只能说："你们别罢工了，我们本来就准备不上班了，快关了机器，还能省点儿电。"如果我们现在不能研究出出现危机时的应对方法和措施来，我们就不可能持续活下去。

为了达到强化员工危机意识的目的，任正非甚至将这一点作为一项战略纳入企业的发展规划中。在1998年出台的《华为公司基本法》中，有这样一条内容："为了使华为成为世界一流的设备供应商，我们将永不进入信息服务业。通过无依赖的市场压力传递，使内部机制永远处于激活状态。"他在其题为《华为的红旗到底能打多久》的演讲中这样解释这一观点：

我们把自己的目标定位成一个设备供应商，我们绝不进入信息服务业就是要破釜沉舟，把危机和压力意识传递给每一个员工。

……

任何一个环节做得不好，都会受到其他环节的批评，通过这种无依赖的市场压力传递，使我们内部机制永远处于激活状态。这是置之死地而后生，也许会把我们逼成一流的设备供应商。

即使，电信设备市场的风云变幻出乎华为公司创始人当初的预料——传统的电信设备行业的辉煌期太短了！但其破釜沉舟的态度已为华为赢得了最好的发展时机。如今西门子已经退出了电信市场，北电、摩托罗拉这样曾经很风光的老牌电信设备商已走向没落，华为也不得不打破当初的“永不进入信息服务业”的承诺。尽管电信基础网络还是华为的核心业务，但是华为的业务发展更加注重从“硬”到“软”的层面倾斜——不仅重视电信服务业务，对互联网业务也早有谋划。

通过《华为公司基本法》，任正非将危机意识融入华为的企业文化中，让员工无时无刻都能感受到一种山雨欲来的紧张气氛；引导员工不要只看着国内，而要向国际竞争对手看齐，从而达到遏制部分员工和管理人员因公司高速成长而滋生的盲目乐观情绪。

可以说，华为能一路走到今天，并且继续保持高速的增长态势，和任正非具备强烈的企业忧患意识不无关系。

就是在 1996 年华为发展势头良好的情况下，任正非仍然冷静地指出：

繁荣的背后都充满着危机。这个危机不是繁荣本身的必然特性，而是处在繁荣包围中的人的意识。

现代科学技术的发展越来越复杂，变化越来越快，高科技产业稍有不慎，就会落在后面，出现危机。

华为已处在一个上升时期，它往往会使我们以为 8 年的艰苦奋战已经胜利。这是十分可怕的，我们与国内外企业的差距还比较大。只有在思想上继续艰苦奋斗，长期保持进取、不甘落后的态势，才可能不会灭亡。

繁荣的里面，处处充满危机。

任正非认为，企业有生命，也有成长规律。企业的成长其实是危机产生与消除危机、渐进循环的过程，而所谓的企业发展阶段其实也就是危机阶段性变化的循环。无论多大的公司，无论在哪个阶段，管理者都要清醒地认识到生存是唯一的理由。任正非强调，对华为来说，道理也一样。每个管理者都要不断挑战自己，少一些抱怨，多一些努力，与公司一起奋斗着活下去。

第三节　为过冬准备好棉袄

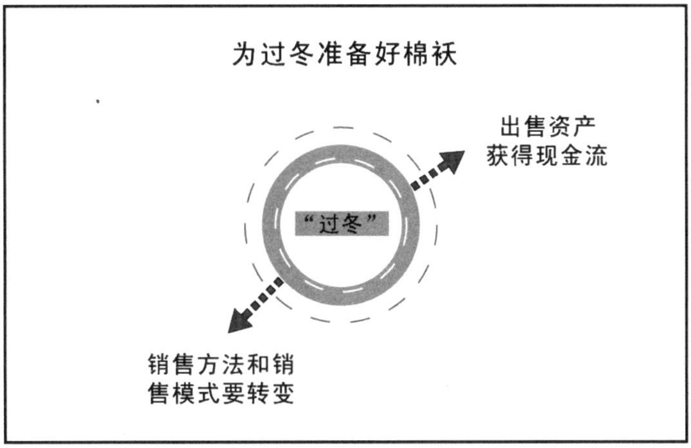

制度上的危机意识，是一种管理思维。管理方法达不到，是形成不了制度上的危机意识的。这里当然有相当的精妙之处。华为的冬天，让华为成功走到海外；离职又重新应聘，让华为赢得了世界第二的交椅，几乎每次华为大动作地打“危机”牌，结果就是下一次腾飞的开始，所以这次所谓的“全员降薪”“华为最好的时候已经过去”等等，毫无疑问就应该是华为打造下一个黄金10年的开始，也是一种动员令。

华为总裁任正非的成功不仅在于其预言了冬天的到来，更在于他为“过冬”制定了具体措施，这些措施包括改进管理，要抓薄弱环节，找最短的木板，要坚持均衡发展，不断地强化以流程型和时效型为主导的管理体系的建设，不断优化工作，提高贡献率。

此外，任正非还建立了统一的干部考评体系，使人员的内部流动和平衡成为可能。推行以自我批判为中心的组织改造和优化活动。并告诫员工不要随便创新，要保持稳定的流程、规范化管理等等。

2002年，华为给员工下发了一套辅导资料学习，题目叫《沙暴中的爱立信》，其中讲述了爱立信公司对目前IT产业所面临形势的看法以及爱立信面对产业危机所要采取的应对策略。任正非专门为这套资料写了按语：

爱立信不愧是一家百年企业，在经历了IT业的大起大落后仍然能够保持清醒的头脑。我们对IT业危机还缺乏切身的感受，也没有像爱立信那样细致深刻地分析，一旦面临更大困难的时候，我们能否像爱立信那样保持镇静，正视问题，看到光明，充满信心，友商是我们的一面镜子，我们要向爱立信学习。

出售资产获得现金流

除了在制度上做好准备外，在物质方面任正非也真正为华为能顺利"过冬"做好了充分的准备。任正非喜欢引用围棋之道来阐述他的管理理念：

咱们多一口，多一口，多一口，只要气多几口，我们就活过来了。所以在这个问题上我认为，我们一定要重视现金流。

2000年，全球电信市场一片萧条，中国并没能幸免。2001年，全国电信固定资产投资额2648亿元，比上年增长15.3%。2002年完成投资2034亿元，比2001年减少了20多个百分点。为了将有限的资源投入重点领域，任正非开始实施"收紧核心，放开周边"的战略。2001年，华为决定剥离掉网络能源业务，进一步突出核心业务。将公司业务集中到了核心网、传输网、移动网三大领域，并发展软件外包供应商，将一些非核心的软件开发业务外包给数十家中型的软件公司。而在后勤服务方面，华为将安全保卫业务外包给了香港著名的物业管理公司戴德梁行，将膳食服务等外包给了其他几家香港的专业服务公司。

2001年10月21日，任正非更是将下属优质资产其电气部门（即安圣电气）以7.5亿美元售予爱默生，以此作为过冬的"棉袄"。

大家总说华为的冬天是什么？棉袄是什么？就是现金流，我们准备的棉袄就是现金流。

任正非在内部讲话中说，就算是两年内一点销售额也没有，卖安圣电气的钱也足够让华为支撑两年了。

我们现在账上还有几十亿现金存着，是谁送给我们的，是安圣给我们的，我们如何能在穿着棉衣暖和的时候，忘了做棉衣的人，这怎么行啊？！在市场上每个主任都要认真帮助安圣的工作，帮助他们的销售。这点不要动摇，一定要坚决帮助他们，人家送了我们一件大棉袄，这个棉袄够我们穿两年的啊！我们和别的公司不一样，我们现在心里还没有多大的压力，我们今年的工资肯定够发，明年的工资肯定也够了，就是没有销售额也够了。

……

这个冬天过去，没有足够现金流支撑的公司，在春天就不存在了。这个时候我们的竞争环境就会有大幅度的改善。我们说熬过了冬天就是春天，春天来了他们没有现金流，就支撑不了了。

2002年，任正非在《迎接挑战，苦练内功，迎接春天的到来》的演讲中对员工说道：

我们一定要重视现金流。夏收、秋收中有句话“家有粮，心不慌”，口袋里有钱心不慌，说的就是这个意思嘛。有钱就不慌了。在深圳，口袋里有钱，心就不慌。不信我现在把钱收了，把车子也收了。放你们假，你们回家吧。你没有钱，你就慌了，你再不卖衣服，今天中午就得饿肚皮，下午还得饿肚皮。所以在最关键的历史时刻，我们一定要重视现金流对公司的支持。在销售方法和销售模式上，要改变以前的粗放式经营模式。我（们）宁肯（价格）低一些，（也）一定要拿到现金。我认为这是一个非常重要的方法。

一遇到“冬天”，任正非就想到“现金为王”的硬道理，而解决之道就是出售业务。华为曾多次在资金困难的情况下，通过牺牲部分非核心业务来保全公司整体业务，渡过难关。2001年华为曾通过出售电气业务部门获得7.5亿美元，缓解资金压力。

2006年11月，华为和3COM分别宣布，华为已经接受3COM的竞购报价，3COM以8.82亿美元（68.69亿人民币）的高价收购华为所持双方合资企业华为3COM技术有限公司49%的股权。加上2005年2800万美元出售2%股权以及股权分红，使华为最终获利10亿美元。其目的是为了使华为的第二次过冬顺利通过。这些已经或即将处置的资产有一个共同的特点，就是短期经营而且经营状况较好，然后华为选择在盈利上升期将其溢价出售。

这种将资产变为资本运作的方法屡试不爽，因此华为即使目前还没有上市，在融资能力上也不输于已经上市的竞争对手。

销售方法和销售模式要转变

任正非还指出，企业处在“冬天”里时，销售方法和销售模式都必须实施转变。

要改变以前的粗放经营模式。我宁肯低一些，一定要拿到现金。

在2002年的《迎接挑战，苦练内功，迎接春天的到来》一文中，任正非说道：

存在银行、仓库的钱算不算现金流呢？算，但钱总是会坐吃山空的。所以必须要有销售额。大家有时对销售额的看法也有问题。我卖的设备原来是100块钱，我90元卖掉了就亏10元，这种合同坚决不做。坚决不做呢，公司就亏损了23元，因为所有的费用都分摊了，在座的开会的桌子，屁股坐的椅子费用都分摊进去了，还要多拿23元贴进去才能解决这个问题，甚至可能还不止这个数。如果亏了10块钱卖，能维持多长时间呢？就是消耗库存的钱。消耗消耗消耗，看谁能耗到最后。就是谁消耗得最慢，谁就能活到最后。

为了获得充足的现金，任正非想尽了办法，他甚至动员有市场经验的员工转到市场财经部。

几年前，我组织市场财经部（华为负责货款回收的部门），大家死都不愿意去，现在一看，市场财经部的人，哗啦啦老升官、升高官，到国外升官。没办法，不升他升谁呀，升你你不会呀。不升他，在国外那么大的合同，钱拿不回来咋办？那是棉衣啊。

第四节 给员工一条黄丝带

《伊索寓言》里有这样一则故事：森林里有一只野猪不停地对着树干磨它的獠牙，一只狐狸见了不解地问："现在没看到猎人，你为什么不躺下来休息享乐呢？"野猪回答说："等到猎人出现时再来磨牙就来不及啦！"野猪抗拒被捕猎的利器，不是它那锋利的獠牙而是它那超前的"危机意识"。

如出一辙的话来自华为老总任正非在《华为的冬天》一文中所说的："华为总会有冬天，准备好棉衣，比不准备好。"一样的未雨绸缪，一样的危机意识，一样用通俗易懂的言语给我们深刻的启示。对于企业来说，没有危机意识，单纯的"硬性危机预防体系"是无力的，超前的、无形的、全面的危机意识才是企业危机防范中最坚固的防线。

危机常常把企业推到风口浪尖之上，甚至生死两茫茫。这时候，对企业最大的考验不是危机本身，而是"人心"。这既包括企业外部的"人心"，即客户、股东、银行、政府、媒体等社会力量的人心向背，也包括企业内部的"人心"，即员工的所思、所想、所向、所背。

从 2001 年到 2002 年，华为除了在 GSM 市场上失利，还因为忽略了小灵通而失掉了大片市场，养肥了之前已被远远抛在后头的对手中兴通讯、UT 斯达康。而被寄予厚望的海外市场的经营依然毫无起色，一方面是由于找不到适用于海外市场的经营模式，另一方面则是海外费用长期居高不下，无法达到盈亏平衡点。

2001 年，华为完成营业额 255 亿元人民币，增长率从 80% 下滑到 13.7%。而 2002 年，华为收入继续下滑，从 255 亿元人民币下降到了 221 亿元人民币。出现了华为历史上的第一次负增长，“华为的冬天”不幸被任正非言中。

2002 年之所以被称为华为历史上最冷的一个冬天，还有一个原因即：从 2000 年到 2002 年，不断有员工从华为出走，严重地影响到了那些留下来的员工的工作积极性。所以，华为的这个冬天可谓是内忧外患，也难怪公司上下的士气降到了冰点。

当企业陷于困境时，领导者往往面临两种选择：一是为员工提供一条黄丝带，二是给他们三尺白绫。黄丝带代表希望，三尺白绫代表绝望。

被誉为“最伟大的军事统帅”的拿破仑曾这样阐述他对领导力的见解：黄丝带不过是一种希望，而领导者无非是希望的批发商。领导者制造希望，提供希望，兜售希望，并且运用这种希望来定义一个目的，确定达到目标的方法及目标实现之后的丰厚回报。

任正非作为华为的最高领导者，其领导力在这一艰难时期得到了充分的表现。他选择了给华为员工提供一条黄丝带。

在一次研发常委会议上，任正非给大家分析了当时的大环境，鼓励人们以正确的心态对待这一次“华为的冬天”，要善于从困难中看到希望。任正非在华为例会上说道：

最近（2004 年），研发的一些部门提出来士气问题，市场部门也有人提出大家有劲使不出来。我们怎么看这个问题？士气在什么时候应该好？如果士气在市场大发展、红红火火的时候才好，艰难困苦时候就不好，那么谁来完成从艰难困苦到大发展的准备？我个人的看法是，越在最艰难、越在最困苦的时候，越能磨练人的意志，越能检验人的道德与良知，越能锻炼人和提高人的技能，也越是我们的队伍建设最重要的时候。检验一个公司或部门是否具备良好的企业文化与组织氛围，不是在企业一帆风顺的时候，而是在遇到困难和挫折的时候，古人讲患难知人心，就是这个道理。

大家一定要充分认识到客观规律不是随人的意志而转移的。现在是一个前所未有的困难时期，但这个困难不是华为公司一家的，这是全行业的困难，是全球的IT业的冬天，包括国内外的运营商、设备商，所有的都包含进去了，可以说无一幸免。当然，华为只能讲自己的冬天，我们更多地讲自己存在的问题，因为我们是行业中的一部分，行业的大环境我们改变不了。我们没有资格对别人指手画脚，我们要集中精力把我们自己的事情办好。

任正非看似严酷，其实他更懂得如何在下属感到失望的时候及时鼓励他们，引导他们看到春天的希望，闻到春天的气息，朝着目标大步奔跑。

2006年，企业顾问哈里·赫特森与管理咨询师芭芭拉·佩里发表了一篇名为《领导要给员工希望》的文章，在管理界引起了重大的反响。这篇文章中有这样一段话：希望是火种，有了希望，人们将不再愤世嫉俗和萎靡不振。播种希望是领导者工作的一个重要组成部分，若是领导者在行动或讲话前先自问一下："我采取的行动或者说的话有可能扑灭希望，还是会点燃希望？"他们将获得莫大的好处。

在"华为的冬天"里，正是由于任正非以其巨大的精神推动力以及非凡的意志力，为华为人指明了前进的道路。在任正非的影响下，华为的军心逐渐地稳定了下来，一个重要的指标就是员工离职率没有继续攀升，开始从2000年内部创业时期最高点的11%下降到8%。

第五节 保持合理的成长速度

2011年，华为的销售收入首次突破了2000亿元，继续保持中国第一大民营企业的桂冠；折合为324亿美元，鉴于行业领头羊爱立信2011年的销售输入为329.3亿美元，华为要超越爱立信似乎指日可待。要知道，2011年华为与爱立信的战略可谓南辕北辙：华为组建了企业和消费者两大新业务集团，开始大规模多元化，爱立信则卖掉了索爱，还计划剥离芯片公司 ST 爱立信，以便专注于电信运营商市场，并向更高附加值的软件和服务领域转型。如果只计算电信运营商市场的销售收入，华为 2011 年是 240 亿美元，增长率只有 3%；爱立信则是 260 亿美元，增长率高达 12%。因此，华为与爱立信的差距还是拉大了。没有高增长行不行？没有利润行不行？至少对华为来说不行，因为它早已习惯了这种发展模式。过去这么多年，华为通过大规模的员工持股吸引了最优秀的人才，极大地调动了员工的积极性，实现了收入和利润的高速增长，这个高速增长又能够为华为员工发放更多的股票和分红，从而形成了良性循环。①

"速度制胜"也是华为的成功要诀之一。任正非也曾表示：

华为必须保持合理的成长速度，没有合理的成长速度就没有足够的利润来支撑企业的发展；没有合理的成长速度，就没有足够的能力给员工提供更多的发展机会，从而吸引更多企业所需的优秀人才；没有合理的成长速度，就会落后于竞争对手，最终将导致公司的死亡。没有规模，难以对付未来的低成本竞争。

华为市场策划与推广部部长郭海卫说道，1999 年，华为成为最先和中国移动一起做神州行预付费业务的企业。当时他们已经提前觉察到这个将要出现的市场，暗自做了技术储备。中国移动一提出需求，华为立刻全力响应。一期工程全国铺了 25 个省市的点，只有华为一家承建。

华为 3G 终端的定制方案胜在一个"快"字。依托华为的核心技术优势和量产优势，通过平台一体化，建立器件共享库，降低运作成本等多种途径，华为能为全球的电信运营商提供更为灵活、个性化的整体解决方案，在响应时间上更为迅速，从而满足运营商降低成本、快速开拓市场的目的。完善的全球服务体系也是保证华为 3G 终端"快"赢市场的关键。截至 2005 年 10 月，华为在国际市场上覆盖 90 多个国家和地区，全球排名前 50 名的运营商中，已有 22 家使用华为的产品和服务。

---

① 冀勇庆 . 华为 2011 年报解析：快时代的终结 . 福布斯中文网，2012.4

法国Neuf公司是目前仅次于法国电信的第二大固网运营商。自2002年该公司首次采用华为的光网络设备以来，仅两年时间，华为就成为该公司的5大设备供应商之一，目前华为光网络、IPDSLAM、媒体网关等设备广泛运行在Neuf公司遍布法国的网络上。谈到与华为合作的原因，Michel Paulin在接受《人民邮电报》采访时说："他们的技术很好，我多次到华为在中国的总部参观。他们的生产线绝对是世界一流的。更重要的是，他们能够快速作出反应。不管我们提出什么样的需求，他们总是能够在第一时间作出反应。华为的快速反应能力令人惊讶。"

任正非在总结华为在海外取得的成就时说：

进入海外市场，我们的差异化优势主要是满足客户需求比较快（比如说泰国AIS，我们因为比友商项目实施周期快3倍，才获得了服务AIS的机会）。因为，海外合同要么交付要求比较急，要么需求特殊，需定制开发\研发、用服、供应链等，只有赶时间、抢进度，全力以赴才能抓住市场机会。

华为国际化之路发展迅速，特别是无线产品线，已经成为华为迈向国外市场的排头兵。据华为UMTS产品线总裁万飚介绍，目前全球50强电信运营商中，有26家已经成为华为的用户。

华为的快速响应能力一个极限案例是，2006年，华为在刚果的客户由于客观原因改变工程计划，原定30天工期的核心网设备建设压缩为4天，华为员工吃住在工地，四天三夜车轮战，居然真在4天内完工了！

华为总结出来一条重要经验：与外国跨国公司比，中国企业绝不仅仅有劣势，同样有非常明显的优势。比如，欧洲企业普遍反应较慢，用户提出一个修改建议，他们往往要一年甚至一年半才能改进。而华为，只要用户有需求，总是加班加点，快速反应。一个要一年才改进，一个只要一个月就能改进，优势自然体现出来了。

同样，速度制胜也是阿迪达斯的成功秘诀。阿迪达斯是个历史悠久的企业集团，当阿迪达斯董事长首席执行官海纳成为这个集团的CEO时，他刚刚48岁。他自己就是速度的代表，而现在海纳最关心的就是提升阿迪达斯的速度。阿迪达斯成为世界No.1首先要战胜的是宿敌耐克。虽然目前耐克的销售总额仍然超过阿迪达斯，但海纳在提到自己的老对手时，似乎并没有什么“醋意”，他带着惯有的自信回答：“他们没有我们的发展速度快。耐克在过去三年里的增长都没有我们快。根据我们的市场调查数据以及从零售商那里了解到的情况，再加上奥运会可以产生的推动作用，过几年，我们就会成为世界第一的体育用品集团！”

附录

华为，你将被谁抛弃

在华为内刊上刊登的这篇文章，是一个针砭企业危机的杰作。这种朴实无华地描述，直奔企业的真问题。许多现象，不只存在于华为，也普遍存在于中国企业。

1. 无比厚重的部门墙

一般产品出了问题，我们都是互相推卸责任，经常最后发现谁的责任都不是。要么是客户没操作好，要么是环境不匹配。通信产品非常复杂，结合部模糊地带也很多，推卸掉责任还是很容易的。好比当初三聚氰胺的笑话，厂家说牛奶出了问题是因为奶贩子，奶贩子说是因为奶牛，奶牛说是草的问题，草说是草他妈出了问题……

还有就是内部协调起来特别困难，如果不是自己牵头或者自己部门牵头负责的项目，很难调动得了资源。不恰当的局部考核是导致类似现象的重要原因之一，而且考核差距过大也强化了这种冲动。所有人都关注自己是不是能获得高绩效，没人关注组织是否能成功。

不恰当的考核不仅会伤害整体，也容易导致过度关注短期利益。

当所有人都不把企业放心上的时候，考核只能沦为互相欺骗的幌子、强化布朗运动的搅拌机。考核的尺度和范围十分重要，片面希望考核解决一切问题也是不切实际的。考核工具要能和核心价值观、人员成熟度、管理水平等匹配起来应用才有可能发挥好的作用。

2. 肛泰式（膏药式）管控体系

先看些常见的现象：上级说减少会议，于是有用没用的会议都不让开了。领导说转测试三次，不通过开发代表下岗，于是再也没有转测试不通过的了。发文说质量和进度冲突时质量要第一，于是就有人在项目可以GA了还故意拖几天，这样就显得更重视质量了。

当出现这些做假现象时，上级一般都认为是因为大家能力太差，监控措施不到位，反正都是员工的错，都是别人的错。于是为了避免做假，又设定更复杂的管控措施，增加复杂的监控组织。于是组织越来越复杂，干活的越来越少，效率越来越低下。退一万步说，就算真是员工能力不行，也应该设计适配员工能力的组织管理方式，或者去给员工培训，应该通过疏而不是堵的方式解决问题。

3. 不尊重员工的"自我中心"

我们的企业存在的问题就是只注重短期效果，注重人的短期业绩而不太注重能力的发展。管理者和员工之间的关系大多是典型的"绩效导向"，就是"你给我赚更多的钱，我就给你发更多的钱"，"你不给我赚钱，你就可以走人了"。

创新型知识型企业员工是最重要的生产资料，我们对待生产资料缺乏敬畏之心，也缺乏共同成长的愿景，导致我们的离职率很高，忠诚度低下。我们在人才的管理上落后别人一个时代，当大家都在为尊重人、激发人、培养人努力奋斗时，我们还在把员工当敌人看，当机器管。

4. "视上为爹"的官僚主义

我们经常看到，为了完成给上级一个汇报胶片，一大帮人持续钻研两三个月，胶片改了二十几个版本，一张照片要翻来覆去地考量。为了满足上级的一次参观，把本来做实验用的地方用来做展台，购买大量不增值的东西。真是为了博妃子一笑，不惜大动干戈。

当所有的利益都来源于上级领导评价的时候，官僚主义是不可避免的，奢望通过什么减少简化来解决问题更是痴人说梦。只有解决了对主管的评价问题，才有可能解决汇报和会议问题，只有建立起真正能体现主管价值的评价体系，主管才有可能聚焦在核心业务上。公司一旦大了，问题怎么就这么多呢？

5. 令人作呕的马屁文化

一决策机构参谋对着领导的材料说，这哪里有什么问题啊，简直太伟大了。看这马屁拍的，太没水准了。马屁文化从管理层泛滥开去，弥漫整个公司，虽然下面不这么肉麻，也都不愿意去戳破这层窗户纸。这直接导致信息失真，试点没有不成功的，要求没有达不到的。

马屁文化一方面来源于上行下效，一方面也来源于过于刚性的执行力。大树底下寸草不生，大树虽然多次表示征言纳贤，也只不过象征性表示下罢了。

马屁文化导致机体缺乏自我免疫机能，从上到下都是一条裤子，当裤子非常完美时可能还能正确前行。但裤子一旦破了，露出屁股丢人也是难免的，因为没人敢去跟上级说，你的裤子破了，大家都睁一只眼闭一只眼。组织的健康成长既需要民主，也需要集中，民主是为了集思广益，集中是为了提高执行力。我们没有真民主，最后导致的都是假集中。

6. 权利和责任割裂的业务设计

我们的开发部门现在面临巨大的压力，很多部门经常加班到深夜十二点，大量员工离职，用领导的话来说，几乎是再造了一个腾讯。可笑的是居然有一些部门主管夸自己部门的人热情洋溢，每天自愿加班到深夜，真的是昧着良心说瞎话。

当你把业务部门和开发部门割裂开来的时候，很容易带来前后方的冲突。开发部门负责提供炮弹，负责质量问题，承担的是责任；业务部门有开疆破土，呼唤炮火的权利，却不承担后面对资源负责的责任。这导致业务部门或营销只会大量地去提需求，最后导致开发部门累得要死。

为了让开发不要过度加班，能筛选需求获得真正的价值。于是就提出开发和业务分权制衡，希望开发部门和业务部门能对着干，敢于对前方需求提反对意见。看起来是解决问题了，但还是解决不了根本问题，因为开发和前方的平衡将带来大量的扯皮，最终不仅丧失价值需求，还会使效率大大降低。就好比治疗吃饭会噎着的问题一样，我们不是通过把饭嚼碎解决问题，而是希望通过不吃饭来解决问题。

因为这里缺乏一个真正的责权一体的组织，缺乏一个能平衡前方和后方的真正责任人，或者说业务部门的责权分离导致了这个结果。如果有个责任人，自己能去平衡需求和后端的资源，他自然会去考虑如何才能使资源最大化，自然会在需求和价值间平衡。我们现在的业务设计就比较混乱，业务和开发抢权，项目和资源抢权，缺乏一个真正的契约化客户化组织，必然导致一笔大糊涂账。

人都是趋利的动物，组织的设计更要十分精细，能深入到人的内心实际需求，而不是按下葫芦瓢起瓢的胡乱指挥。而且这些关于人的行为规律的东西十分复杂，更多地靠人的感受和领悟。如果对人没有深刻的理解，是很难搞清楚究竟该如何设计的。我们以前过多地依赖技术和战略成功，当我们突然走向精细化时，就有点慌不择路了。

7. 集权而低效的组织设计

有客户反馈，华为响应及时性比以前欠缺，及时性慢。有客户抱怨，华为内部流程僵化，过于教条，没有以前灵活。还有客户问，你们能帮忙把这个电缆换了么，我们回答是当然可以，不过需要在 7 个月以后。以前都是内部员工在喊，现在外面的声音也逐步强大起来了。

企业大了后很容易带来一个问题就是效率低下，组织复杂，这也被管理界称为大企业病。世界 500 强为了避免类似的组织累赘，往往会采用事业部形式，就是把组织分成若干个小组织，让小组织自己承担盈亏。通过完整团队的运作，进行短链条的管理和交付。

我们则执行的是长链条的管理和交付，市场和开发属于不同的体系，市场不把开发当人，开发则觉得市场没技术，出了问题就互相推诿。有时为了完成个产品的某个牵涉大特征的优化，大体系的纠葛十分严重，直接导致效率十分低下，简直令人惊诧。

8. 挂在墙上的核心价值观

我们一方面号召大家要实践核心价值观，一方面缺乏有效的动作和价值支撑，最后导致执行流于形式。比如团结进取等，虽然每次 PBC 沟通都会拿出来晾晾，但缺乏有效的解读和利益的支撑，加上局部化利益的考核导向，也使这一切流于形式，非但没能促进企业进步，还浪费了公司的人力物力。大企业的竞争靠价值观，我们这价值观显然是没什么竞争力的。

9. 言必称马列的教条主义

我们在汇报材料或宣讲时，口头禅都是IBM如何、爱立信如何，或者某领导如何。领导看到大家材料也是问这是不是书上写的，有什么出处没，从来不会问我们是怎么样的。大家觉得只要是进口的就是优秀的，只要是书上的就是可以应用的。这一方面说明大家过分迷信洋人，一方面说明心里没底，或者说对组织什么都不懂，只能生搬硬套。

借鉴西方的先进理论可以，但不能完全无条件地照搬。管理是社会科学而不是自然科学，自然科学就是那些基本技术和理论，抄起来容易些，社会科学则牵涉广泛且深入得多。连德鲁克都说，希望中国企业能在自己国情基础上摸索出适合自己的管理方法，而不是教条的照抄。日本企业在成长的同时能成长出国分正义、盛田昭夫，华为能成长出谁来，林志玲么？

10. 夜郎自大的阿Q精神

我们祖上曾经阔过，祖宗成法已经打了这么多胜仗，我们的领袖是英明的，我们还是就这么办吧。公司上下充斥着这样一种盲目自信精神，尤其在领导层。总觉得祖宗厉害过，以后还是厉害的，有时甚至谈到中兴时都有种品种的优良感来。于是我们着手总结造钟而不仅仅是报时，就这水平，又能总结出个啥呢。

有时候我甚至觉得，华为需要一场大的挫折，否则永远不可能有进步的勇气和发自内心的改善。或者说华为一场大的挫折是无可避免的，因为无人能阻止得了这个巨大的惯性。

这就好比2012的大灾难，人类过度消费导致环境的超载，因为利益的原因，任何哥本哈根会议都无法达成一致，也是阻止不了灾难的到来的。一场大的灾难可能是洗涤过去，重新开始的唯一机会。你看2012后的天空是多么的明朗啊。

（本文摘编自华为内刊《华为人》，2010年12月）

案例链接 1

企业文化与企业家文化

海尔首席执行官张瑞敏本人可以称为海尔的"首席文化官"。美国一家报社记者采访时问张瑞敏：你在这个企业中应当是什么角色？张瑞敏回答："第一应是设计师，在企业的发展过程中使组织结构适应于企业的发展；第二应是牧师，不断地布道，使员工接受企业文化，把员工自身价值的体现和企业目标的实现结合起来。"

IBM 前任首席执行官郭士纳也这样说："如果首席执行官不身体力行和竭力宣讲企业文化，并且贯彻始终，那么就会一事无成。这不是充分条件，但是个必要条件。"

在海尔，张瑞敏在形成统一内部步调、适应外部客观环境的企业文化过程中发挥了异常重要的作用。海尔企业文化的重大改革是自上而下地进行的，因为它要克服巨大的阻力，需要极大的权力支撑。这种权力通常只能属于公司最高管理者。不可否认，海尔的企业文化有较重的"企业家文化"的痕迹，不少管理理念和方法来自张瑞敏本人，企业气氛不够活跃，缺乏团队共建的文化。在这种情况下，如果公司更换了新的领导人，海尔的企业文化会不会随之改变呢？笔者曾经直截了当地向张瑞敏提出过这个问题。外界有种说法，海尔是无法学的，因为张瑞敏是唯一的。当然这是对他的一种很高的褒扬，但这是否也意味着"一人企业"弊端的存在？张瑞敏回答："美国人讲企业就像一堵砖墙一样，如果抽掉一块砖这堵墙不会塌。我们想先做到这个程度，然后考虑这堵墙怎么样不断长高。"

怎么做呢？这就牵涉到张瑞敏所说的"制度文化"。张瑞敏在其文章中写道："一个企业在比较出色的领导人离开之后是否还能够获得良好的发展？我在中国还没有看到过这种企业。而国外的大企业，领导人一代一代换下去，依然保持非常强的竞争力，历经百年而不衰，我认为真是不简单。从根本上说，这些企业的价值观是一样的，历经百年也仍然一脉相承。中国企业却往往是一个领导人换了，一切都变了，甚至这个企业就不见了。所以我们现在做了很多的工作，都是想这个企业不管将来怎么换领导人都要能保持下去。其实现在我认识的一些人，他说你真是不应该这么干，你应该把所有的权力都握在一个人手上，缺了你就玩不转了。但我认为这没有意思。”

（本文摘编自《张瑞敏如是说：中国第一CEO的智慧》，作者：胡泳，来源：浙江人民出版社）

案例链接 2

防患于未然

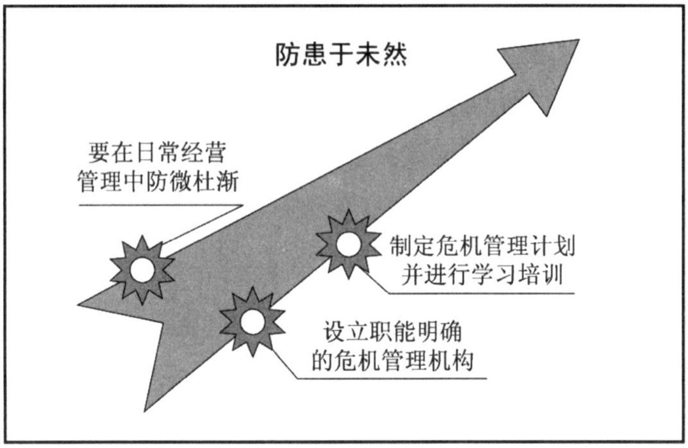

防患于未然才能及时而有效地避免危机发生。危机防范也是人们公认的成本最为低廉的危机管理方式。

一是要在日常经营管理中防微杜渐。有些危机是源于企业日常生产和经营活动中的不足或失误的积累，在日常的经营运作中对企业的薄弱环节或潜在问题给予足够重视并对其可能造成的危害形成正确认识，对危机的苗头高度警惕，及时采取有效措施解决经营中的安全隐患，是危机防范的主要内容之一。

二是设立职能明确的危机管理机构。危机管理并非只是特定部门或特定人员的职责，而是企业内各部门的联合责任，在企业内设立危机管理团队还是完全应该且必需的。

危机管理团队应该是企业的常设机构，因为危机类型繁多，一个有效的危机管理团队应该包括决策层负责人以及企业各部门（如公关部、人事部、保卫部、财务部、技术部等）的主管或优秀人才，还可外聘公关专家，组成一个智囊团。这些人才在企业常态时除了干好本职工作外，还起着防范和预警企业危机的作用，企业一旦出现危机，他们就应该在高级管理人员的组织和协调下快速起到处理危机的作用。

三是制订危机管理计划并进行学习培训。凡事预则立，不预则废。防范措施做得再好，也不能保证万无一失。因此企业应该未雨绸缪，制订出详细可靠的危机管理计划，并对企业员工进行危机管理知识的培训和实战演习，以便一旦危机真的来临时能够从容面对，不致措手不及地去打无准备之仗。

在防患于未然方面，具有很强危机感的英特尔就做得很好。

2004年6月20日，英特尔宣布召回最新的Grantsdale芯片组。该芯片组是英特尔高调推出的，宣称是近10年来个人电脑平台最具意义的变化，但不到一周，英特尔就发现该芯片组存在问题并宣布召回该芯片组。Grantsdale芯片组的问题出在I/O controller，也就是ICH-6部分，原本其接合垫应该要完全去除钝化层，但其制造过程却未做到这点。

英特尔发言人比尔·考尔德称，多数有问题的芯片目前仍在计算机制造商和主板制造商手里，因此，用户并未受到太大影响。出问题的IcH6南桥芯片只是6月7日～6月14日之间出货的芯片中的某部分产品，并非全面性的设计瑕疵问题。其实，英特尔这批出问题的IcH6芯片数量并不多，完全没有必要全面回收，但英特尔大动干戈召回全部产品有更深层次的原因。

全面招回出问题的芯片是英特尔防患于未然的一种表现。英特尔吸取了“奔腾”瑕疵危机的经验，英特尔中国公司公关经理王锦红说：“本着对用户负责的态度，还是召回了可能存在问题的产品，通知合作厂商把产品送回来检测。”产品的质量对企业的产品来说至关重要，没有高品质的产品，企业的品牌是不会响亮的。产品的质量对于英特尔更是重中之重，如果因为一次产品出现问题，则会使公司的整个品牌受到不利影响，尽管可能是小小的瑕疵，也要精益求精；相应地，还为英特尔注重产品质量作了宣传。此举可谓一举多得。

HUAWEI

第9章

文化的特征就是服务

HW

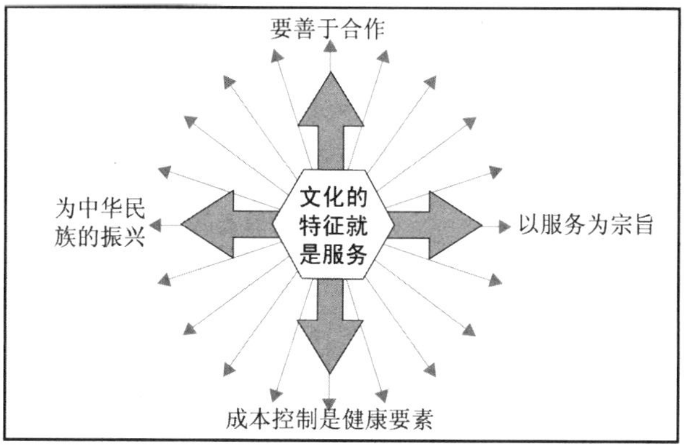

华为文化的特征就是服务文化，因为只有服务才能换来商业利益。服务的涵义是很广的，不仅仅指售后服务，从产品的研究、生产到产品生命终结前的优化升级，员工的思想意识、家庭生活……

因此，我们要以服务来定队伍建设的宗旨。我们只有用优良的服务去争取用户的信任，从而创造了资源，这种信任的力量是无穷的，是我们取之不尽、用之不完的源泉。有一天我们不用服务了，就是要关门、破产了。因此，服务贯穿于我们公司及个人生命的始终。

——华为总裁　任正非

第一节　要善于合作

所谓合作，就是在特定的区域范围、空间范围和时间范围内，以市场机制为主导，优化投资环境，合理动员利用和科学整合各种有效资源，增强相互间的关联程度，使之在市场竞争过程中动态调节，相互补充，相互作用，相互协调从而达到优化配置状态，产生整体聚合能动效应。做企业，就是一定要学会合作，所有都自己来，从零开始，太慢了，只有学会合作，才能利用一切可以利用的资源。

在企业赢利模式中，有一种模式叫“鱼模式”。就是说一只小鱼始终跟在鲨鱼后面，帮助驱除鲨鱼身上的寄生虫，鲨鱼就不吃它，而它则可以从鲨鱼的捕猎中轻易获得食物。找到与大行业或者大企业的共同利益，主动结盟，将强大竞争对手转化为依存伙伴，借船出海，借梯登高，这是一种智慧的做法。

华为总裁任正非一直在打造他的狼王国，狼性文化作为企业的核心竞争力，在发展中显示了它非凡的力量。任正非归纳出的狼的三大特性之一就是“群体奋斗”。

华为的文化核心就是团队精神，也就是外人所说的“狼文化”，团队精神是华为人所提倡的。任正非在题为《致新员工书》的演讲中说道：

华为的企业文化是建立在国家优良传统文化基础上的企业文化，这个企业文化黏合全体员工团结合作，走群体奋斗的道路。有了这个平台，你的聪明才智方能很好发挥，并有所成就。没有责任心，不善于合作，不能群体奋斗的人，等于丧失了在华为进步的机会。

华为拥有一支由“狼群”组成的营销团队。华为市场系统流行了多年的“胜则举杯相庆，败则拼死相救”，是对华为“团队文化”的最好概括和总结。“为了市场销售增长所做的一切都不是可耻的”，这句曾经在华为内部流传甚广的话就是华为团队文化的一种真实的写照：为了得到订单，华为人可以彻夜不眠地召开项目分析会；为了得到订单，华为人可以在冰天雪地里光着脚为客户推车；为了得到订单，华为人可以在客户办公室门口站上一天；为了得到订单，华为人可以在竞争对手即将签订合同前仍然不懈地努力着。

当一个华为员工提出客户接待需求时，通过电子流提出相关申请，会很通畅地得到各相关部门的配合。可能一个新员工刚开始还不太放心，尝试过几次后，会自发地为华为内部这种团队精神所激励与感染，而当自己需要配合别人时也会同样全力以赴。又如华为有个工时分析系统，供员工填写日志，公司会对员工日志进行抽查，同时还会通过回访等形式进行工作配合满意度调查，以增强员工间的团队协作和对合作伙伴的服务质量。

可以说，当一个行业处于群雄逐鹿、硝烟四起的激烈竞争环境时，只有那些强调了团队合作，采用规范严密的管理流程的组织更容易获得成功！

第二节　以服务为宗旨

对于华为来说，一个成功的管理服务项目包括必须实现既定的KPI（关键绩效指标）、SLA（服务水平协议），这是硬性指标。如何保证这些指标的实现呢？

管理服务团队通过目标设定（内部 OLA）来推进项目的运作。在项目运行的全过程，以时间和事件为坐标轴设立若干的关键控制节点，来衡量和管理大家的绩效，以此来保障最终 KPI 和 SLA 目标的实现。我们的管理是结果导向。如果没有好的流程和管理，即使你有优秀的人才和队伍，他们也不过是乌合之众、散兵游勇。

有了目标，也有了行之有效的管理制度，在日常工作中，保障这一切的最重要手段就是沟通。沟通是一个连续的长久的，不是一次性的行为，除了正式开会外，还有很多非正式的沟通。一定要主动，不能等客户要求才去做，否则即使做完客户也会不满意。要做到这一点，需要跟客户建立良好的关系，才能理解客户的需求，从而达成很好的客户满意度。另外，华为尽可能安排与客户有相似文化背景的团队成员与客户进行交流，比如说本地员工，这样能够大大提高沟通的效率，提升客户对华为的信任。客户对华为的信任在很大程度上影响华为项目交付的结果。

有了清晰的目标、科学的制度、顺畅的沟通，是否就可以确保项目的成功呢？还有一些精神层面的保障，这就是责任心。华为人有着艰苦奋斗、敢于实践的精神，即使面对困难也愿意和敢于去做，而且结果很好。比如在孟加拉，自然环境比较差，当地经常停电，停电时间往往很长，有时候还会遇到风灾、雨灾破坏基站，但华为在当地的交付做得很好。虽然客户不是孟加拉最大的运营商，但华为网络质量是全国最好的，每次自然灾害之后总是第一个恢复网络。为什么可以做到这样呢？因为华为人有着对事业的责任心，使命必达的精神，还有时刻为客户着想的行动原则。当华为人有这样的信念，就会想尽一切办法保障网络高质量。

在经济全球化的加速发展趋势下，电信运营商们的服务竞争时代已经来临。服务作为一种商业模式成为众多运营商的战略选择，企业能否提供不断提高的服务质量和水平，对于能否稳定市场和开拓市场，增强企业的综合实力，体现竞争优势，起着至关重要的作用。一些欧美国家的电信巨头，如沃达丰、德国电信、AT&T 等，无一不把服务作为竞争的利器，并取得了巨大的成功。对于作为电信运营供应商的华为来说，其更需将服务文化作为重点。

任正非在其题为《资源是会枯竭的，唯有文化才能生生不息》的演讲中谈道：

华为是一个功利集团，我们一切都是围绕商业利益的。因此，我们的文化叫企业文化，而不是其他文化或政治。因此，华为文化的特征就是服务文化，因为只有服务才能换来商业利益。服务的涵义是很广的，不仅仅指售后服务，从产品的研究、生产到产品生命终结前的优化升级，员工的思想意识、家庭生活……

因此，我们要以服务来定队伍建设的宗旨。我们只有用优良的服务去争取用户的信任，从而创造了资源，这种信任的力量是无穷的，是我们取之不尽、用之不完的源泉。有一天我们不用服务了，就是要关门、破产了。因此，服务贯穿于我们公司及个人生命的始终。当我们生命结束了，就不用服务了，因此，服务不好的主管，不该下台吗？

1996年春节，在听到春节慰问团的工作汇报及来自前方服务人员的心灵呼喊时，令任正非颇为感动。

8年来，我们初期的产品水平不高，质量也不好，学生研究的产品，散布在中国960万平方公里的土地上。而我们今天市场这么好，用户这么信任我们，是一俊遮百丑。是服中心的员工们，用青春和心血铺就了华为成功的道路。不管冰天雪地、赤日炎炎，在白山黑水、在崇山峻岭中，没有日夜的概念，终年奔波在维修、装机的路上，用户的需要就是命令。严冬由于雪堵死了道路，一困七八个小时坐在零下廿多度的车上，酷夏挤在蒸笼般的超载的长途车中。大年三十爬上高高的铁塔，为了维修我们在研究、生产中的一点点小小的疏忽。当我们坐在温暖的办公室内，他们却为了赶不上车，在车站外面徘徊；当我们一遍一遍受到培训，增加晋升机会时，他们却因公司发展太快，服务工作跟不上，一直待在远离公司的地方，一呆就是两年没有回来一次。当我们与家人团聚，他们在远离公司的地方，坚守岗位。不站好这班岗，哪有市场。当他们不断地守着我们早期有故障的产品在新技术方面跟不上公司的发展，不敢停歇一会，以确保公司信用时。当他们打电话向公司求援时，却受到“明白人”的斥责，说他们水平不高。我们这个时代最崇高的是责任心，最可贵的是蜡烛精神，他们照亮了公司消耗了自己。多么伟大的人格，多么高尚的情操，当我们获得辉煌时，他们仍然像萤火虫一样默默地发光，不管您知道不知道，消耗毕生的精力与心血，在闪着您成功的五彩缤纷时，不曾注意的微光。

任正非号召一切员工都要向用服中心学习。

土夯实了一层，再撒一层，再夯。只有这样我们才能不断地造就资源，实现可持续发展。要把精益生产落实到每一个员工，每一个环节、流程，落实到我们每一个思维、每一个动作。如果我们这样做就能像以色列一样在贫乏的资源上建立起辉煌。

2000 年，华为提出“服务的华为，增值的网络”这一口号，指引服务向网络增值方向创新。2001 年，华为又提出“双赢”的服务新思维，标志与客户共建服务链的战略思想正逐步形成。而在 2003 年初，结合网络服务需求以及华为基本法，最终将“专业、快捷和热诚”六个字确立为华为服务的核心价值观。

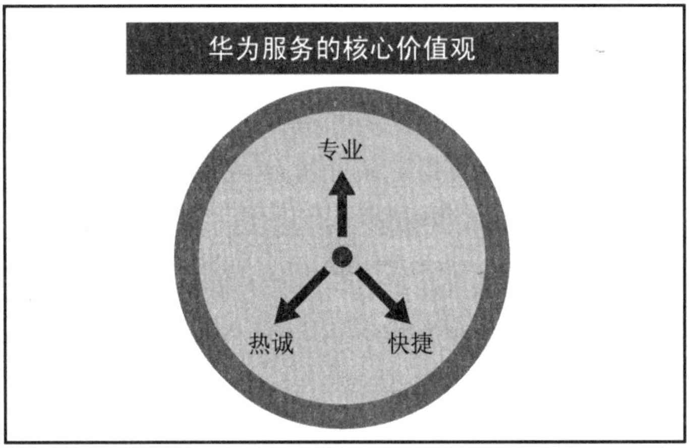

随着华为全球化布局的不断扩大，华为人深刻地认识到，在全球化这样的拓展中，不但包括硬性产品的销售和市场占有，更为重要的是服务的同步建设。“服务”在华为的理解中，并不仅仅是简单的态度良好，或沟通顺畅。在时刻满足客户需要的快捷反应基础上，建立满足客户建设实施中多种流程的服务供应链，才能准确把握客户需求，并不断提供预防性、增值性服务，真正帮助客户提高服务质量、降低运营成本和增加效益，而这才是华为服务的价值。

第三节　成本控制是健康要素

成本是市场竞争的关键制胜因素。成本控制应当从产品价值链的角度，权衡投入产出的综合效益，合理地确定控制策略。

华为把成本意识贯穿到流程的每个环节。像其他成功的国内外企业一样，华为很早就认同了这样的理论：成本控制不能光靠节约。成本是由研发路标、结构设计、生产工艺、物料成本以及供应链管理综合确定的。不同的设计思路和产品结构，可能导致产品先天就不具有成本竞争性。生产工艺的改进可以极大地降低生产成本，提高产品质量。科学的供应链管理可有效地控制物料成本，进而提高产品的价格竞争性。

技术创新是资金密集型投资活动，离开资金投入就谈不到技术创新，而华为又是一家民营企业，民营企业的发展瓶颈又恰恰在于资金短缺，因而华为在技术创新的资金支持上的做法，确实值得称道！其中最为值得一提的是，华为为了技术创新而经常勒紧裤带过日子，例如华为在初创时期，就将自己以代理方式所获得的微薄利润，都点点滴滴地投入技术开发上，利用压强原理，局部突破，逐渐取得利润，而后又把利润投向新的技术研发上，如此周而复始，心无旁骛。

成本控制良好情况下的成长才是健康成长，否则风险太大。华为正处在从销售拉动型转变为精细运营的关键时期，未来的利润会更多来自我们的效率提升和成本控制。

一直秉承大投入大产出的华为，在研发和人力资源等方面的投入是巨大的，要保持技术优势、留住优秀人才，没有大投入是很难实现的。但是投入不是盲目的，不该花的钱，坚决不能花。任正非表示：

西方公司过去日子太好了，拧的水太多了，所以拧着拧着把自己拧死了，我们也不是最佳状态。我们公司的铺张浪费还很多的。

华为的财务管理在1997年全面达到国际、国内高水平规范化的账务管理水准。任正非要求，在这个基础上，要加强成本控制管理。从预算管理入手，以成本管理为基础来优化财务管理制度与经济指标考核制度。

任正非在其内部讲话《不做昙花一现的英雄》中谈道：

大家不要因为现在信息产品的利润率还比较丰厚而沾沾自喜，竞争的残酷性不会比PC机更轻松，世界级竞争一定会出现。没有大的市场规模是不可能有低成本的，但竞争一定会出现低成本阶段。

1. 软件产品的可复制性，要求必须规模经营，以大幅度降低成本。

软件产品的复制成本很低，使得复制品越多，产品的成本越低，获取的利润越大；利润越大，就可获得更多的优秀人才，用更多的钱去建立良好的管理体系，来对付新的竞争对手的进入，从而保证自己在市场上的领先。我倒不认为一个拖拉机厂大得一望无际就是世界级的，但我认为一个软件工厂如果没有各国的保护政策制约的话，实际上已经没有必要在世界上再建第二个工厂了。之所以要建第二个工厂，是因为各个国家、各个民族站在各自民族利益的立场上所确立的政策，所以世界上才产生了众多同样产业。因此我们必须看到我们所从事的信息通信产业就是必须要规模大。如果我们的交换机现在还是300万线以下，就不可能支撑我们的利润；如果我们的交换机产量能超过1000万线，我相信效益比今天还会好得多。

2. 规模经营的低成本是管理产生的，而不是自发产生的。

大规模不可能自动地带来低成本，低成本是管理产生的，盲目的规模化是不正确的，规模化以后没有良好的管理，同样也不能出现低成本。一个大公司最主要的问题是两条，一是管理的漏洞，二是官僚主义。因此我们在管理上要狠抓到底，我们不相信会自发地产生低成本。

3. 产品的覆盖率、占有率、增长率是考核企业发展的宏观经济指标。

产品最后体现出来的经济指标是产品的市场覆盖率、占有率、增长率。考察我们的管理是否有效的指标，就是这三个指标。因此我们现在制定的KPI指标要围绕公司的总目标来分解和贯彻，不能各部门孤立地去建立KPI指标。每个部门与产品的覆盖率、占有率、增长率都有一定的关系。在总目标引导下的管理与服务目标分解，才会起到综合治理的作用。就如长江防洪，不能沿江七省各搞各的一样。

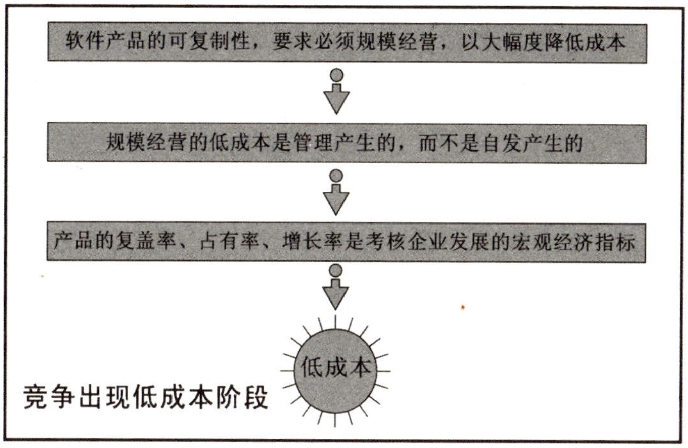

从2002年起，华为就开始强化内部成本控制，从出差、会务接待、通信费用等方面入手，全面控制费用支出，据华为财务部门人士透露，仅日常管理费用开支项，每年就节省了10多亿元。

华为的劲敌之一思科同样也在进行着节俭文化的传导。尽管思科总部的办公楼、实验楼有好几十座，而公司领导却只占据其中一隅。从思科首席执行官钱伯斯，到所有高层都只有一间背阴的小办公室，外带一间能放几把椅子的小会议室；来自世界各国的行业、金融分析师们来到思科参观，而午餐却只是盒饭——计有三明治两片、苹果一个、巧克力和点心各一块；为了控制支出，包括思科首席执行官钱伯斯在内的思科所有员工，出差住宿都要遵循统一标准，超标部分，电脑会自动从工资中扣除；在员工休息室里，却赫然张贴着这样的告示：每人每天少喝一瓶饮料，公司一年便可节约 240 万美元。

在金融危机之下，思科在美国正在精减员工出差等方面的开支。2008 年 5 月，钱伯斯在接受《数字商业时代》采访时说道："我们的差旅费节省了 20%，节约了 1.5 亿资金。我们把节约出来的钱更好地用于铸造合作伙伴关系和投入客户身上。20% 差旅费的节约意味着更大生产力，我们可以分配出更多资金引入其他领域，这也是绿色环保举措之一。"

第四节　为中华民族的振兴

爱祖国、爱人民、爱事业和爱生活是我们凝聚力的源泉。

——《华为公司基本法》

作为中国内地第三个进入《财富》500 强的民营公司（第一和第二分别是联想和沙钢），不管是就业还是税收、从行业结构的角度还是从国家竞争的角度，甚至是从管理研究和管理教育的角度，华为的健康发展，都不是任正非一家一姓的"家事"了。任正非也早有这样的意思。

穷困是有大作为的人的第一桶金，那么饥饿感就是一个人不竭的动力源。曾经在社会底层挣扎，促使他们有更强烈的改变现状的欲望，一无所有使他们具有赌徒般的冒险精神：曾经的艰苦生活，又使他们具备常人没有的意志和耐力。这种原始的生命力，正是商业社会前进的动力。

任正非曾在其文章中写道：

当 1997 年我国的高等教育制度改革时，开始向学生收费，而配套的助学贷款又没跟上，华为向教育部捐献了 2500 万元寒门学子基金。在基金叫什么名字上争论很大，甚至有员工亲自来找我，说不要叫寒门，叫优秀 ××，这些人不少还是博士、博士后。我认为出身贫寒并不羞耻，而思想与知识贫寒，出身高贵也不光荣。我的青少年时代就是在贫困、饥饿、父母逼着学中度过来的。没有他们在困难中看见光明的指导，并逼迫我们努力，就不会有我的今天。

对知识的尊重，是中国知识阶层的教育传统，也是经历过“文化大革命”的一代知识分子，对被扭曲了的文化观念的修正，对于身受贫穷压榨的发展中国家和人民，更能感受到尊重知识的重要性。从这个角度说，华为的寒门学子基金，意义等同于“希望工程”。

在不断发展的同时，华为也积极回报社会实践着自己“产业报国”的不懈追求。在《华为公司基本法》中有这样一句话：

华为以产业报国和科教兴国为己任，以公司的发展为所在社区作出贡献。为伟大祖国的繁荣昌盛，为中华民族的振兴，为自己和家人的幸福而不懈努力。

在1998年的抗洪救灾中，华为捐献人民币4000万元；1998年向教育部捐献“寒门学子基金”2500万元，以帮助贫困学子完成学业；历年共捐建希望小学5所，希望中学1所；最近几年一直名列电子百强纳税额第一企业。2008年，华为累计纳税525亿元，到2009年，华为累计纳税已达到685亿元。

专题

企业文化：不是“文”，是“化”

正常的人有两条腿，正常的企业也有两条腿：一条腿是企业的硬实力，如产品、服务、价格、渠道、营销等；另一条腿是软实力，包括企业的品牌、企业文化、公共关系、对外传播、形象等。以企业文化为代表的软实力的强弱，对企业的发展产生着重要的影响，对内影响公司的生产经营管理，对外影响社会对企业的认同。企业要做大做强做长远，必须两条腿同样发达。

无论在中国还是世界，但凡有点年岁的企业，好像多多少少都有自己的一套“企业文化”，谷歌有谷歌的文化，百度有百度的；星巴克有星巴克的企业文化，大娘水饺也有自己的企业文化。有些看起来是如此“美妙”和富有文采，比如“鹤舞白沙，我心飞翔”，也有企业全是“团结”“奋斗”“坚持”“热爱”之类的话。虽然这种表达的口气太宏大，太叙事了，不过这些提法本身的指向性还是有一定道理的。它可以让一个企业的格局逐渐变大，因为我国的企业都是从无到有、从小到大的，所以企业在成长期需要这样的价值观，成为他们的“使命”“愿景”“宗旨”和“精神”，即便做不到，也不能否定其有这样的方向感。

那么，什么样的企业才真正称得上拥有企业文化？企业文化“上天”后如何落地，是一个相当难的课题。

企业文化如何“化”？必须靠“潜移默化”，如春雨般“随风潜入夜，润物细无声”，似春风般“着物物不知”才能“化”。这种“化”，是让企业文化在不知不觉中改变并形成全体员工拥有“共同的价值观念、共同的行为准则和共同的心理默契”，如此这般，我们才能说，这个企业“有文化”了。

基于上述逻辑，企业文化要“化”，具体需要3样东西：

第一，时间。

一个企业的文化是长期积淀的结果，世界上有很多企业有着几百年的历史，在历史的演变过程中通过不断地经历变革积累了企业能够长期生存、壮大发展的“道”。这些企业有着自己的价值观和世界观。在国内，有很多企业家目光短视，在软实力建设上“投下去的钱当年要见效”。当然追求利润是企业的本色，这无需多说。但是不能让利润成为企业的唯一指向。不难想象这些企业即使每年赚钱，但赚得不会多也不会长。

第二，氛围。

真正的企业文化，应该是大家的心理默契，也是一种共同愿景……这些东西应该主要是自然“形成”的，而不是“规定”的。合力冲抵，渐成气候，然后新人进来，受其影响，为其同化，久而久之，整个企业在价值观上具备了相似的倾向，这便是真正的企业文化。就好比在中华大地上，无论什么样的外来文化，最终都可能被汉文化同化一般。中国的企业尤其是民营企业的企业文化发端通常都是在老板，但是最终要形成于员工，企业要养育好自己的文化氛围。在这氛围中，一个事件发生以后，大家都知道应该怎么去应对处理，平时大家也都会注重自己的言行举止、行为操守如何符合企业的文化要求。

第三，员工的高度自觉。

企业文化的约束力不像法律法规那样带强制性，例如哪怕在一个倡导节约的企业里，企业也很难因为浪费一张纸或一点食堂的饭菜就去处罚某某员工，况且如何清晰地界定“浪费”也是一个难题。所以企业文化要落实在行动上，就必须真正使大家心服口服，在思想上、心灵上达成共识，而不是表面服从与被动遵守，否则一旦失去监管，“文化”就会荡然无存。企业文化的约束主要来自于自律，高度自律的产生源于员工对企业文化的高度认同，这是企业文化的至高境界。

正如一个社会的成熟与进步的标志是来自文化一样，企业是否具有生命力的标志也来自企业文化。企业在初级阶段需要靠产品和服务生存，中级阶段靠使命和责任发展，最后得靠文化才能得以持续成长。

（本文摘编自《企业文化：不是“文”，是“化”》，作者：徐浩然，来源：经济导报，2012年5月）

案例链接 1

在思科品味“抠门”

在思科系统公司总部一间办公室的玻璃门上，贴着一组从报纸上剪下来的漫画。共三幅。

漫画人物是相同的两个。一个被倒吊在天花板上接受审问，一个站在下面大发雷霆。第一幅，在下者张大嘴巴发问：“不是说好出差伙食费控制在10美元吗，为什么超标？”第二幅，在下者仍在发怒：“早就跟你说了，开车时顺便逮只鸽子，到旅馆后用电熨斗把毛烫掉吃下去，省点钱。”第三幅，在上者嗫嚅：“我确实照办了，但是电熨斗烫毛的速度太慢。”在下者大喊：“为什么不把它调到熨烫羊毛服装的挡上？”漫画注释，被吊者乃思科员工，大光其火的则是公司首席财务官拉里·卡特。

漫画的纸张已经泛黄，却依然保存完好，看得出办公室的主人对此很是爱惜。主人,正是拉里·卡特本人。世界上有“首席财务官”头衔者多多,被视为“抠门大爷”者也不在少数，但是有雅兴将抨击自己的漫画公之于众的，则还未听说过。这出于一种什么考虑？自励？共勉？大度？幽默？也许兼而有之。

如果你去思科公司，你会惊奇地发现，他们竟然都用同一个品牌的电脑。这样做也是出于节约的考虑，因为这样能够集中采购，降低单个采购的成本。当然，更重要的原因是，这样一来，公司就能够用一个标准的配置解决所有电脑的安装问题，若是有两种型号就要做两个安装系统，日后的维护成本自然就会比较高。

为保证工作高效，负责行政的WPR部门会派人考察每位员工的上座率，比如一天考察6次，一旦发现员工只有1次在位置上，甚至没有1次在位置上，那么就会取消他的固定座位。因为在整个思科公司每位员工都有一台笔记本电脑，随时都可以上网，有没有座位自然就不重要了，如果你需要在家办公也可以，在家办公可以省去耽误在路上的很多时间。还有一点，不用固定位置，也就不用存放东西，也就省出了很多办公用品。

整个思科的“抠门”实例，信手便能拈来。为了控制支出，包括钱伯斯在内的思科所有员工，出差住宿都有统一标准，超标部分，电脑会自动从工资中扣除，找人说情也没有用。思科的年销售额将近200亿美元，虽然受IT行业整体不景气的影响，2008财年赢利仍有19亿美元，手头现金还有200多亿美元，但是在员工休息室里，却赫然张贴着这样的告示：每人每天少喝一瓶冷饮料，公司一年便可节约240万美元。有的员工于是替领导“分忧”，在留言板上写下大字：“请喝自来水！”

不过，虽则有“请喝自来水”之类的调侃，思科员工对于“勤俭持家”其实很当回事。2008年，思科全公司通过各种手段降低的开支高达19.4亿美元。因为公司对思科员工来说确实是“家”，思科的3万多名员工，个个都有公司股份，公司“抠”出效益，大家都会受益。有此利益为纽带，自然会令行禁止。

思科也有不“死抠”的时候。比如，在行业不景气的情况下，公司2008年仍将33亿美元资金投入研发，堪称大手笔；比如，一名思科员工在临近下班时，一面将一瓶没喝完的矿泉水装入背包以防浪费，一面热情地将几只雪糕送到我们手中。其实我们只是临时歇脚，与他并不相识，但他认为这是思科应有的待客之道。当花则花，能省必省，一切为了企业的发展，对思科的“抠门”，应作如是观。这，大概也是拉里先生将漫画张贴出来的用意。

（本文摘编自《好员工会省钱》作者：陈守龙，来源：人民邮电出版社，2009年3月；《思科企业文化建设杂谈：在思科品味“抠门”》，来源：21CN IT频道，2003年4月）

案例链接 2

寻找微软的企业文化

微软在中国一直被誉为IT界的“黄埔军校”，这不仅在于微软的产品横扫了国内大部分桌面，还在于从微软走出的人大部分都成为IT或者互联网领域的领军人物。

为什么能取得如此成就？微软珍惜人才，这在微软亚洲研究院表现得尤为明显。马维英博士把微软的人才战略比作一个循环系统，从第一批世界级的研究员被微软亚洲研究院吸引回来之后，他们就充当着微软的“磁石”。“做研究常常是围绕着‘人’展开的，最优秀的人才会吸引更多优秀人才加入，这样就形成了一个人才的良性循环”。

马维英喜欢研究，喜欢和最聪明的人在一起，因此他常常和自己所带领的学生在一起探讨问题。每次，马博士都对学生“很客气”，用他的话来说，“我的学生是全中国最优秀的，我相信他们好多都是潜在的CEO、CTO，将来的成就一定在我之上，我们之间通常都会相互学习”。也正因为如此，微软亚洲研究院在学术界取得了令人瞩目的成绩。近几年来，马维英所领导的团队被SIGIR（国际信息检索大会），这个历来被学术界公认的最具权威性和影响力的大会所采纳的论文量，已稳定在所有获选文章的10%左右，这比微软其他研究院获选论文量的总和还要多。

“I have the ideal job in the world（我从事着最理想的工作）”马维英常常这样和别人说。因为在这里，马维英的科研热情得到了良好的释放，并能和世界上最优秀的人一起做脑力激荡，激发灵感，最重要的是微软亚洲研究院为研究提供了一个完全自由的空间。这是一套自下而上的创新机制，研究员可以自主选择自己想要从事的研究方向，而不会受到任何来自外界的干扰，“研究院是微软对未来的投资”，马维英说。

“惜才”是微软的又一元素，对人才的尊重、保护和培养是微软亚洲研究院乃至微软公司文化中重重的一笔。

赚后天的钱

微软内部流传着这样一句话：销售部门赚今天的钱，产品部门赚明天的钱，而研究院赚后天的钱。

诸如微软之类的跨国公司之所以能够基业长青，与其瞄准“后天”的战略眼光不无关系。微软亚洲研究院就是微软后天的一个储备，而微软亚洲研究院里的人才就是微软为后天积累的财富。

为了不断积累“财富”，微软亚洲研究院每年都会到全国各大拥有计算机学院的高校举办学术访问，并和大中华地区的10所高校建立了联合实验室，甚至派专家到高校授课，帮助微软发现人才，培养人才。对于人才近乎“变态”的追求和保护，微软亚洲研究院已经有别于其他的研究院，它更像是研究人员自我实现的“梦工场”。盖茨、鲍尔默他们知道，研究员的梦想，就是微软的未来。

马维英坚信，“云＋端”计算将进一步让互联网成为一个无缝计算的平台，以数据中心，软件服务和智能计算驱动经济、教育、医疗等人类一切领域，数字经济将以光速发展。而马维英和他的团队正在利用搜索技术来铸造以光速演进的数字经济引擎。

“创造未来”是微软的期望，是微软作为世界级企业的义务，同时是微软在其研究员心中烙下的烙印……

（本文摘编自《寻找微软的企业文化》，作者：武佳，来源：互联网周刊，2009年1月）

第10章

启示篇

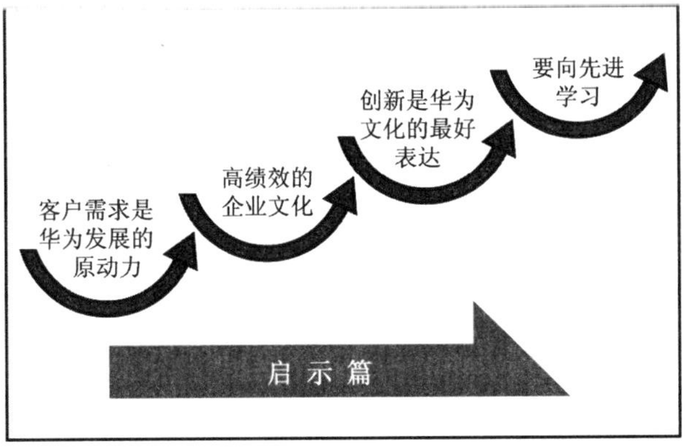

以客户的需求为目标，以新的技术手段去实现客户的需求，技术只是一个工具。新技术一定是能促进质量好、服务好、成本低，非此是没有商业意义的。世界将来不会缺少高科技，缺少的是自然资源，这也许会成为真理。好几次在贝尔实验室交流的时候，他们问我华为为什么能成功。我说我们理解了中国的客户需求，我借用了中国古时候婆婆给媳妇说的一句话，“新三年，旧三年，缝缝补补又三年”来说明华为对技术与产品的看法。

——华为总裁　任正非

第一节　客户需求是华为发展的原动力

10 多年以前，华为就提出：华为的追求是实现客户的梦想。历史证明，这已成为华为人共同的使命。华为公司创始人任正非认为：

从企业活下去的根本来看，企业要有利润，但利润只能从客户那里来。华为的生存本身是靠满足客户需求，提供客户所需的产品和服务并获得合理的回报来支撑；员工是要给工资的，股东是要给回报的，天底下唯一给华为钱的，只有客户。我们不为客户服务，还能为谁服务？客户是我们生存的唯一理由！既然决定企业生死存亡的是客户，提供企业生存价值的是客户，企业就必须为客户服务。

在全球化和个性化的大趋势下，业务需求必然是海量的。与此同时，行业长尾化的特征也十分显著，没有哪一家服务供应商能够满足所有需求，因此必然会有海量的服务供应商出现。但海量需求和海量供应商之间，如何找到彼此？这就需要一个整合的平台为双方服务，提供需求与供应间的匹配。2005 年 9 月，任正非表示：

为客户服务是华为存在的唯一理由；客户需求是华为发展的原动力。

为此，华为再次强调产品的发展路标是客户需求导向。以客户的需求为目标，以新的技术手段去实现客户的需求，技术只是一个工具。新技术一定是能促进质量好、服务好、成本低，非此是没有商业意义的。世界将来不会缺少高科技，缺少的是自然资源，这也许会成为真理。任正非表示：

好几次在贝尔实验室交流的时候，他们问我华为为什么能成功。我说我们理解了中国的客户需求，我借用了中国古时候婆婆给媳妇说的一句话，“新三年，旧三年，缝缝补补又三年”来说明华为对技术与产品的看法。

我们认为客户一般都是希望在已安装的设备上进一步改进功能，而不会因新技术的出现而抛弃现在的设备重建一个网。因此，当IT泡沫疯狂的时候，全球的主要通信设备制造厂家放弃了对现有的交换机的研究开发，而全面转入了未来的下一代NGN交换机研究时，我公司仍然继续对传统交换机的研究投入不动摇。不幸的是全世界的运营商在IT泡沫破灭后，都是与中国电信的观点一致，不再盲目追求新技术，而更多地考虑网络的优化与建设成本，结果我公司在传统交换机供应量上，成了世界第一。西方泡沫经济破灭后，西方公司又开始动摇了他们推崇的下一代NGN交换机，不知道世界下一步的潮流走向，有两年产生了前进的迷惘。又由于财务状况不好而开始大量裁员，以至精力顾不过来，我们却坚信NGN一定会取代传统的交换机的，只不过这是一个漫长的过程。在NGN上也一直加大投入往前冲，下一代交换机我们又赶上他们，进入了世界前列。传统交换机我司占世界总量的百分之十六，但下一代有可能就占世界总量的百分之二十八。这就是我们真正理解的客户需求，把客户需求看做真理，然后在世界市场上得到很好的结果。当时我们认为，不发达国家一定会走这条道路的。今天，发达国家也在走这样的路。

“关注客户需求”，才能做到客户满意。华为经常进行客户满意度调查，收集信息，以用户的意见为努力的方向。为了能更好地贴近客户，华为还专门提出了六个必须防止的误区：“高高在上，听不到客户的声音”“以我为重，强行引导客户需求，听不进客户的意见”“听到了表象，没有抓住实质”“‘花花绿绿’不加分析，全盘照收”“抓大放小，略掉了潜在增长点”“面对变化的环境，却固守以前的规则、理念”。由此可见，华为对客户的细心之处，也把关注客户的工作落到了实处。

为了深层次地了解最终用户的需求，华为曾在多个国家和地区对影响用户选择业务的 10 个因素进行过调研。调查结果显示：人们对通信业务的选择已经呈现出多种因素共同影响的局面，其中最重要的因素是收入与年龄。在进一步对不同年龄消费人群的分组调研中，我们发现不同的年龄段，在业务选择上存在较大的差异。其中，对于年轻人来说，增值业务提供能力、群体业务同质化等因素则成为选择业务的重要考虑因素。

由此可见，不同用户群的差异化业务需求，既为通信行业带来了进一步细分市场、将“蛋糕”做大的机遇，也带来了如何吸引用户、变机会为盈利空间的挑战。传统的粗放式经营显然已经无法满足不同用户群的差异化业务需求，只有进一步地细分市场、细分用户、细化需求，才能敏锐地发现和挖掘通信市场的“蓝海”领域，成为更加宽泛的新一轮竞争环境中的赢家。

当华为的设备出问题的时候，华为的技术人员往往会以最快的速度赶到现场日夜守护，立马维修。客户深受感动，由衷地说：“就算人家产品有问题，人家给你成天守着，还要怎么样？”对于突发性事件的解决办法和态度，反而增进了与客户的关系。

任正非在访问利比亚时，听取了北非地区部的汇报后，有了一些启发。任正非说道：

北非地区部努力做厚客户界面，以客户经理、解决方案专家、交付专家组成的工作小组，形成面向客户的“铁三角”作战单元，有效地提升了客户的信任，较深地理解了客户需求，关注良好有效的交付和及时的回款。

铁三角的精髓是为了目标，而打破功能壁垒，形成以项目为中心的团队运作模式。公司业务开展的各领域、各环节，都会存在铁三角，三角只是形象说法，不是简单理解为三角、四角、五角甚至更多也是可能的。这给下一阶段组织整改提供了很好的思路和借鉴，公司主要的资源要用在找目标、找机会，并将机会转化成结果上。

我们后方配备的先进设备、优质资源，应该在前线一发现目标和机会时就能及时发挥作用，提供有效的支持，而不是拥有资源的人来指挥战争、拥兵自重。

如今，以云计算为契机，华为通过以客户为中心的持续创新，提供服务器、存储、虚拟化以及 IT 应用的系列产品，与合作伙伴携手，打造针对媒资行业的端到端 IT 解决方案，帮助客户实现业务敏捷和商业成功。

第二节　高绩效的企业文化

“过去华为讲奉献，讲床垫文化，讲营销，讲狼文化，讲内部，讲服务文化，所有的这些表现，最后都会找到一个企业文化的核心，这个核心就是高绩效文化。”中国人民大学组织与人力资源所所长，《华为公司基本法》起草人之一的吴春波说。

从企业史上来说，高绩效文化来源于 IBM。1993 年，这家超大型企业因为机构臃肿和孤立封闭的企业文化而变得步履蹒跚，亏损高达 160 亿美元，正面临着被拆分的危险。面对这样一个烂摊子，众多职业经理人们都不敢接手，没有人能够有自信教会这头大象跳舞。最终，不懂技术懂管理的郭士纳接过了这个烫手山芋。郭士纳后来回忆为什么有胆量接手 IBM 时说：“高科技企业都不是技术问题，而是管理问题。”

郭士纳在拯救蓝色巨人时，明确地改变了 IBM 企业文化的基本价值观，创立了 IBM 的新文化。更为重要的是，他还提出了 IBM 企业文化核心，并以此核心价值观把各项基本价值体系连接起来。新 IBM 文化的内核，就是“高绩效文化。”所以，郭士纳认为：“拥有高绩效文化的公司，就一定是商业领域的赢家，而且该公司的员工对公司的忠诚程度也很高，除了自己的公司不愿到其他任何公司”。

通用电气 GE 前 CEO 韦尔奇也认为：“我们的活力曲线之所以能有效发挥作用，是因为我们花了 10 年的时间在我们企业建立起一种绩效文化。”

管理大师德鲁克认为：“工商企业的实质，决定其性质的根本原理，就是经济绩效。”“一个组织只有在集中精力于其任务时才有效。组织必须有一项明确的和集中的共同任务才能把其成员凝聚起来。组织成员为组织作贡献的绝对先决条件就是让其知道组织的任务和使命。”这就是企业文化的源头和基本的假设，高绩效文化来自企业的使命。

2006 年 11 月 19 日，《华为公司基本法》起草人之一吴春波在“第五届全国企业文化年会”上说道：“企业文化我们看到了一些现象‘不聚焦’。企业文化有各种表达方式，不同的企业确实企业文化、愿景使命、核心价值观是不一样的，但是成功的世界级的企业中的核心都是高绩效文化。为什么说是高绩效文化，有几个原因：企业的本质是生活在激烈的市场过程中，管理的本质是要提高效率，经营的本质是要盈利，员工的使命是要付出，竞争的使命在现阶段主要是价值，客户的需求是价值，市场经济的本质是投入和产出。这些都要求我们的企业文化必须聚焦高绩效的企业文化。但是比较遗憾的是，能够把自己的企业文化、核心价值观旗帜鲜明地提出高绩效文化的企业，不太多见。为什么是高绩效？实际上这个问题在国外已经早有研究，我们有一个资料，高绩效企业文化的属性，作为高绩效企业文化，员工有参与感；有明确的价值观体系；高层领导以身作则，推动文化和战略；高层经济关注组织绩效；良好的氛围；以结果为重；有序的流程、量化的管理。”

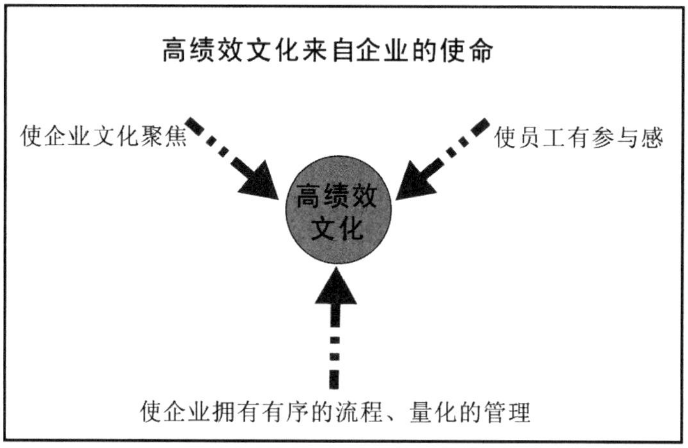

2004 年，任正非在华为干部会议上首次提出了“人均效率”这个概念。这是

因为华为经过快速扩张，已经出现效率增长减慢的现象，如果不尽力分析并改进所存在的问题，若再进一步扩张规模，将会很快达到华为的边际。而从业界巨头来看，一方面华为的人均效率比别人低很多；另一方面表明华为的边际比别人也小很多。

对于企业而言，当一个企业初期规模增长，效率快速增长；但是当增长到一定程度以后，效率增速减慢；随着企业规模的进一步扩大，效率增长出现拐点，开始不增反降。这个拐点所在处就是该企业的边际。

2006年，华为某高层在华为内刊《华为人》上发表文章称，“很多人认为现在是华为的好时光。市场捷报频传，新员工不断加入，上上下下都洋溢着一股喜庆的气氛。这种喜庆的气氛直接反映在我们的宽松的费用习惯上。根据财务部的统计，无论是国内外营销、海内外用服，还是产品体系，在诸如人均移动电话费、人均差旅费、人均办公/低值易耗品等方面都出现了大幅度的增长。请注意，这些都是人均费用！”华为人经过调查发现，华为人均效率为西方发达友商平均水平的1/2.5，与业界相对较差的A公司和B公司相比，是其效率的1/1.8，这两年差距都没有缩小。

华为认为，企业做大的基础一定要居于高绩效的基础上，这是企业经营的铁律。华为正处在从销售拉动型转变为精细运营的关键时期，未来的利润会更多来自华为的效率提升。

第三节　创新是华为文化的最好表达

著名经济学家熊彼特认为，企业精神的核心是创新，是进行创造性破坏，重新组合生产要素，重建生产体系。他对创新讲过一句名言：做新的工作或以新的方法做旧的工作。企业家在创新活动中表现出其特有的创新精神；表现出一种改变现状的强烈冲动和欲望；表现出一种不畏艰险、勇往直前的信念；表现出一种超出他人、扩张自我、实现理想的坚定信心；表现出对社会经济发展、人类进步的高度的责任感。

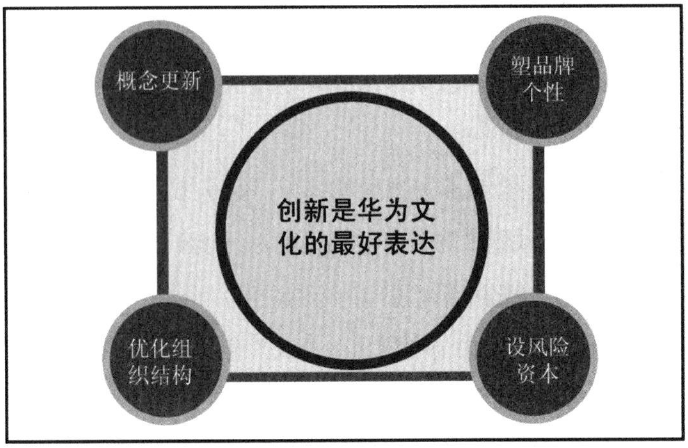

企业文化是一个有机整体系统，它是企业文化体系共有的、共同的，因而具有明显的一体化倾向。在企业文化修炼过程中，必须对企业文化进行整合与创新。创新是企业文化的生命，是提升企业竞争力的关键之所在。正是因为高度的创新精神能为企业带来无限的发展空间和机会，进而促使企业家搏击在市场经济的风口浪尖，领导着企业持续不断地创新。

中国通信业发展 30 多年，取得了全球瞩目的成就，通信业的创新也走在了所有行业的前面。历程中虽然充满艰险，典型例证有巨龙的消亡、凯明的轰然倒下，但也成就了像华为这类在国际通信舞台上长袖善舞、独领风骚的中国企业。

2008 年国际金融危机爆发以来，很多国内外企业遇到订单不足、用工量下降、业绩下滑等逆境，但中国华为公司的销售额却实现逆势增长，2009 年，华为合同销售额达 302 亿美元，比上年增长约 30%。华为海外研发中心的专家认为，华为经营业绩逆势增长说明，金融危机的压力有可能促使创新能力强的企业取得更大发展，中国本土企业只有通过创新，才能在危机中立于不败之地。

20 多年来，通过孜孜的追求，华为对创新形成了自己独有的观点：其一，不创新是华为最大的风险，这个观点是对创新的肯定。因为华为的研发能力与国外同行相比差距很大，有人据此认为华为没有必要创新。其二，华为创新的动力来自客户的需求和竞争对手的优秀，同时也来自华为内部员工的奋斗。这个观点解决了华为创新动力来源的问题，为华为找到了开启创新之门的钥匙。其三，创新的内容主要在技术上和管理上。目前后者是关键。这个观点回答了华为要在什么地方创新。其四，在创新方式上，主张有重点，集中力量，各个击破；主张团队作战，不赞成个人英雄主义。这个观点解决了华为的创新方式。集中了华为的有限力量，为确保华为创新的成功提供了方法保障。也就是说，华为的企业文化创新性整合，不光是在企业文化内容实质性的创新，而且还非常注意在企业文化资源整合工作中表达形式的创新。

华为企业文化中作为主体的价值理念系统，也就是1996年编撰的《华为公司基本法》，都是经过了精心的提炼和提升，实现了最优化的整合。其随后制定颁布的一系列的价值的内容实质符合企业的实际，而且要能够真正成为企业运作的灵魂和统帅、规范和行为，而且这些理念表达方式能够被华为员工所接受和认同，这就是华为精神表达形式上最好的创新。

概念更新

作为一个高新技术企业，许多人一谈起创新马上会想到科技创新。不可否认，科技创新的确是一个技术企业发展的核心，但是，企业文化的塑造以及对各种各样的管理实践概念赋予新的意义，旨在推陈出新。科技创新虽然十分重要，是基础，是根本，但对于一个企业而言同样重要的还有经营管理创新、营销创新、企业文化的创新。有时后者比前者可能还重要，很多时候，一个金点子往往能够救活一家企业。

GE（通用电气）前任CEO杰克·韦尔奇曾经说过：不要等到需要的时候才改变。在华为，每个团队中的每个成员都会全力以赴地以最饱满昂扬的斗志完成自己的工作，因为他们不单单是华为的员工，他们还是华为的主人，华为的效益越好，他们的物质收入就越丰厚，并且华为在业界的地位越高，这些员工本身的价值自然也会有所提高。

塑品牌个性

在同质化越来越严重的今天，人们通常会根据个性来认证一个产品或一家公司，因此，一个品牌的个性化设计将会使这个品牌深入人心。

华为在品牌的个性塑造方式上有自己独特的特点，其知道，在激烈的市场竞争中，企业品牌的个性要以产品以及服务的特征为基础，也就是产品和服务都必须要真正的具有创新性。

华为的技术就代表了先进性，华为始终坚持不断创新，完善自我。截至 2008 年 12 月底，华为公司累计申请国内外专利 35773 件。世界知识产权组织（WIPO）2009 年公布的数据再次印证了这一点：华为公司 2008 年《专利合作条约》申请数达到 1737 件，首次成为全球第一大国际专利申请公司。至此，华为公司已连续 6 年夺得中国企业专利申请数量第一，连续 3 年占据中国发明专利申请数量第一。

放弃小灵通而主攻 3G 的专业精神使得华为给中国的通信界带来了一场革命，他的目的就是能够在众多品牌中创出自己的特色。为鼓励创新，华为公司还会在每年颁发一些类似企业精神的奖项，奖励那些在研究和市场领域有突破性创新的员工。

许多成功品牌都会形成自己鲜明的广告风格，并且其所有的广告都会遵循这个风格，以使这个风格越来越清晰，越来越被广大顾客所接受。但是华为没有像他的老对手中兴一样花大价钱请明星为自己的产品做代言，而是选择了只在专业刊物上做广告的形式，这样做，不但没有减少自己的订单数量，而且还给客户一种专业的感觉。

设风险资本

较高的生产率很大程度上来自不断地创新，而创新必然意味着不断的错误，如果公司希望自己有明天，有希望，那么在创新的道路上允许员工犯错误，愿意交学费是必不可少的。

华为每年都会拿出营业额 10% 以上的资金用来进行技术研发，鼓励和允许自己的研究人员用一半时间做实验，用另一半时间做市场调查，使有发展前途的观点尽快地投入实际的生产中，产生实际的效益。

优化组织结构

创新是学问、是技术、是工作，但更是一种生活态度、一种人生观、一种生活勇气，创新是无所不在。从理念创新到产品创新，从内部管理机制创新到客户服务创新，应该不间断这种积极的尝试。

现代企业的最明显的特征莫过于专业化对员工和企业本身的深远影响，随着分工的越来越精密，这种影响也会愈发的深远。

也就是说，一个成熟的组织必须要能够有持续不断地创新，要能够打破传统的严格的部门分工界限，这样才能够使企业的员工时刻处于一种活跃的状态，使企业能够始终保持活力。

在华为企业内部，通过协作创造整合力量和放大效应，实现企业与员工价值共享。企业组织结构由“层级式”向“网络式”组织转化，与外部环境发生物质、能量、信息的交换和传递，形成一个开放的动态系统。开放的结果是增进交流，促进合作。其与大学、研究机构合作，促进企业树立开放意识，采取开放战略，完善组织架构，充分地体现出一种创新文化。

美国著名商业杂志《Fast company》2010 年全球最具创新力公司的 50 强评选中，Facebook、亚马逊、苹果、谷歌、华为公司分别位列前 5 名，其中华为公司是首次位列这一名单当中。

“华为一大独特的创新战略就是立足于用户需求并快速制造客户化网络解决方案以创造最大的市场价值。对持续创新的长期投资是我们迎接挑战获取成功的秘诀。”华为全球市场副总裁表示。华为在创新上的表现如下：

——据世界知识产权局的统计排名，华为 2009 年以 1847 件的专利申请量位居全球第二；

——2009 年，华为从事研发的员工达到 46%；

——华为具有 17 个全球研发中心和 22 个创新研究所；

——华为成功地被北欧和波罗的海地区最大的电信运营商 TeliaSonera 选中，在挪威部署全球首个 LTE 商用网络（Long Term Evolution）。

第四节 要向先进学习

华为的研发本质上是一种积极跟随的模式，它模仿国外的先进设备，然后做改良，增加更多的功能模块。

任正非公开承认：

至今为止，华为并没有一项原创性的产品发明。我们主要是在西方公司的研发成果上进行了一些功能、特性上的改进，以及集成能力的提升，我们的研发成果更多表现在工程设计、工程实现方面的技术进步上。

任正非并非不想做原创性的发明，不过，知识和专利的积累需要时间，更需要大量有创新能力的人才，而中国的资源禀赋并非如此。

除了向国外学习先进的技术，华为学习国外的先进管理理念。2008 年 2 月，华为给为自己做了 10 年管理咨询的 IBM 咨询师们送行。由于长期密切地并肩作战，在送别现场，华为一位副总失声痛哭。尽管对 IBM 来说，这只是一个商业咨询项目。但对华为而言，却意味着脱胎换骨，任正非对 IBM 的感激是无以言表的。

向先进学习

如何治理一个国家，中国有大把经验可学；如何治人，经验更是汗牛充栋；但要成为一个具有全球竞争力的国际化现代企业，在中国找不到师傅，必须眼光向外。华为总裁任正非对跨国公司的管理方法和管理手段倍加推崇，曾非常明确地指出：我坚决反对搞中国版的管理、华为特色的管理。所谓管理创新，在现阶段就是要去消化西方成熟的管理。

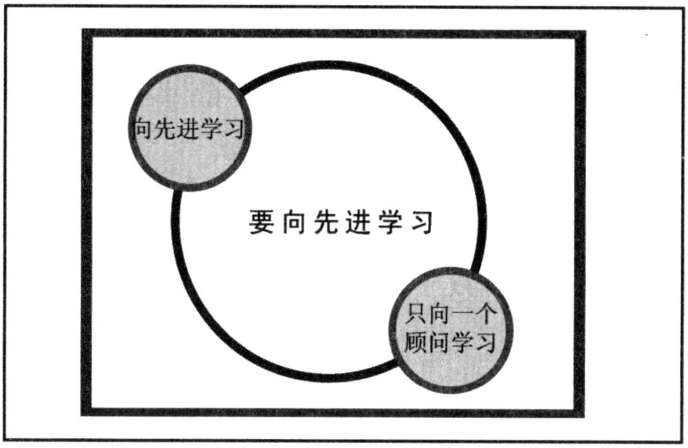

诞生于1995年的《华为之歌》唱道："学习美国的先进技术，吸取日本的优良管理，像德国人那样一丝不苟，踏踏实实，兢兢业业。"华为最终决定向美国学习管理。

在中国由于历史原因，对资本主义国家和人民的固有成见根深蒂固，人们一提到资本主义就会联想到剥削、堕落等不好的名词。任正非却认为资本主义国家有很多值得学习的地方，比如西方企业的先进的管理经验以及资本主义国家企业员工所具有的敬业精神，开拓进取的精神就值得中国企业学习。

我走过许多国家，考察过众多的工厂，无一不为资本主义国家的员工的敬业精神所感动。我多次在员工教育会上讲过，我们要赶超发达的资本主义国家，就应向它们学习长处。

在任正非看来，对于身处激烈竞争中的华为，只有向西方先进的企业学习，不断创新、有效管理，才能在通向世界级企业的道路上持续地走下去。

华为没有一个人曾经干过大型的高科技公司，从开发到市场，从生产到财务，从……到……全部都是外行，未涉世事的学生一边摸索一边前进，磕磕碰碰走过来的。而我们只有认真向这些大公司学习，才会使自己少走弯路，少交学费。

1997 年 1 月，日本神户钢铁公司的岩谷真弓女士在给华为市场部进行培训后曾非常坦率地指出了华为存在的 7 个问题，其中的核心问题就是华为与日本同类公司相比管理效率和劳动生产率都还很低。华为的管理者从中感受到了与先进企业的巨大差距。任正非听过汇报之后说：

一本权威管理杂志曾经提到，一个企业的问题中只有 15% 是因普通员工工作过程的失误所产生的，而 85% 源于管理者和管理制度。没有在管理上认真地进步，我们将会吃它的苦头，华为到了在管理上认认真真下工夫的时候了！

从 1997 年开始，华为从 IBM、Towers Perrin 韬睿咨询、The Hay Group 合益咨询、PricewaterhouseCoppers 普华永道以及 Fraunhofer-Gesellschaft 弗劳恩霍夫协会，引入了流程变革、员工股权计划、人力资源管理、财务管理和质量控制各个方面的外部咨询。

另外，1999 年，华为又与 IBM 公司合作，重整了业务流程，建立了集成产品开发流程（IPD）和优化集成供应链（ISC），随着 IT 建设全面展开，“华为” Intranet 网络专线连接了其国内所有机构及拉美、独联体、欧洲、海外研究所等海外机构。

只向一个顾问学习

1997 年年底，华为总裁任正非到美国参观考察，其间他访问了美国休斯公司、IBM 公司、贝尔实验室和惠普公司。在这 4 家企业中，任正非从 IBM 身上受到的震撼和启发最大。

1993 年，51 岁的郭士纳（Lou Gerstner）临危受命接管 IBM，当时 IBM 累计亏损高达 160 亿美元，美国许多媒体称：“IBM 一只脚已经迈进了坟墓。”经过几年艰苦卓绝的改革，IBM 终于起死回生，郭士纳创造了一个奇迹。任正非在其文章《我们向美国人民学习什么》中写道：

IBM 作为巨无霸一直处在优越的产业地位，由于个人电脑及网络技术的发展，严重地打击了他赖以生存的大型机市场。（20 世纪）80 年代初期 IBM 处在盈利的顶峰，他的股票市值超过前西德股票之和。也成为世界上有史以来盈利最大的公司。经过 13 年后，它发现自己危机重重，才痛下决心，实行改革，在 1992 年开始大裁员，从 41 万人裁到现在的 26 万人，付出了 80 亿美元的行政改革费用。由于长期处于胜利状态，造成的冗员，官僚主义，使之困难重重。聪明人十分多，主意十分多，产品线又多又长，集中不了投资优势。又以年度作计划，反应速度不快。管理的混乱，几乎令 IBM 解体。

1993 年初，当郭士纳以首位非 IBM 内部晋升的人士出任 IBM 总裁时，提出了四项主张：1. 保持技术领先；2. 以客户的价值观为导向，按对象组建营销部门。针对不同行业提供全套解决方案；3. 强化服务、追求客户满意度；4. 集中精力在网络类电子商务产品上发挥 IBM 的规模优势。

历时 5 年，IBM 裁减了 15 万职工（其中因裁员方法的不当，也裁走了不少优秀的人才）。销售额增长了 100 亿，达 750 亿美元，股票市值增长了 4 倍。

参观 IBM 给任正非留下的最深刻的印象就是像 IBM 这样的大企业虽然管理制度规范但是同时也不失灵活。而这正是面对已经进入高速发展阶段、其规模扩张速度开始超越自身把握能力的任正非最希望寻求的答案。为了世界级企业的梦想，为了华为更快地发展，他决定向 IBM 学习，进行改革。

企业缩小规模就会失去竞争力，而扩大规模的同时如果不能有效的管理的话也会面临死亡。规模小，是难以以人的意志为转移的。而管理是内部因素，是可以努力的。

因此，我们只有加强管理与服务，才有生存的基础。这就是华为要走规模化，搞活内部动力机制、加强管理与服务的战略出发点。这些是 IBM 付出数十亿美元的直接代价总结出来的，他们经历的痛苦是人类的宝贵财富。

从美国回来之后，任正非发表了题为《我们向美国人民学习什么》的文章，他在文章中大篇幅的讲述了访问 IBM 的经历和由此而来的体会：

我们在 IBM 整整听了一天管理介绍，对他的管理模式十分欣赏，对项目从预研到寿命终结的投资评审、综合管理、结构性项目开发、决策模型、筛选管道、异步开发、部门交叉职能分组、经理角色、资源流程管理、评分模型……从早上一直听到傍晚，我身体不好，但不觉累，听得津津有味。后来我发现朗讯也是这么管理的，都源自美国哈佛大学等著名大学的一些管理著述。

听了一天的管理介绍，我们对 IBM 这样的大公司，管理制度的规范、灵活、响应速度不慢有了新的认识。对这样一个庞然大物的有效管理有了了解。对我们的成长少走弯路，有了新的启发。华为的官僚化虽还不重，但是苗头已经不少。企业缩小规模就会失去竞争力，扩大规模，不能有效管理，又面临死亡，管理是内部因素，是可以努力的。规模小，面对的都是外部因素，是客观规律，是难以以人的意志为转移的，它必然抗不住风暴。因此，我们只有加强管理与服务，在这条不归路上，才有生存的基础。这就是华为要走规模化、搞活内部动力机制、加强管理与服务的战略出发点。

在扩张的过程中，管理不善也是非常严重的问题，华为一直想了解世界大公司是如何管理的，有幸 IBM 给了我们真诚的介绍。回公司又在高层进行了 2 天的传达与研讨，这 100 多页简报激起新的改革火花。

对于很多中国企业来说，IBM 是学习的榜样。对于华为总裁任正非来说，学习 IBM 似乎是走向规范化、职业化和国际化管理的必由之路。

《我们向美国人民学习什么》一文，任正非为华为定下了义无反顾师从 IBM 的管理变革目标。在这场此后被任正非定义为“革自己的命”的管理转型之路中，任正非运用其强大的个人感召力和影响力，力排众议，定下了“削足适履”，以及“先僵化，再优化，再固化”的目标进程，从 IBM 引进代表美国先进流程和管理模式的集成产品开发（IPD）及集成供应链管理（ISC）体系，以建立一种与世界对话的“语言”。

从IBM的经历当中，任正非显然已经看到华为未来所需要面对的挑战和必需的前进路径。1998年8月，华为与IBM公司合作启动了“IT策略与规划（IT S&P）”项目，开始规划华为未来3～5年需要开展的业务变革和IT项目，其中包括IPD（Integrated Product Development，集成产品开发）、ISC（Integrated Supply Chain，集成供应链）、IT系统重整、财务四统一等8个项目，IPD和ISC是其中的重点。

在学习IBM的管理经验时，任正非特别强调：

世界上还有非常多好的管理，但是我们不能什么都学，那样的结果只能是一个白痴。因为这个往这边管，那个往那边管，综合起来就抵消为零。所以我们只向一个顾问学习，只学习IBM。

……

要学明白IBM是怎样做的，学习人家的先进经验，多听取顾问的意见。

基于对先进管理经验的渴求以及对知识的尊重，个人生活一向节俭的任正非对于有助于促进公司管理进步的变革从来都不吝于投入重金。

对于IBM这样一位世界级的老师，华为也付出了世界级的学费做代价。

IBM在我们公司推进管理变革的时候，每小时付给他们专家的费用是300美金到680美金，70位专家就住在我们楼上办公7年，你算算我们付了多少钱啊。但是今天我们知道，付出的几十个亿推动了我们管理的进步是值得的。

为什么要花这么大代价聘请IBM呢？任正非这样解释：

沃尔玛的老板就是在买东西时给人付更多的钱，因为他同时向别人学习管理，所以沃尔玛现在发展成为世界上第二强企业。我们也是在向IBM买管理、买经验。

而任正非对于 IBM 这位老师的信任和认同感也几乎是无以复加的。他甚至对员工说：

IBM 专家都很敬业、很积极，他们对我们提供了巨大的帮助，我们是应该感谢的。华为公司如果以后站起来，更不要忘了这一段历史。

2008 年 2 月，华为给为自己做了 10 年管理咨询的 IBM 咨询师们送行。由于长期密切地并肩作战，在送别现场，华为一位副总失声痛哭。尽管对 IBM 来说，这只是一个商业咨询项目，但对华为而言，却意味着脱胎换骨。

参考文献

1. 李信忠．华为的思维：解读任正非企业家精神和领导力 DNA. 东方出版社，2007.5
2. 张贯京．华为四张脸．广东经济出版社，2007.4
3. 王永德．狼性管理在华为．武汉大学出版社，2007.1
4. 刘世英，彭征明．华为教父任正非．中信出版社，2008.1
5. 张力升．军人总裁任正非．中央编译出版社，2008.8
6. 王育琨．企业家的梦想与痴醉：强者．北京理工大学出版社，2006.8
7. 程东升，刘丽丽．华为经营管理智慧：中国土狼的制胜攻略．当代中国出版社，2005.5
8. 汤圣平．走出华为．中国社会科学出版社，2004.11
9. 李尚隆．削减成本 36 招．机械工业出版社，2009.8
10.（美）德鲁克．蔡文燕译．创新与企业家精神．机械工业出版社，2007.1
11. 元轶．柳传志谈管理．海天出版社，2009.8
12. 任伟．王石如是说．中国经济出版社，2009.1
13. 加里·胡佛．愿景．中信出版社，2008.7
14. 马晓芳．华为改良狼性企业文化：设首席员工健康与安全官．人民网，2009.6
15. 华为 VS 中兴：狼与牛的殊途同归．IT 商业新闻网，2009.10
16. 10 天内两名员工跳楼　专家称华为企业文化存在缺陷．中国网，2008.3
17. 王育琨．华为：没有悲悯心支撑的科学心走不远．网易博客，2008.3
18. 郦晓.360 度任正非：一个人和一个产业的“冬天”．腾讯科技，2008.9
19. 张一君，吴威，董娟，徐雅玲．华为基本法修改工程启动时代局限性日益凸现．人民网，2006.6
20. 华为的人力资源管理：搅活“沉淀层”锻炼优秀者．易才网，2006.2
21. 华为：如何培养职业化经理人．中国化妆品网，2008.2
22. 张京科．华为员工详述华为加班内幕，在华为不加班不现实．网易，2006.6
23. 陈中．华为称员工只能享受一次补偿，任正非退休被批准．搜狐 IT，2007.12
24. 马晓芳．华为改良狼性企业文化：设首席员工健康与安全官．人民网，2009.6
25. 从华为员工自杀看减压．人民网，2008.3
26. 陈中．华为总裁：只有牺牲精神才可能成为将军．搜狐，2006.10
27. 周新江．高绩效文化源自于客户的价值观．全球品牌网，2009.3
28. 吴春波．华为核心价值观：在变与不变中升华．搜狐博客，2007.5
29. 吴春波．华为的非典范影响力．全球品牌网，2009.9
30. 肖南方．华为的军事化竞争策略．世界经理人博客，2005.8
31. 王惜纯．细节“织”出的魅力——从华为司机行为看细节管理．中国质量新闻网，2009.8

32. 高绩效销售团队的团队文化塑造．职场网，2008.1
33. 张长江．高绩效销售团队的团队文化塑造．中国营销传播网，2008.1
34. 爱立信仍是网络设备商龙头，中兴华为势头好．赛迪网，2009.10
35. 联想集团董事局主席柳传志演讲．搜狐 IT，2003.11
36. 非常时期看华为文化的是与非．网易财经，2009.11
37. 华为企业“狼性文化”引忧虑．新闻晨报，2008.3
38. 从狼性文化到企业信仰．经济管理文摘，2008（6）
39. “狼性文化”的蜕变与再生．证券日报，2007.11
40. 赵民．任正非：虎威领导的强势与软肋．中国企业家，2008.1
41. 任正非以狼的专注做技术．南方人物周刊，2008.11
42. 陈振辉，白慧妍．狼的嬗变——华为企业文化发展回顾．和君咨询，2007.12
43. 陈娟．华为的薪酬体系：给人才狼的 DNA. 中国经营报，2004.7
44. 刘晓峰，杨阳腾．生生不息的原动力．经济日报，2009.6
45. 任正非三次敲响警钟 华为为什么总是在冬天．第一财经日报，2008.7
46. 任正非的“狼文化”与灰色领导思想．商学院，2009.2
47. 金铿刀．危机下的核心生存力：紧迫感．21 世纪经济报道，2009.10
48. 吴茂林．没有故事的公司 .IT 经理世界，2009.10
49. 吴春波．华为：均衡发展模式的成功．吴春波的博客 2009.10
50. 李刚，王献义．华为高增长的隐忧．中国企业家，2009.9
51. 从任正非《华为的冬天》看企业人文管理．南方都市报，2005.4
52. 郄永忠．华为：快速发展的背后．商学院，2007.3
53. 王育琨．地头力式生长．商界评论，2009.8
54. 彭剑锋．华为：“蓝血绩效文化（狼）”走向“千手观音文化”．销售与管理，2006.7
55. 华为不上市秘密：狼性文化更需要市场占有率．证券日报，2009.9
56. 王博．调查显示：中国员工只有 16%，敬业 33% 正准备跳槽．北京青年报，2007.11
57. 胡勇．华为文化与口号：不断提升强化的核心价值观．创业家，2009.1
58. 谢鹏．华为究竟是一种什么文化．商务周刊，2006.12
59. 吴春波．企业文化的核心是高绩效文化．分享科技，2003.11
60. 周米．华为：核心竞争力不是一天打造出来的．中国计算机报，2002.6
61. 尹生．作为符号的《华为基本法》．中国企业家，2005.12
62. 张一君，吴威，董娟，徐雅玲．华为基本法修改工程启动，现时代局限性．中国经营报，2006.6
63. 黄建东．华为基本法的生命力．上海证券报，2007.7
64. 汪小星，张小佳．解密《华为公司基本法》：从深圳来，到全世界去．南方都市报，2009.9
65. 走近华为．锵锵三人评，2008.12
66. 白立新．杜拉克：客户就是老板．21 世纪商业评论，2009.8
67. 胡勇．华为的大平台与“拧麻花”．创业家，2008（4）
68. 代凯军 .IBM：电脑帝国的企业文化．世界经理人，2008.5
69. 蓝色的 IBM 企业文化．牛津管理评论，2009.7
70. 刘启诚，高明亮．思科董事会主席兼 CEO 约翰·钱伯斯全球复制领导力．数字商业时代，2008.5
71. 孙爱军．破译企业文化——访思科系统公司副总裁林正刚．经济观察报，2004.11
72. 和君咨询．美国 3M 公司创新型企业文化．和君咨询，2008.6
73. 仇勇．企业宪法．来源：商务周刊，2003.10

74.“狼性”华为的六大利器．电气中国，2009.12
75. 项兵．任正非改造华为“三部曲”．IT 时代周刊，2009.5
76. 姜汝祥 .2006 中国企业的基本法年．中国经营报，2006.4
77. 周攀峰．华为的垫子．中国商业评论，2006.9
78. 周晶．浅析华为企业文化以及存在的问题．现代企业文化，第 24 期
79. 华为：狼性企业文化的可取之处．中国企业家，2008.2
80. 张源，孔旭．复旦大学教授顾晓鸣：华为企业文化存在缺陷．新闻晨报，2008.3
81. 曹辛．全国总工会：华为的企业文化需要改进．南方周末，2007.11
82. 蔡君，闫跃龙．“宽带、移动、融合、体验”华为展示全面快速响应能力．通信世界，2005.11
83. 孙兵．企业文化外在表现形式．文化月刊，2004.10
84. 马晓芳．华为买加长奔驰服务“非洲兄弟”任正非称值得．第一财经日报，2009.12
85. 胡涛．任正非：要快乐地度过充满困难的一生．IT 时代周刊，2008.4
86. 王育琨．任正非：专注不旁骛，华为最基本使命是活下去．上海证券报，2007.11
87. 罗飞．冬天里的华为和任正非．创富志，2009.9
88. 吴春波．对两个企业文化问题的思辨．华为人，2011.9
89. 王谦修．企业文化变革的路径．中国管理传播网，2012.3
90. 武佳．寻找微软的企业文化．互联网周刊，2009.1
91. 殷志峰．企业存在的理由是什么．华为人，2001.2
92. 徐浩然．企业文化：不是“文”，是“化”．经济导报，2012.5
93. 朱则荣．企业的口号．中国管理传播网，2008.7
94. 创业企业要培育危机意识．价值中国，2011.3
95. 请关注普通员工．中国金融界网，2011.5
96. 冀勇庆．华为 2011 年报解析：快时代的终结．福布斯中文网，2012.4
97. 肖知兴．华为权棒交给谁．经济观察报，2010.10

后记

在《华为的企业文化》写作过程中，作者查阅、参考了与华为和任正非有关的大量文献和作品，并从中得到了不少启悟，也借鉴了许多非常有价值的观点及案例。但由于资料来源广泛，兼时间仓促，部分资料未能（正确）注明来源及联系版权拥有者并支付稿酬，希望相关版权拥有者见到本声明后及时与我们联系（huawei_qywh@126.com），我们都将按国家有关规定向版权拥有者支付稿酬。在此，表示深深的歉意与感谢。

由于写作者水平有限，书中不足之处在所难免，诚请广大读者指正。另外，感谢杨启才、李华东、林心、钟祥引、高强、唐辉俊、肖园发、黄俊、赵金中、刘明、谢宗波等人参与编写此书并付出的辛勤劳动。